Gisèle Pineau
Marie Abraham

FEMMES
DES
ANTILLES

TRACES ET VOIX

Cent cinquante ans
après l'abolition de l'esclavage

PHOTOGRAPHIES DE THOMAS DORN

STOCK

Les textes de Marie Abraham sont
signalés (M.A.) dans la table des matières ;
les autres textes sont de Gisèle Pineau.

Ouvrage publié avec le soutien du Centre national du livre
et du Secrétariat d'État à l'Outre-Mer dans le cadre
de la « Librairie de l'Outre-Mer »

À ma mère Andrée
À mes sœurs Yvelise et Dominique
et à ma fille Laure

À Amédée ces ombres du passé
qui investissent toujours
la mémoire de l'habitation Maud'huy...

INTRODUCTION

> *« La liberté, Sancho, est l'un des dons les plus précieux que le ciel*
> *ait fait aux hommes ; rien ne saurait l'égaler, pas même les trésors*
> *que renferme la terre ou que la mer recouvre ; pour la liberté,*
> *de même que pour l'honneur, on peut et on doit risquer sa vie,*
> *et, au contraire, la servitude est le plus grand malheur*
> *qui puisse affliger les hommes. »*

CERVANTÈS (1547-1616),
Don Quichotte.

CENT CINQUANTE ANS APRÈS l'abolition de l'esclavage aux Antilles françaises, est-il encore besoin de revenir sur ce passé de verges et fouets, de carcans, de viols autorisés, de jarrets tranchés, de langues avalées, de nouveau-nés étouffés ou noyés...

Cent cinquante ans après que Schoelcher a « donné » la liberté aux nègres, peut-on dire que le temps de la traite s'est perdu dans les lames de l'oubli, que les nègres et négresses versés par-dessus bord lors de toutes ces traversées entre l'Afrique et les Amériques ne sont plus rien d'autre que poussières et vieux os, pas plus que récifs et coraux, dormant au fond des eaux...

Cent cinquante ans après cette année 1848 où l'on reconnaissait sa qualité d'humain à l'esclave tiré de l'Afrique noire – cent cinquante années : trois fois cinquante ans, seulement –, peut-on enfin parler des femmes esclaves d'alors, les considérer dans toutes leurs dimensions et, par-dessus ces cent cinquante ans passés, comme si nous étions seulement sur l'autre bord d'une rivière, les saluer, leur rendre hommage, les remercier de nous avoir appris à nous tenir debout sur ces mauvaises terres des Antilles, de nous avoir ouvert des horizons, de nous avoir portées, élevées et nourries du lait tiède de leurs seins, du lait chaud de leurs rêves ?

En ces temps troublés où la morale s'accommodait si aisément de l'horreur, beaucoup de ces femmes furent les solides guerrières de l'ombre et de la soumission toujours feinte. Les rebelles dociles courbées dessus leurs tâches, dans la malédiction des champs de cannes. Les domestiques serviles couchées sur le plancher au pied des lits de leurs maîtresses blanches, ou bien devant les portes des chambres. Les chairs asservies, objets de tous les désirs et porteuses de toutes les hontes. Les enfanteuses des fruits métis du nouveau monde créole. Les sorcières empoisonneuses et les reines sans nom.

Femmes déchues.

Femmes-flammes, dans la nuit sans lune de l'esclavage, tenant haut l'espérance.

Femmes traîtresses, usurières de l'obscur, receleuses d'infimes victoires et de misérables conquêtes.

Femmes enclumes

Femmes marronnes

Femmes ventres

Femmes ogresses.

Femmes, elles ont dû ruser, comme toujours et en tous temps, pour imposer leurs voix, délimiter les quatre bords de leur horizon, préserver la marmaille.

Femmes, possédées et convoitées tout à la fois par les vaincus et les vainqueurs de ce temps de folie. Leurs corps servirent d'instruments pour consoler les uns et satisfaire les autres dans leurs besoins de chair. Elles soulevaient leurs jupes de grosse toile devant le plaisir féroce de Monsieur le Maître, les promesses sucrées d'un affranchissement et les rêves d'un enfant mulâtre sorti comme un miracle de leurs entrailles, et qui se poserait dans le demain en libre de couleur. Ou bien elles offraient leurs cuisses à l'impérieuse mendicité de leurs compagnons de misère, des nègres sans pays qui s'en voulaient tellement d'avoir survécu à l'enfer de la traversée, et tournaient fous doucement et perdaient la raison, loin, si loin des rives de la terre d'Afrique. Des nègres chargés de fureur à qui elles n'appartenaient jamais réellement, sinon toujours après le maître. Des nègres amers qui ne bâtissaient qu'un précaire lendemain, ne s'attachaient guère et qui, en vérité, ne possédaient que la sève brûlante qui leur donnait le sentiment d'être encore vivants. Moments pressés de bonheurs volés, jouissances enragées, combats de corps furibonds, possession-dérision.

Femmes d'esclavage, elles serraient dans leurs bras des petits d'hommes à peau blanche à qui elles donnaient leurs seins noirs à téter.

Le lait de la désillusion, le lait de leur propre progéniture qu'elles regardaient souvent avec amertume, si sombres se présentaient les auspices de leurs vies aux Antilles.

Est-ce que les hommes et les femmes noirs de ce temps tournèrent en bêtes dessous la croix qu'élevaient d'une même foi missionnaires et colons?

Est-ce que les femmes devinrent des reproductrices, des machines à enfanter, des meubles, des pièces de bois, des arbres morts, des roches sans âme ni sentiments?

Femmes, elles endurèrent toutes les lois, les codes et les préceptes. Ballottées, souillées, elles durent composer toujours avec l'autorité. Amadouer, cajoler, endormir, pour survivre. Elles subirent bien des humiliations et des avanies. Il leur fallut s'endurcir à l'extrême, souvent garder leur rage tapie au plus fond d'elles-mêmes avant de planter leurs griffes dans la terre de l'exil, ouvrir à mains nues un chemin de clarté à leurs filles.

Aujourd'hui, lorsqu'on les regarde sortir, les unes après les autres, de la geôle de l'oubli où l'histoire les avait emmurées, elles clignent juste un peu les yeux, et s'excusent de se montrer si laides face au grand jour qui les aveugle. Si déchirées dans leurs haillons. Si malement marquées dans leurs chairs. Et avec si peu d'histoires à raconter, seulement des bouts de vie honnie.

Au tout début, leurs voix ne sont que murmure traversant les âges, le bruissement d'une petite rivière qui coule dans les bois. Il faut tendre l'oreille, et parfois lire sur les lèvres, saisir au vol le geste et l'envers des regards. Elles racontent avec, dans la gorge, la pierre de honte qui engoue les victimes toujours tellement surprises par le son de leur propre voix et l'horreur des mots qui viennent s'accoler à des douleurs de chair, à des blessures d'âme et des bris de cœur. Elles disent en hésitant, marquant des temps d'arrêt. Sans haine, elles énumèrent les années amères qui ont laissé un goût de fiel dans leurs bouches.

Au fur et à mesure, les voix s'affermissent pourtant, et enflent comme ces rivières furieuses de plein hivernage qui grondent et charrient les eaux des montagnes à la mer, démontent les ponts, déracinent les arbres et bousculent les grosses roches. Elles crient le désespoir qui les laissait des jours entiers comme défaites et ruinées, toutes pareilles à des cases incendiées. Elles crient leurs corps meurtris, hèlent contre la sauvagerie de l'esclavage qui les mit à terre, les vit marcher à quatre pattes, les souilla d'une manière éternelle.

Lorsqu'elles s'apaisent, effrayées par les sons que produisent leurs gorges, les tremblements qui agitent leurs bras et le sang qu'elles entendent frapper à leurs tempes, elles tournent l'horreur en rire. Et elles font mine de se souvenir d'un morceau de bon temps coulé dans ces siècles de raideur. Alors, dans les décombres de leurs vies, elles jurent qu'elles ont su parfois trouver la force de pousser des rires gras dessous le joug de l'esclavage.

Rire pour démonter en pièces la misère.

Rire pour tourner en dérision leur condition et celle des maîtres engeôlés avec elles dans la même tourmente.

Rire pour conjurer le sort et débouter le diable.

Rire en songeant aux fiers esprits d'Afrique qui s'étaient si vite prosternés devant la croix de Jésus-Christ.

Rire de leurs roueries, de leurs grimaces.

Rire de leur âme résistante qui enflait dessous les feuilles, à l'abri des regards.

Rire de ceux et celles qui usaient de la terreur et de la contrainte et voulaient faire d'elles des animaux sans sentiment aucun. Des bêtes sans rêves ni demain.

Alors, entre deux rires, elles se demandent si vraiment ces maîtres-là étaient si bêtes qu'ils les considéraient comme des animaux ! N'avaient pas des yeux et des oreilles, une tête emplie de raisonnements pour comprendre que les nègres étaient du genre humain aussi... hélas !

Et puis, elles disent qu'un jour, après le désespoir, elles ont cru de nouveau en la vie, en l'amour et en l'espérance qu'elles voyaient voguer toute grande et déployée pareille à un cerf-volant de lumière dans un ciel plein de vent, un ciel noir et tanné comme le cuir des bottes de Monsieur le Maître. Alors, elles se sont mises à rêver en plantant le manger de leur jardin créole, en retournant la terre de leurs mains, elles se sont prises d'amour pour ce pays de honte. Et, petit à petit, de mère en fille, elles ont retrouvé les gestes de leur dignité.

Aujourd'hui, si elles se refusent à tout éloge flamboyant, elles incarnent, bien malgré elles, la lumière de ces temps d'obscurantisme et de déréliction. De ces temps de grande mystification et d'abomination où la chair humaine était traquée, déportée et vendue sur des marchés, comme du bois débité, des meubles ou des légumes, parce qu'on se figurait antan que les cristaux de sucre étaient pépites d'or et valaient bien quelques compromissions avec les bonnes paroles d'évangile et les humanités des droits de l'homme blanc.

Ici-là, en ce temps où la mémoire s'éveille et se retourne sur le passé, ces femmes sortent de l'ombre et marchent dans les traces ouvertes de la grande Histoire. Elles mêlent leurs pas à ceux des femmes qui n'ont cessé de fouler les petites terres des Caraïbes. Et leurs voix s'élèvent de l'abîme, croisent et rencontrent enfin celles des Antillaises d'aujourd'hui. Elles racontent hier et nouent au grand jour les fils qui les lient à ces femmes du présent. Elles présentent leurs chaînes rouillées, déchirent leurs robes de grosse toile, montrent leur chair marquée au fer et sourient à la liberté du soleil qui dessine des arabesques cuivrées sur leurs peaux. Alors, elles n'ont plus peur et disent à leurs arrière-petites-filles qu'il est temps de rompre les silences, temps de renverser les mémoires et de revêtir les habits de l'Histoire.

Même si elles s'en défendent parfois, repoussent ce temps dans les trémails d'un jadis dont il ne faut espérer aucune pêche miraculeuse, toutes ces arrière-arrière-petites-filles d'esclaves, la majorité des Antillaises d'aujourd'hui, portent en dedans d'elles, dans leurs pensées, leurs paroles et leurs actions, l'héritage de leurs ancêtres. Elles sont parfois restées d'incorrigibles consolatrices, des femmes offrandes, des femmes calices, soutireuses jusqu'à l'excès, moulées dans la patience, la compassion et la soumission. Mais aussi des guerrières à leur manière, des femmes debout qui savent ce que lutter, résister et ruser veut dire. Elles composent et créent chaque jour leur existence. Qu'elles portent tailleur chic à la mode de Paris, conduisent des autos nippones climatisées ou bien qu'elles rentrent dans la touffeur des champs de cannes avec de vieilles hardes sur le dos, elles vont dessous l'ombrage de ces négresses qu'on poussait et violait dans les bateaux de la traite. Ces négresses qui, dans ces temps d'esclavage, s'évertuaient à donner sens à la vie, à maintenir l'espérance tel un feu très précieux entre quatre roches, ces femmes qui inventaient des mangers créoles avec les bas morceaux de porc : queue, tête, pattes dont les chiens des habitations ne voulaient pas. Ces négresses qui ont porté des chabines et des mulâtres. Ces négresses fières dans leurs oripeaux, faisant d'une toile de sac une robe.

Cent cinquante ans après l'abolition, les femmes négresses du temps de l'esclavage veulent croire, tout au fond de leur cœur, qu'elles ont quand même donné un endroit et un envers à ces terres d'exil et de chagrin, à ces terres sur lesquelles tous avaient été jetés avec des fers aux pieds, la peur au beau milieu du ventre, les entrailles retournées... À ces terres neuves qu'il leur fallut ensemencer à la volonté de Dieu, planter à la diable, et abreuver de mille espérances nées dans les larmes et les éclats de rire d'une féroce dérision... À ces terres de soleil et de cyclones empesées de toutes les soifs de richesse des maîtres et négriers.

Cent cinquante ans après l'abolition, j'ai écouté battre les cœurs derrière les paroles longues et les silences des Antillaises d'aujourd'hui. Le passé d'esclavage les inonde de toute sa laide lumière, les aveugle tantôt et puis les illumine d'une manière fracassante. Elles vivent avec des hommes marqués par cette histoire, élevés par ces femmes qui siècle après siècle ont répété les mêmes gestes pour donner une fierté à leur ti-mâle afin qu'il accepte enfin de prendre possession de la terre des Antilles. Blanches, noires, indiennes, chabines, mulâtresses, Marie-Agnès, Olga, Colette, Edmée, Sylviane, Julétane, Lucie, Catherine, Judith, Firmine, Celia, Pauline et les autres ont délivré ici de larges pans de leurs vies. Elles ont parlé en confidence de l'existence, de l'amour, des hommes. Elles se sont toutes montrées d'une grande générosité. Parfois même l'enthousiasme heurtait la pudeur, déboutait la fatalité. Certaines ont chuchoté, veillant les alentours, les oreilles à l'écoute. Elles m'ont causé comme à une sœur, ouvrant large leur cœur, débitant les rêves, les chagrins et les espérances. D'autres ont laissé filer les mots et crié haut contre les hommes, la violence, les guerres et la misère. Elles ne rêvent que de paix et c'est bien ce qui les rassemble. Paix et réconciliation... Elles ont, de temps à autre, sombré dans des silences où je n'osais lever la voix, ni même le petit doigt pour alpaguer une suite qui voulait m'échapper. Elles ont ri beaucoup, mal, baissant les yeux et se grattant la tête – de leurs faiblesses envers les hommes – et pleuré quelquefois parce que la vie d'une femme est faite de hauts et bas comme ici-là le pays balance sans démordre entre Carême et hivernage. Elles sont de tous âges, de toutes couleurs et de toutes conditions. Elles disent leurs vérités vraies, sans fard ni artifices, paroles sorties directement des ravines de leurs cœurs. Paroles de femmes soufflées à une autre femme loin des hommes, sur les hommes, pour les hommes et surtout pour un meilleur demain délivré des vieilles peurs, affranchi, libéré enfin des entraves solides et invisibles du temps des négriers.

Je tiens à les en remercier. Toutes, qui se reconnaîtront...

GISÈLE PINEAU

Terre d'ébène

P AS À PAS, UNE À UNE, ELLES AVANCENT CAPTIVES *sous les tropiques desséchés. Femmes volées le long des fleuves, razziées dans les villages de l'Afrique occidentale, elles marchent amarrées par une corde dans le défilé des vaincus. Pendant l'interminable voyage de la forêt tropicale à la côte des Esclaves, les enfants nés entre bois et savanes figurent déjà la fonction assignée à ces ventres d'ébène exilés dans l'Amérique des plantations. Corps dominés, soumis à la production servile de l'industrie coloniale, les Africaines de la baie du Dahomey ou du golfe de Guinée forgent durant deux siècles les maillons de la chaîne de l'esclavage pour un trafic qui confère aux produits du Nouveau Monde et aux individus une très commune valeur d'échange... Et même si la convoitise des maîtres leur impose d'autres violences, l'enjeu initial de leur déportation est bien là, dans cette capacité à perpétuer le schéma économique des îles à sucre. Mais, loin d'être de simples figurantes dans la tragédie de tout un continent, les femmes, de soumission apparente en résistance occulte, écrivent des actes imprévisibles dans la complexité de leurs différents pouvoirs. Matrices à féconder la désespérance, figures de maléfices ou objets de désirs inavoués, elles jouent leur propre histoire et brouillent la finalité cynique de leur statut. Sur l'entrepont du navire négrier, dans les ateliers de l'habitation sucrerie, à proximité de la grand-case ou sur les terres de marronnage, sans bruit sur leurs pieds nus, ces ombres noires contrarient les projets d'aliénation radicale. En dépit de l'arbitraire de leur condition et des sévices, celles qui, dans la colonne défaite, rejoignent entravées l'île de Gorée vont modeler le visage des Antilles, imprimer à la société créole les marques parfois paradoxales de leurs stratégies de survie. Elles abordent pourtant le littoral inconnu, ignorantes de leur destin, hantées par les visions de cases incendiées et les hurlements des ravisseurs. Prisonnières des forts de la Côte-d'Ivoire ou de la côte de l'Or, elles n'imaginent pas encore, avant le grand passage, les cales sombres de la Marie-Séraphique ou de L'Africain ancrés devant les franges d'écume de la barre atlantique.*

Par les routes intérieures, au terme de parcours nomades à travers le désert, les anciennes caravanes des marchands sahariens ont négocié les richesses de l'Ouest africain ; par les routes maritimes portugaises tracées sur les portulans lacunaires du XVe siècle, les armateurs et les planteurs des Antilles se sont emparés de bien d'autres *butins... Des ethnies aux parlers et aux rites obscurs, des tribus sans manuscrit, sans écriture, une civilisation dont la légitimité culturelle et artistique aura été trop long-temps ignorée. Si Ève est aujourd'hui africaine, conviée au banquet de l'origine, elle fut d'abord méprisée, exploitée par les Européens abusés par le masque trompeur de l'Africaine en esclave, celle qui se soumet à la polygynie, pile le riz et tisse les pagnes, cultive surtout le tapis ocre et safran de la terre. Pièces d'Inde banalisées par le mer-cantilisme aveugle des négociants, réduites à une image primitive et païenne, les femmes des cases ou des palais ensevelissent, sur les pistes cendreuses qui mènent aux postes de traite, la diversité de leurs situations au cœur des sociétés mosaïques du continent africain. Dans cette longue marche de la démolition et du malheur qui brise les totems et les fétiches, désaffecte les cultes et les traditions, s'effacent aussi des pra-tiques culturelles et politiques codifiées en différents rôles féminins. Une caravane d'esclaves : un prélude funèbre à un destin commun de servitude, une psalmodie atone où s'unissent les voix des modestes paysannes et celles des princesses chefs de terre... Si les infortunes de Cassandre et les révoltes d'Andromaque suscitent la compassion des classiques, un silence mortel pèse toujours sur la défaite des amazones et le viol des filles de rois. Dans les îles fantômes de la côte africaine, ces théâtres antiques déser-tés par des acteurs inconsolables, ces cimetières où aucun cri ne peut plus être entendu, les lamentations d'une Bambara répondaient pourtant au chœur tragique des femmes vaincues. Les gardiens de la mémoire ne parlent pas davantage des sillons de larmes sur la peau sombre des simples villageoises, du scandale de la beauté sous les ruines de la vie... Coupables d'exister dans un immense continent, divisé par les structures complexes des empires et des États jaloux de leurs territoires et de leurs pouvoirs, les captives deviennent victimes des négriers qui commanditent la traite des comptoirs de la Côte. Inscrite dans les mentalités indigènes, la capture des pri-sonniers favorise les intérêts des armateurs autant qu'elle sert de réponse insidieuse au procès de la barbarie que l'histoire tentera de leur instruire. La promesse des armes encourage les guerres tribales pour des chefferies ou des royaumes et décuple les razzias aveugles dans les villages endormis. Quantité de produits européens convoyés avec les caisses de fers et d'entraves facilitent les transactions. Contre étoffes, eaux-de-vie et pacotilles les palabres du mafouc, près des pointes de traite, orchestrent les marchandages de la cargaison du bois d'ébène entre les potentats africains et les capi-taines de vaisseaux. D'autres émissaires et intermédiaires régentent la campagne négrière, une manière pour les honorables bourgeois de Nantes ou de La Rochelle de se tenir à l'extérieur du trafic, de valider une entreprise fondée sur la réalité des cou-tumes étrangères et la collaboration des chefs africains. L'idéologie civilisatrice, les justifications morales et religieuses soutenues par l'Église et les monarchies européennes viennent aussi à la rescousse de la bonne conscience pour corrompre et calciner la vérité. Difficile dans les travestissements et les masques qu'emprunte l'attentat colonial de dresser le juste réquisitoire des culpabilités et de faire l'inventaire, entre cupidité et oppression, des responsabilités respectives d'un armateur bordelais et d'un monarque de Guinée. Ce qui est sûr, en revanche, c'est qu'il y avait des acheteurs sur les bricks ancrés près des rivages...*

L'Afrique n'a pas le monopole historique de ces pratiques esclavagistes, même si le continent noir rappelle de manière récurrente et obsédante la permanence de la dépossession et de l'exil. Avant que des théoriciens de l'inégalité des races ne justifient au mieux les ségrégations d'État, au pire les génocides dans ces apocalypses modernes où les préjugés biologiques remplacent les illusions théologiques, une conception critique et dépréciative s'applique nécessairement à celui dont l'univers géographique ou religieux est autre. Au Moyen Âge, dans l'exaltation de sa mission sacrée, une foi radicale organise en Terre sainte ses croisades contre les « impurs ». Dans l'Espagne catholique du XIVe siècle, l'orthodoxie chrétienne impose aux Juifs le ghetto et l'exclusion fondés sur la pureté du sang. D'autres inquisitions succéderont à cette préhistoire de l'intolérance, une genèse de la pensée raciste confortée plus tard par la rencontre des « peuples nus » et de leurs femmes qui menacent l'ordre des sexes et du monde. Face à la découverte de l'Amérique tour à tour figure de l'éden ou de l'enfer, la civilisation occidentale érige ses visions en principes universels tout comme la Rome des Césars prétendait dilater sans limites la sphère de ses certitudes. Dans cette perspective impérialiste, la soumission des étrangers, des ennemis et des plus faibles comme l'appropriation de leurs compagnes participent des stratégies et des logiques de domination inscrites dans l'ordinaire des peuples. Depuis l'Antiquité, l'idéologie d'une servitude nécessaire, les impératifs absolus du commandement et de l'obéissance enracinés sur l'altérité et l'inégalité qui diviseraient la condition humaine, servent de matrice aux pratiques esclavagistes. Galériens enchaînés à la rame, parias prisonniers des mines de sel, prostituées sous la garde des eunuques, adolescents livrés au plaisir des sultanes, hommes, femmes, enfants des nations dominées expérimentent les formes diverses de l'asservissement. Dans la fresque guerrière des conquêtes gréco-romaines défilent toujours, au triomphe des généraux en chef, des captifs entravés. Les mosaïques de Pompéi comme les miniatures musulmanes ou les bronzes anciens parlent aussi de ces asservissements des infidèles et des barbares. De l'Orient à l'Occident, la terre est un vaste terrain de chasse plombé par des rêves de splendeur qu'incarnent des cohortes serviles. Dans les termes variables de la capture ou de l'achat, tribut de guerre ou monnaie d'échange, l'esclave, blanc ou noir, bête de somme ou objet exotique du désir, sert la souveraineté des empires qui reformulent le monde à la mesure de leur volonté de puissance. Mise en valeur des cultures, grands travaux d'irrigation, extraction des monolithes exaltent la gloire immortelle des pharaons et des empereurs, quand la richesse et l'apparat des cours, le luxe des sérails stigmatisent leurs caprices éphémères. Et, au cœur des villas romaines ou des harems, malgré les décalages de l'histoire et de la géographie, courtisanes et domestiques vivent l'aliénation de leur liberté sans réconciliation possible avec les maîtres. La souffrance et l'humiliation dressent pendant des siècles d'incandescentes barrières entre les camps, dans ce lourd face-à-face de l'indifférence des vainqueurs et de la dignité impuissante des vaincues. Par la confusion de la sensualité et de l'intérêt, les femmes payent, dans les grandes variations du temps et de l'espace, les hypothèques perverses de la défaite.

Dans ces pratiques d'assujettissement et d'appropriation, voire dans les modalités complexes des traites intérieures, les empires africains comme le Ghana ou le Mali auront joué leur partition et préfiguré un trafic durable relayé par les marchands arabes jusqu'aux confins de l'Éthiopie et des régions du Nil. Mais, avant l'ère des plantations esclavagistes, les gardiens blancs du monde antique ont aussi fait passer par les pistes brûlées sous les vents du désert leurs méharis chargés de l'or et des escarboucles du Soudan. Par la mer Rouge et la Méditerranée, des Abyssines et des Nubiennes sont venues cristalliser des fantasmes inavouables sur la cambrure de leurs reins, le crépuscule éternel de leurs yeux sombres, l'éclat particulier des bracelets et des chaînes d'or sur leur peau noire d'odalisques. Dans cet horizon servile de l'humanité, la barbarie est latente et se disperse dans les sombres arcanes de la raison d'État, des intérêts du sexe et du commerce. Avec la traite transatlantique, ce prologue archaïque et confus se transforme en une tragédie raisonnée. Circonscrite à la seule Afrique, cette entreprise de déportation délibérée et systématique creusera d'irréparables blessures... Elles consument encore aujourd'hui ce continent et font de la douleur une donnée centrale de l'expérience des Noirs. Relégués au dernier rang de l'échelle humaine dans les hiérarchies subjectives de l'Occident chrétien, les Africains deviennent, au lendemain des grandes découvertes espagnoles et portugaises, les artisans muets et invisibles de la richesse des empires coloniaux quand les Amérindiens sont effacés de la scène historique. Sans jamais ajuster leur vision au monde qu'ils rencontrent entre tropique du cancer et tropique du capricorne, les conquistadores se drapent dans la dignité de leur apostolat, de leur mission civilisatrice pour exploiter et asservir ces indigènes sauvages. Car, si l'enjeu des explorations est bien de découvrir et d'évangéliser les terres inconnues au hasard des mirages et des méprises de la navigation, son corollaire implicite : la captation des trésors, vient nuancer les représentations chevaleresques. Nul doute que des variantes ambiguës brouillent aussi les versions radicales d'une passionnante épopée ou d'une agression contre la dignité humaine.

Entre les dernières cartes inspirées par Ptolémée à la fin du XVe siècle et celle de Desceliers en 1550, les monarchies européennes libèrent les amarres des parallèles et des méridiens familiers et s'adjoignent l'Atlantique. Gréées pour répondre à sa démesure et à ses fureurs, les caravelles s'approprient un immense océan qui suscite par ses profondeurs abyssales autant de hantises et de fantasmes que de songes paradisiaques. Mais, si le Brésil tient ses promesses d'Eldorado, les malheureux orpailleurs des Antilles se consolent avec la mise en culture des plantes tropicales. Des plantes exotiques tellement prisées dans les salons parisiens que des littérateurs en font l'apologie quand les philosophes des Lumières pointent leur cannibalisme. Tabac, café, sucre surtout saignent les terres et dévorent les hommes... Mais avant d'imaginer de fonder sur l'esclavage le complexe de l'habitation sucrerie, les colons blancs en mal de fortune s'embarquent avec les rescapés de la misère des ports et tous ces gens naïfs qui rêvent d'échapper au désastre de vies ratées. Dans les premiers convois des engagés aux isles du vent, quelques femmes aussi, en petit nombre : filles de l'hôpital Saint-Joseph pour le peuplement, torqueuses de tabac ou ménagères pour les travaux spécifiques à la colonie. Subordonnée et mineure dans la France de l'Ancien Régime, la femme ne gagne rien à cette lointaine expatriation qui confirme ses rôles de domestique et de génitrice. Il faudra que les maîtres d'habitations assurent leur pouvoir pour que la représentation féminine, consolidée par les naissances et l'émigration, devienne significative. Alors confinées au périmètre des préjugés de la grand-case, les Blanches créoles se contentent de perpétuer les valeurs de leur caste. Mais la société coloniale restera marquée de ce déséquilibre initial qui favorise les relations des planteurs avec leurs esclaves noires et affecte le statut des épouses. À ses débuts, l'aventure du Nouveau Monde reste virile, dans cet intervalle où les « habitants » apprennent encore des Caraïbes à conjurer l'enfer des fièvres et des cyclones, à apprivoiser les dangers de la nuit tropicale. Les Amérindiennes qui savent tirer subsistance de la terre, grager le manioc, utiliser le roucou, participent à ces apprentissages. Grandes oubliées de l'histoire de la colonisation malgré quelques témoignages nostalgiques des chroniqueurs, fascinés par une soumission à leur compagnon conforme à l'idéal chrétien, elles disparaissent sans bruit, absorbées par une violence et une volonté de domination qui finiront par détruire leur peuple. Seule la mémoire retient comme référence féminine la figure symbolique d'Anacaona, emblème des trahisons et des brutalités qui président à l'installation des Européens aux Amériques. Martyrisée par les Espagnols sur l'île de Saint-Domingue, cette princesse offrira sans défiance l'hospitalité de son caciquat à ses futurs bourreaux. La littérature et l'histoire haïtiennes parlent encore aujourd'hui à travers son image de poétesse des dommages imposés aux prétendus sauvages. Au lendemain de l'indépendance, les partisans de Toussaint Louverture se souviendront d'ailleurs de ce pillage de l'héritage amérindien pour rebaptiser leur terre Haïti...

Quand, « désertées » par leurs indigènes, les terres découvertes par Christophe Colomb sont devenues moins hostiles, quand les traités ont mis fin aux conflits des Européens engagés dans la même carrière coloniale, les grandes plantations esclavagistes vont ouvrir de nouveaux débouchés aux ports de l'Atlantique. Avec la naissance des habitations sucreries au milieu du XVIIe siècle, de véritables pactes économiques s'engagent entre les colonies et leurs métropoles. Impulsée par les mythes romantiques des îles fortunées et l'imagerie exotique des paradis tropicaux de l'Amérique, l'exportation des épices détermine l'un des actes du commerce triangulaire, auquel répond l'importation massive de la main-d'œuvre africaine. Les produits manufacturés qui conditionnent les échanges et les achats de captifs constituent l'autre chaînon de ce mercantilisme durable. Négatif du bon sauvage, indemne des perversions de la civilisation, le nègre dénué en revanche de toute humanité dans la mentalité des armateurs et des planteurs vient cristalliser les ambitions de rentabilité chevillées au projet de la colonisation. Au plus fort moment de la traite, dans cette face obscure et paradoxale du siècle des Lumières, l'animalité présumée de l'Africain cautionne l'impératif esclavagiste des isles à sucre même si des voix s'élèvent pour contredire la rhétorique raciste. Un arsenal de pratiques, du marquage au fer rouge au parcage dans les cases, symbolise ce statut juridique du Noir. Instrumentalisé par les nations qui s'arrogent le droit de se partager le monde, il assure la nouvelle expansion commerciale de l'Europe, malgré les terreurs qu'inspirent les inconnues d'un continent et les violences d'un océan encore mal cartographiés. Rouages privilégiés des mécanismes et des stratégies du trafic maritime, les expéditions négrières se placent à l'avant-scène des entreprises marchandes et génèrent les mirages de fabuleux profits. À La Rochelle ou à Nantes, des sociétés par intéressement ou par actions investissent des capitaux dans les montages financiers complexes de ce capitalisme ancré sur le négoce des esclaves. Seules les avaries dans les soutes, la force des coups de mer qui obligent à de longues relâches et font peser sur l'équipage et la cargaison la menace des famines *contrarient l'implacable dispositif. L'armement des bateaux avec leurs cales et leurs ponts à transformation indique les différents jeux de rôle, l'envers et l'endroit du décor. Au départ des villes portuaires, à Bordeaux comme à Copenhague ou à Lisbonne, l'avitaillement en eau et nourriture destinées aux marins et aux Noirs, montre bien la vocation des opérations et le sens du parcours. Dans une proximité significative, menottes et colliers numérotés voisinent avec les armes à feu et les pacotilles diverses. Quand, à l'issue des brocantages, les chaloupes bondées de captifs quitteront le tracé crayeux du littoral africain, le navire se sera converti en négrier. Filets tendus sur chaque bord pour éviter les tentations du désespoir, chaudière à gruau montée sur le pont, entreponts transformés en parcs à nègres... Pour cette phase de la campagne, la nouvelle configuration du bateau réserve à la cargaison virile les deux tiers de l'entrepont. Les travaux des plantations qui requièrent des individus sains et robustes commandent cette sélection sexuelle des victimes. Dans un espace réduit, l'aménagement du parc des femmes, à portée de la cabine des officiers et dans une dangereuse promiscuité avec l'équipage, souligne déjà une ségrégation qui brouillera aussi les relations futures avec les maîtres. Sur le dernier versant du triangle atlantique, une fois les « échafauds » et les soutes de séparation démontés, les boucauts de sucre, les balles de café et les barriques de rocou remplacent dans les cales les lots de « bois d'ébène ».*

Si l'organisation de la traite engage les prises de risque du capitalisme classique, elle suppose aussi des assurances et des compétences à proportion du caractère particulier et aléatoire du trafic. Loin de tenter une entreprise aventurée, armateurs et actionnaires confient leurs intérêts à un capitaine, à la fois consciencieux subrécargue et excellent navigateur. Sur l'itinéraire maritime qui croise d'abord l'archipel des Açores, quand l'alizé prend la relève du « portugais » qui souffle jusqu'à Madère, il lui faut connaître le système des vents et des courants pour contourner les Canaries et les îles du Cap-Vert. Dans cette phase de l'expédition, l'état-major du navire se confronte aux épreuves ordinaires de la traversée, aux caprices de la mer, à ses tempêtes redoutées qui soulèvent l'écume et gonflent les vagues sous la proue. Les journaux de bord consignent ces tumultes de la mer océane, les mâts brisés, les voiles déchirées et la force des paquets de mer qui dévastent le pont. Mais, une fois doublées les îles portugaises et espagnoles, le passage du tropique du Cancer et la pénétration des eaux équatoriales engagent un changement de cap symbolique qui ramène les officiers du bord à la réalité de leur mission. Les pannes de vent dans l'horizon vide et brûlant, les lourdes attentes dans la chaleur humide, la menace des fièvres tropicales caractérisent la nouvelle donne du voyage, sa dérive progressive vers l'ordre négrier. Une fois dominées les violences atlantiques, l'officier de la marine marchande endosse son nouveau rôle de commandant du bateau de traite... En vue de l'îlot de Gorée, en approche des rades foraines, le capitaine relègue compas et instruments, et abandonne les calculs de la navigation pour notifier sur le brouillard de traite une tout autre arithmétique... Intermédiaire maritime au sein d'un réseau d'échanges indigènes, il lui appartient aussi de diriger la vente des esclaves aux îles comme d'engager les transactions d'achat de captifs sur ce littoral africain otage de toutes les âpretés.

Après la découverte portugaise, la malaguette, les défenses d'éléphant, les bois et les métaux précieux ont initié les premiers actes du commerce des caravelles avec ces rivages où se lisent les convoitises : côtes du poivre, d'ivoire, de l'or... Avec la mise en valeur des îles océanes de Madère ou des Açores, la côte des Esclaves devient le théâtre de pillages d'une tout autre nature... Au lendemain de l'installation du fort d'El Mina dans le golfe de Guinée, un réseau d'approvisionnement se dessine jusqu'à la côte d'Angole et les sites de traite essaiment du Sénégal jusqu'au sud du pays. De l'autre côté de l'Atlantique, le partage du Nouveau Monde entre les Européens instaure aussi en Afrique des découpages aléatoires des régions côtières pour alimenter les plantations... Une ponction méthodique qui mobilise des ethnies aussi différentes que celles de la Sénégambie ou du Mozambique selon les opportunités du marché et la périodicité du trafic. Un maillage complexe d'intérêts, des trames spécifiques aux différents concurrents de la traite, même si les enjeux des « barracons » autorisent les transactions cosmopolites. Des négreries officielles s'implantent dans les forts de Saint-Louis ou d'Accra ou les comptoirs de Savi, comme dans tous les postes du littoral qui ancrent les routes de l'esclavage. En marge de ces factoreries fondées par les compagnies à privilège où les gouverneurs et les capitaines de vaisseaux négocient leurs affaires à l'ombre des grands arbres, le cabotage assure aux trafiquants privés leur cargaison. Mais, dans sa double version – collecte sporadique ou capture massive, troque sous voile ou troque à terre –, la traite appartient toujours aux Africains. Hollandais, Danois, Français... attendent eux à la porte de service, dans la lumière poudreuse des forts, le peuple de la forêt et des grands fleuves. Avant de voir monter à bord le bois d'Inde en procession, il leur incombe de payer les coutumes, de sacrifier aux rituels de l'hospitalité et des présents pour voir s'ouvrir la « foire » aux esclaves. Dans les cabanes de fortune ou sous les tentes dressées sur le rivage, les marchandises d'échanges s'avèrent des ambassadeurs décisifs auprès des souverains locaux ou de leurs courtiers. D'obscurs circuits de relations personnelles, voire d'alliances politiques, se mêlent aussi à la corruption ordinaire des trafiquants des deux camps qui négocient les captifs.

Si l'imagerie populaire se plaît à caricaturer la cupidité puérile des roitelets africains pour les colliers de verre et les colifichets, les réalités des cultures indigènes nuancent les mythologies simplistes qui absolvent les préjugés racistes des négriers. Seuls les faits bruts et leurs dates imposent un consensus indiscutable quand des repré-sentations eurocentriques masquent les vérités politiques des populations africaines. L'instabilité des États, les rivalités attisées par les fusils de traite sont autant de facteurs qui corrigent la version commode de la barbarie naturelle des Noirs. L'enrichissement personnel et l'intérêt individuel ont certes favorisé quantité d'opéra-tions de traite, mais la volonté d'assurer une autorité territoriale toujours menacée par la fragilité des pouvoirs participe aussi des logiques du trafic. Trait dominant de l'histoire africaine, la guerre et son tribut de prisonniers qui renforçaient la puissance des royaumes prennent aussi, avec les promesses du marché occidental, la forme de raids organisés. Ces rapts aveugles de cavaliers, devenus rabatteurs des marchands, déstabilisent les sociétés traditionnelles et ruinent en une seule nuit l'héritage des coutumes et des lois...

Les razzias

A U LENDEMAIN DES RAZZIAS, *une chape de silence scelle les cris des massacres et des captures. Dans les villages dévastés, l'épaisse fumée noire, les palissades en bambous détruites parlent de terreur et d'effroi, de hurlements affolés et de courses éperdues pour échapper aux ravisseurs. Seules les traces de chaos et de saccage habitent les cours désertées où les métiers à tisser brisés, les jarres d'huile de palme renversées témoignent de la violence des attaques. Les pillards viennent par surprise encercler les cases, enflammer la paille des toits, anéantir les travaux et les jours de ces ethnies dont ils ne connaissent souvent ni les rites ni la langue. Dans l'urgence de ces kidnapping prémédités, les vaincus éprouvent déjà les séparations qui dispersent les alliances et effacent les parentés. Une préfiguration à toutes les solitudes que creuseront les ventes successives sur leur itinéraire d'esclaves... Au terme de leurs exactions, les ravisseurs vont tenir compte des lois du marché pour sélectionner le butin promis aux comptoirs de la côte. Si les très jeunes enfants et les vieillards sont exclus d'une logique d'exploitation qui valorise le capital de travail des adultes, les femmes en revanche n'échappent pas au collier de servitude. Comme dans nombre de civilisations, les Africaines entretiennent avec la terre ces liens essentiels qui irriguent le projet colonial, un argument décisif pour l'intégration de captives à la masse indistincte du peuple servile. Dans l'opacité de cet étrange continent, les négriers limitent leurs visions à ces femmes qui labourent et récoltent pour accroître le cheptel humain des plantations. Pourtant, malgré la négation de leur identité dans le regard des géreurs et des commandeurs, les femmes vont projeter leurs ombres singulières sur les habitations et démentir l'invisibilité apparente de leur histoire. Certes, leur force de travail sert l'intérêt économique, mais leur pouvoir de fécondité les désigne comme les actrices essentielles à la pérennité du système esclavagiste. Aux images convenues de bêtes de somme se superposent celles de génitrices, le dos bombé d'enfants assoupis dans la toile des pagnes. Outils considérables des planteurs toujours en disette de nègres dans les ateliers, elles viennent aussi perturber l'ordre figé de la relation maître-esclave par une présence qui trouble le monde du Blanc. Malgré l'hypocrisie du discours moral et la réalité de la ségrégation raciale, une fascination sensuelle toujours ambiguë parasite le rapport de domination. Le corps de la femme* noire suscite les fantasmes de l'interdit, l'attirance pour ces jouissances taboues que stigmatisent les clichés complaisants des mœurs africaines. Au-delà de la répulsion officielle que sa couleur inspire, il devient un instrument de plaisir qui légitime tous les viols et permet parfois une ascension dans la hiérarchie esclavagiste.

Victimes de ces raids qui dépeuplent le territoire africain et déplacent les populations vers l'intérieur, les femmes sont aussi l'enjeu de captures sauvages opérées sur des terrains isolés, dans les savanes ou dans les brousses. Elles accroissent l'effectif des captiveries où s'entassent d'autres lots d'individus razziés entre le comptoir et la mer, dans cette zone offerte aux négriers pour les chasses à l'homme, en vertu du droit de « poignage ». Dans cette mentalité qui prive le Noir des immunités de la dignité humaine, les condamnés pour des délits avérés ou relatifs deviennent aussi les proies idéales des marchands noirs ou arabes, de tous les pourvoyeurs d'esclaves qui, à des kilomètres des rades foraines, sillonnent les routes en quête de cette marchandise à ajouter aux tissus et aux différents produits de leurs caravanes. L'assignation à l'esclavage devient l'associé pervers de la justice et du caprice des puissants et la déportation, la sanction unanime de tous les damnés de la terre africaine, de tous les sacrifiés de la misère ou de l'ignorance... Dans cette disparité des sources et des modes de capture, dans la mobilité aussi et la variété des sites de traite au cours de deux siècles de pratique, se brouillent souvent les origines ethniques des captifs. En fonction de leur identité nationale, les négriers recrutent de préférence dans leurs « mines » officielles, mais les lois de l'offre et de la demande court-circuitent les découpages institutionnels imposés par les forts blancs et ouvrent des filons parallèles. Certaines populations, appréciées pour leurs traits de caractère, ont aussi la faveur des marchands, comme si une cartographie des aptitudes naturelles s'était constituée dans une perspective qui privilégie bien sûr endurance et soumission. Selon ces critères de réputation, les indigènes du Nigeria participent largement au marché alors que d'autres peuples africains sont moins recherchés ou exclus du système par leur résistance au trafic. Une sectorisation implicite favorise par exemple les débuts de l'installation française au Sénégal et en Gambie, et, dans ce consciencieux partage, la traite destinée aux Antilles va aussi s'étendre aux royaumes d'Ardres et de Juda au Bénin, ou encore aux côtes de Loango. Par les accidents de cette géographie, certaines ethnies comme les Ibos, les Congos, les Yorubas, les Aradas... constitueront la majorité servile des plantations, mais sans doute les fiches d'expéditions négrières recensent-elles les cargaisons de manière approximative. Dans la méconnaissance des sociétés africaines, des erreurs de dénomination, des confusions d'appellation entre les vendeurs et leurs prisonniers handicapent l'identification des tribus. Les hasards des ventes,

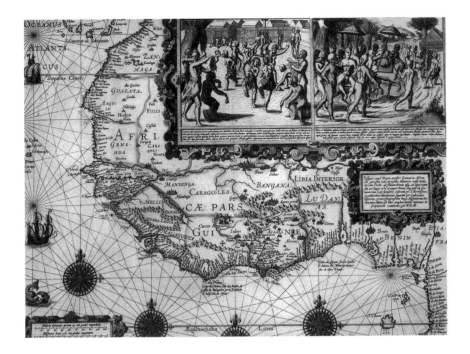

l'hécatombe de la traversée ne favorisent pas non plus la précision des inventaires...
Avec l'interdiction de principe du commerce des esclaves promulguée par le traité de
Vienne de 1815, sa répression condamne aussi les Africains à des réseaux clandestins qui masquent davantage encore leurs appartenances régionales. Pourtant, même
si l'expérience du « middle passage » et de la plantation tend à uniformiser leur situation dans l'univers colonial, l'extension progressive de la traite à des États de toutes
langues, de toutes religions a capitalisé une multiplicité d'expériences et de mémoires
culturelles. Poreuses à toutes les fluctuations, à toutes les ouvertures du marché, les cartes
d'approvisionnement suivent des tracés complexes qui circonscrivent les éléments singuliers de la mosaïque africaine et n'épargnent que les régions inhospitalières : déserts
ou forêts vierges. Dans le Nouveau Monde esclavagiste vont coexister d'anciens peuples
nomades ou sédentaires, agriculteurs ou commerçants, et des femmes dont les statuts et
les fonctions diffèrent. Loin de mesurer cette disparité des réalités féminines, des
stéréotypes tenaces l'occultent par des représentations focalisées sur la polygamie et
la soumission apparente à l'ordre masculin. Sans présumer d'une situation forcément
meilleure que celle de leurs consœurs européennes, dont les rôles sont toujours codi-
fiés par leurs origines sociales, la recherche ethnographique mesure aujourd'hui la
variété des positions des femmes dans les sociétés indigènes. Leurs attributions ne se
limitent pas à des activités traditionnelles de filage, de poterie ou de tissage et ne se

fondent pas nécessairement sur des relations de dépendance, encore que dans certaines ethnies la menace de la vente, sous prétexte d'adultère ou pour des raisons moins avouables, affaiblisse leurs pouvoirs. La servitude et l'exil entreprendront de gommer ces différences d'états, de dénier aux femmes leurs savoirs et leurs coutumes, voire les responsabilités qu'elles assument dans la multiplicité des institutions et des modes de vie. Les nouveaux schémas culturels que les planteurs imposent à leurs consciences obscurcies par l'épuisement des champs, les punitions et les tortures ne vaudront jamais ce qu'elles auront oublié... Mais, dans cette entreprise d'aliénation, des souvenirs réchappés d'une histoire déchirée, des paroles déracinées, longtemps bâillonnées, retrouveront pourtant les traces de l'Afrique au détour de leurs parcours métis. Une réappropriation du pays évincé, de ses lointains ancêtres échoués sur les rivages et un ancrage symbolique d'où essaime la diversité des cultures créoles... Malgré l'effarement de la longue marche, l'effroi de l'océan et toutes les violences de l'esclavage, des réminiscences tenaces résisteront à l'oppression et au déni d'existence. Passeurs des mémoires enchaînées, des rites clandestins et errants ont fait le voyage à fond de cale, dans la confusion de la souffrance et du tourment. Dans le dénuement de l'entrepont, la diaspora arrachée à l'Afrique pour planter le café du Brésil, récolter le coton du sud des États-Unis ou broyer la canne dans les moulins de la Caraïbe, est lestée d'improbables souvenirs... Elle sèmera aux Amériques noires cet héritage dispersé par les hasards de la géographie comme des parades fécondes aux barbaries de l'Histoire, et opposera aux volontés coloniales d'imprévisibles marronnages et des échappées belles. Ce champ de signes, ces réponses culturelles forgées dans l'ombre des plantations créent entre les Amériques noires des relations d'identité. Des cotonneraies de la Louisiane aux sucreries des Antilles résonnent en écho le blues de l'écriture de Toni Morrison, la sombre rivière du chant de Billie Holliday ou la voix créole de Simone Schwarz-Bart, et convergent aussi des pratiques sauvées du passage de l'Atlantique, cette expérience commune à tous les nègres d'Afrique qui sont gens de savane et de forêt... D'autres fils invisibles amarrés à une colonne en marche, à une caravane d'esclaves en file indienne, relient leurs histoires et conjuguent leurs destins sur ces routes qui commencent le long des fleuves Sénégal ou Niger, des rivières Calabar ou Bany, aux portes des royaumes du Congo, des États et des empires de l'Afrique occidentale... Au terme de ce premier voyage dans les enfers de la nature tropicale, ceux qui n'avaient jamais vu la mer découvrent l'onde lourde de ses marigots, la marée cahotique de ses odeurs et son horizon courbe, comme un mur devant le ciel. Un océan de démesure et de violence, à l'image de la tragédie qui commence sur les étroits sentiers de la brousse ou de la jungle.

Le rapt

Wassia... Anne

« Je me rappelle les festins funèbres
    fumant du sang des troupeaux
        égorgés
Du bruit des querelles,
    des rhapsodies des griots.
Je me rappelle les voix païennes
    rythmant le Tantum Ergo
Et les processions et les palmes
    et les arcs de triomphe.

Je me rappelle la danse des filles
    nubiles
Les chœurs de lutte – Oh! la danse
    finale des jeunes hommes, buste
Penché élancé, et le pur cri d'amour
    des femmes – Kor Siga! »

LÉOPOLD SÉDAR SENGHOR,
Joal (extrait).

Je suis issue du pays couché le long du grand fleuve Kamby Bolongo.

Je sais cela.

Quand ils sont venus, la sécheresse filait ses derniers jours. L'harmattan avait soufflé pendant deux lunes et chacun veillait le ciel et les nuages pour aller mettre les graines en terre.

Quand ils sont venus, douze pluies avaient passé depuis la nuit où ma mère Olinda m'avait donnée au monde.

Je sais cela.

En ce temps, j'étais la seule chair sortie de son ventre. Après, je ne peux dire si elle a de nouveau enfanté. J'étais sa fierté de femme. Alors, tandis qu'elle repiquait le riz, pilait le sorgho, ou bien se frottait les pieds d'huile de palme, Olinda descendait dans les racines du passé et racontait le combat qui s'était livré la nuit de ma naissance. Elle en parlait toujours avec une voix victorieuse où perçaient parfois des pointes douloureuses. Elle causait au vent, aux hérons, à sa coiffure de sisal, à sa natte, à son pilon... Elle chantait son courage, sa détermination, sa solitude aussi. Et mes oreilles attrapaient ce qu'elles pouvaient.

Toute la journée, disait-elle, le village avait été battu par le soleil. La sécheresse, qui fendait la terre et ouvrait des plaies aux jambes des enfants, avait emporté dans ses chaleurs le vieil Adjuro qu'on avait retrouvé tout flétri dans sa case, avec les yeux ouverts et un sourire qui montrait, plantées dans ses gencives roses, ses dents orange d'avoir trop mâché la noix de kola. Adjuro était l'époux de Djinna qui la première m'avait vue fille au ventre de ma mère.

En ces temps, la nuit amenait sous ses sabots un grand froid qui recouvrait toute chose et entrait jusqu'au mitan des os. Les gens du village se rassemblaient autour des feux de bois sec. Chacun attendait les grandes pluies. Olinda venait de dîner d'une poignée de scarabées grillés, lorsqu'elle sentit d'un coup ma tête bourrer son cœur et mes pieds heurter le bas de son ventre. Olinda était la troisième épouse de Makuri.

Je sais cela.

Makuri était déjà le père de sept fils quand je suis tombée dans ce monde... J'ai oublié la figure de Makuri.

Je me souviens bien du visage de ma mère Olinda. Je me revois passer un doigt dans la cicatrice qu'elle avait le long de la joue. Enfant, elle avait déchiré son visage sur une branche de palétuvier. Ses yeux étaient très grands, noirs, étirés. Ses lèvres étaient brunes et rondes, et elle aimait tout comme les autres femmes du village mâcher la noix de kola. Pour ses cheveux, je dois dire que j'ai oublié. Même en forçant ma mémoire, je ne revois que ses coiffures de sisal ou de baobab qu'elle portait les jours de fête. Et je crois parfois entendre tinter ses bracelets, mais je sais que l'esprit est fourbe et construit les bruits qu'il veut pour soulager le cœur. Je ne dois pas dire cela... Mais au tout début, après mon arrivée sur la terre de Reine Canne à Sucre, la voix de ma mère Olinda venait jusqu'à moi, traversant les temps et les mers... Elle criait mon nom : «Wassia! Wassia!» Et ses cris claquaient dans mon dos... «Wassia! Wassia!» Et lorsque je me retournais, les bras tendus en avant, je cherchais des yeux sa haute silhouette, mais il n'y avait plus rien d'elle, même pas son ombre abandonnée sous le soleil... «Wassia! Wassia!» Juste le son de sa voix, un souffle... «Wassia! Wassia! Wassia!» Un murmure qui sortait des champs de cannes. Olinda se lamentait, suppliait qu'on me rende à son existence qui n'était que vide et désolation depuis qu'on m'avait arrachée à elle. «Wassia! Wassia! Wassia!» Là-bas, sur l'autre rive, mon nom était Wassia... Mon nom de liberté.

D'autres fois, je croyais la voir se jeter à genoux aux pieds des Toubabs. Et je l'entendais leur raconter ma naissance, comme avant, lorsqu'elle me portait sur son dos, lorsque je marchais dans ses pas. Elle racontait pour mollir le cœur des Toubabs qui m'avaient enlevée. Racontait pour déposer les rameaux de sa peine.

Olinda disait ceci : «Rendez-la-moi, et prenez-moi! Me croirez-vous, mon unique enfant s'est présentée par un pied. Elle voulait pas sortir pour connaître le monde. Elle a bataillé. Et moi je voulais tout ce qu'elle voulait. Alors, j'ai serré les cuisses pour retenir son petit corps dans mon corps. Et je lui ai chanté des paroles de paix pour qu'elle comprenne bien que je ne la chassais pas, que je ne la livrais pas au monde. Son cœur battait la peur. Et je sentais sa tête monter monter et ses pieds pousser pousser. Et c'est la vieille Djinna qui nous a sauvées l'une de l'autre. Elle a frotté mon ventre d'une huile qui venait du Royaume de Barra. Une huile rare, secrète et réputée remettre chaque chose à sa place, ouvrir des chemins aux âmes égarées. Quand Djinna a vu le visage de mon enfant, elle a dit à mon oreille : "Olinda, tu viens d'enfanter celle qui est habitée par l'esprit de ton ancêtre Wassia. Elle connaît déjà ce monde. Elle a vu son temps de vie sur terre et la peur l'a saisie." »

Olinda berçait sa peine un moment, amarrait les cris qui lui déchiraient la poitrine et elle continuait son récit, le visage tout déformé de rage : « Rendez-la-moi, je vous en prie, mes maîtres ! Et prenez-moi ! Ne regardez pas de trop près ma chair, ne comptez pas mes dents, je suis Olinda ! Prenez mes bras et faites ce qu'il vous plaira de moi ! Tuez-moi ! Vendez-moi ! Mangez-moi ! Usez-moi ! Donnez-moi le fouet ! Tranchez-moi, mais faites que je revoie un seul jour mon unique Wassia... »

Hélas, quand ils sont venus, cette nuit-là, la lune était voilée. Lune de mauvais augure dessous laquelle les oiseaux s'affolent et volent en tous sens. Lune qui met les bêtes aux abois et les êtres en prière.

Je sais cela...

Parfois, je revois clairement des pans de ce temps de là-bas au pays couché le long du fleuve. Mais bien souvent, je n'ai devant les yeux que les flammes de la nuit où ils sont venus. Des flammes dressées comme une légion d'arbres derrière lesquels les cases tombaient en cendre. « Vivants ! Il nous les faut vivants ! » criaient des voix dans une âcre fumée. Et tous essayaient de s'échapper, de résister, songeant à ces histoires terrifiantes qu'on racontait sur la sauvagerie des Toubabs mangeurs d'hommes. « Vivants ! Il nous les faut vivants ! » Les vieux, appuyés sur leurs cannes, détalaient en boitillant. Les enfants terrorisés tournaient en rond, les bras tendus vers un sauveur. Beaucoup d'hommes valides tentaient de combattre avec leurs mains nues. On leur portait des coups à la tête, au dos et au ventre. Ils s'effondraient. Et c'était pareil pour les femmes.

Les Blancs me sont apparus pour la première fois dans cette nuit-là. Ils pointaient sur nous leurs bâtons à feu. Ils brandissaient des fouets et des barres de fer. Ils jetaient des torches sur les cases. Des nègres les accompagnaient. En un moment, le village était en flammes. Voilà comment ils sont entrés dans ma vie, avec fureur et fracas, levant des cris et des gémissements dans le village. Plusieurs fois j'ai entendu mon nom : « Wassia ! Wassia ! Wassia ! » Et puis, je me suis réveillée sale et nue, encordée à d'autres. Et nous avons commencé à marcher. À marcher. À marcher... La vieille Djinna nous avait quittés trois lunes plus tôt. J'avais déjà vu douze pluies et je connaissais le nom de mon futur époux. Djinna était bien vieille, bien maigre et bien ridée. Et ses seins tombaient devant elle sur ses côtes qu'on pouvait compter. Selon la volonté de ma mère Olinda, j'étais allée m'asseoir auprès de Djinna avec une bouillie de mil. Elle m'avait regardée d'un air apitoyé et les traits de son visage assuraient que j'étais plus proche de la mort qu'elle-même. Lorsqu'elle se mit à parler, ses paroles tranchèrent le silence. Mais beaucoup dans le village assuraient qu'elle n'avait plus toute sa tête. Alors, je l'écoutais distraitement, comme on entend le vent dans les branches et le son des pilons dans les cours.

Elle disait : « Wassia, j'ai vu les canots des Toubabs ancrés sur le fleuve. Ils sont affamés. »

« Wassia, j'ai vu leurs bâtons à feu tout chargés de l'esprit de mort. »

« Wassia, peut-être que tu aurais dû rester dans le ventre de ta mère Olinda. Tu vas voir les Toubabs de près... »

J'ai oublié les autres paroles...

Quand elle s'était tue, on aurait cru qu'elle avait lavé sa tête de toutes ses pensées. Et puis, elle avait ouvert la bouche comme un petit enfant tandis que je lui présentais sa bouillie. Pendant tout le temps où j'étais restée près d'elle, sans lâcher un seul mot, elle n'avait pas cessé de sourire en caressant mes mains.

Deux lunes plus tard, Djinna s'éteignit seule dans sa case.

Ils sont venus une nuit de la saison sèche.

Je sais cela...

Je sais cela parce que les pluies tardaient. La terre s'ouvrait un peu plus chaque jour. On n'avait que la force d'attendre dans la chaleur. On ne mangeait plus que les graines de bambou et des feuilles amères et sèches du baobab. Les hommes du village avait ramené de la chasse une jeune antilope. Et au lieu de s'en réjouir, la première femme de mon père s'était plainte qu'il n'y avait ni riz ni arachide ni sorgho. Je me souviens de ma mère Olinda écoutant ces paroles rapportées dans une grande dignité.

Voilà mon histoire.

J'ai été achetée par M. de R. J'ai eu la chance d'appartenir à un maître qui ne s'est jamais trouvé dans la nécessité, comme beaucoup qui vendaient leurs nègres pour se refaire une fortune. Aux îles, on ne comptait pas en pluies, mais en années. Je suis arrivée là-bas en 1772. J'ai amarré des cannes dans les champs pendant cinq années. Et puis, quand l'esclave Noémie a marronné, Madame m'a prise à son service. J'ai servi Madame de 1777 à 1805. Longtemps, j'ai craint les Blancs. Mais en final, quand je suis entrée dans la grande maison et que j'ai entendu chaque jour la peine de Madame, je reconnais que j'ai oublié le fouet qui commandait les nègres dans les cannes. J'ai plus tant songé à la manière dont on m'avait menée aux îles. J'ai quitté ce monde en 1825. J'étais chrétienne baptisée. Madame m'avait dénommée Anne.

ENFANTS DE DÉPORTÉS
Françoise

L'esclavage... Une grande déchirure. Déchirure de l'être, déchirure de l'âme. Déchirure du temps et de l'espace. Déchirure d'avec une terre, un peuple, une histoire, une identité.

Déchirure de soi, offert à la béance. Porte ouverte sur le néant.

Et tout ceci au nom de quoi?

Au nom du marché, le marché parfait puisque triangulaire.

Au nom de l'argent, au nom du profit. Le profit maître mot.

Mais pour moi, la grande question est : Quand est venue la disqualification de l'être?

Avant la mise en esclavage?

Ce sera Lui, parce qu'il est nègre et en tant que tel inférieur à moi.

Ce sera Lui, car noir il est, noire est son âme.

Ce n'est pas un humain.

Ou bien ce discours sur l'homme devenu bête de somme est-il apparu après?

Pour faire taire le questionnement et soulager les consciences.

Consciences de ces hommes maîtres d'hommes.

Car, sans nul doute, les regards se sont rencontrés, les mains se sont touchées, les corps se sont frôlés.

Faut-il croire que la douleur de ces hommes maîtres d'hommes était pour le moins aussi grande que celle des hommes qu'ils avilissaient pour que leur discours sur ces derniers eût besoin d'une telle force péjorative, d'une telle puissance destructive.

Tant et tant que ce discours plus que tout autre arme a su transpercer les cœurs et rendre, pendant longtemps, utopique l'espoir.

Il faut croire que leur douleur était cuisante pour qu'ils s'acharnent ainsi à convaincre leurs victimes qu'elles méritaient leur triste sort et ce sur des générations.

Il faut croire que leurs boulets furent aussi lourds que les nôtres à porter.

Nombreux sont d'ailleurs ceux qui sont morts, enfermés dans une déraison de malédiction. Car croyants ils étaient. Le bien et le mal, ils connaissaient.

Mais l'homme maître et l'homme esclave n'ont-ils pas été finalement, tous deux, les malheureux protagonistes d'une désastreuse histoire d'hommes enfermés dans une humanité en devenir?

La mise en esclavage de millions d'hommes, de femmes et d'enfants noirs serait-il

seulement le drame de la race noire ou plutôt un des drames de la condition humaine, notre drame à tous ?

Comment maintenant dépasser cette époque, voire la transcender ? Serait-ce par la reconnaissance de la faute, la réhabilitation et la réparation comme le proposent certains ?

Mais faudrait-il encore que cela aille bien au-delà du simple black is beautiful devenu maintenant un produit rentable, nous soumettant une fois de plus aux impératifs du monde de l'argent et au marché mondial.

Cependant, si l'esclavage a été un drame, la déportation de millions d'Africains, ce fut aussi une grande aventure.

La porte ouverte sur le néant a abouti à la création d'un nouveau monde.

La béance de la déchirure s'est remplie d'une nouvelle identité. Celle de l'homme antillais. Identité hybride toute en couleurs, riche de tous ses apports divers...

Il y a peu de temps, j'ai voulu faire le voyage en sens inverse.

Remonter le courant et l'histoire.

Trouver la source, le commencement.

Je suis repartie pour le Sénégal et l'île de Gorée.

J'ai dormi dans des villages de la Casamance. Je me suis baignée avec l'eau de leurs puits. J'ai mangé de leur nourriture. J'ai dansé aux sons de leur musique. Je me suis éclairée à la lumière de leurs lanternes. J'ai rencontré leur grand sorcier. J'ai écouté les bruits de leurs nuits. Et j'ai su...

J'ai su que ce n'était pas mon eau, ce n'était pas mon feu, ce n'était pas mon vent. Ce n'était plus ma terre.

Autre je suis, du fait de mon histoire faite de la rencontre de cultures et d'hommes différents.

Ma terre est désormais créole.

Pour finir, je vous dirai comment tout dernièrement, avec Muriel, la secrétaire du service, je riais aux larmes après qu'elle eut évoqué son voyage en Inde dont sa mère est originaire, et moi mon voyage en Afrique.

Nous étions toutes les deux arrivées à la même conclusion. Quelle chance nous avions d'être des enfants de déportés ! Quelle chance nous avions d'être des descendants d'esclaves ! Car, pour rien au monde, nous ne souhaiterions vivre aujourd'hui en Inde ou en Afrique. Nous riions de nous découvrir femmes créoles.

L'ENLÈVEMENT
Olga

« Je n'étais pas la seule à me percer le ventre. Que de misères de femmes derrière les persiennes closes… et même, jusqu'au jour d'aujourd'hui, que de solitudes rêches autour d'un sang qui coule avec un peu de vie… Ô cette mort affrontée au cœur même de sa chair… que de misères de femmes… »

PATRICK CHAMOISEAU,
Texaco.

J e me suis mariée en 1966, à l'église et à la mairie. Je me suis mariée pour la vie avec un M. du Vert-Pré qui était de dix ans mon aîné.

Je suis née à Case-Pilote en 1948. Mon père qui est mort aujourd'hui était pêcheur. Ma pauvre manman faisait la couture, ce qui rapportait un petit argent à la maison quand la mer ne voulait rien donner. Elle a perdu ses yeux à coudre à la lampe du soir. J'ai eu des frères et sœurs. Trois sont décédés. Il m'en reste plus que huit. Cinq sœurs et trois frères. Les garçons font la pêche comme papa. Les filles se débrouillent. Y en a une qui est revendeuse sur le marché de Fort-de-France. Deux autres sont avec des agriculteurs qui ont des terres plantées en cannes et des élevages de bœufs. Y en a une qui travaille comme moi à l'hôpital. Et la plus jeune fait la coiffure du côté de Barbès. Nous sommes deux à avoir eu la chance de partir pour France, mais on ne se voit pas trop. De temps en temps, elle me téléphone… « Ça va ? Ça va ! Et toi ? Ça va ! » Oh ! tu sais, chacun chez soi. Dès qu'il y a la santé… on demande rien de plus. Et puis, on n'est pas tout près. Moi, depuis mon arrivée, j'habite Noisel. Elle, c'est Bobigny. Je la comprends, elle est debout toute la semaine à tresser des cheveux, faire des permanentes et coudre des fausses mèches. Après y a le métro, le bus, ça fait du trajet. Alors on se téléphone. Mais faut dire qu'elle a ses fréquentations. Elle est jeune : à peine quarante ans. Moi, j'ai cinquante ans, hein ! On dirait pas !

Et pourtant, j'en ai bavé…

Tu sais, je vois pas bien comment raconter toute l'histoire. J'ai pas l'habitude. Et est-ce que ça va intéresser les gens ? Tu dis que oui… On verra bien. Mais qui s'intéresse à l'histoire d'une négresse comme moi ?

Ça me fait drôle de reparler de lui après toutes ces années. Tiens, j'en attrape même des frissons à dire son nom. Je sais pas ce qu'il est devenu et je veux pas le savoir… J'ai jamais plus remis les pieds en Martinique.

J'ai refait ma vie ici en France. Je te jure, j'ai jamais eu envie de retourner là-bas.

J'y ai laissé rien que des mauvais souvenirs. Toi, tu vois les Antilles comme si c'était ton premier Noël… Han, ma fille! Moi, je peux te dire que les nègres sont des maudits. Y a rien à faire! Ils sont marqués pour l'éternité!

Il s'appelait Avène.

Avène, Mon Dieu! Le grand seigneur du royaume! Et quel royaume! Ah! Ah! Ah! Quel royaume!… Pas plus grand que le plat d'une main, tu peux me croire. Quand je pense aux immensités du monde. Tu sais, je reste pas là, les deux pieds dans mes chaussons, à regarder que les vedettes à la télévision : j'ai déjà fait des voyages. J'ai vu du pays. L'Italie, l'Espagne, Londres, Venise. Des voyages organisés… Et parfois, quand je songe au royaume de M. Avène, pas plus grand que le plat d'une main, je me prends à rire. Tu sais, il voulait toutes les femmes. Et toutes mouraient pour lui. Toutes se battaient pour qu'il sème ses graines amères dessus leur existence. Tu peux me croire, au commencement moi j'étais pas du lot. Je comprenais pas ce qu'elles lui trouvaient. Tu vois, j'y repense en descendant bien loin en dedans de mon cœur parce que tu m'as demandé de raconter le vrai du vrai pour ton histoire de femmes. C'est venu pareil à un poison, dans tout mon corps. Des bouts de moi se sont mis à chercher comme les autres et à le désirer aussi. C'était quelque chose que je pouvais pas dominer, un genre de maléfice… Je sentais une force qui m'habitait, qui se logeait par-devers moi et contre ma raison. Une force diabolique qui mangeait la force que je mettais à résister. Voilà de quelle façon c'est arrivé. Et même si je voulais pas tomber à la manière des autres, cette force m'a poussée et je me suis couchée dessous son grand corps. Et je lui ai crié de toute mon âme qu'il me faisait du bien et que je lui appartenais et que j'étais son esclave et qu'il pouvait faire de moi tout ce qu'il voulait. C'est ainsi que je suis tombée enceinte du sieur Avène. Comme ça, comme un et un font deux.

J'avais dix-huit ans…

Tu crois que mon histoire va intéresser les gens? Y en a tellement comme moi au pays.

Tu sais, à reparler de tout ça, je refais le voyage en sens inverse. Je retombe d'un coup dans ce vieux temps de mon existence. Dans la misère de mes jours de Martinique. Je suis bien maintenant, j'ai plus ces démons qui me couraient aux trousses. Je gagne mon argent et les gens me respectent même si je ramasse le vomi et le caca, même si je suis toujours derrière un seau et une serpillière, on a besoin de moi pour que l'hôpital sente l'odeur de l'hôpital et pas l'odeur de la maladie et de la mort. Y a des Blancs qui m'ont tenu la main ici. Des parents de malades qui m'ont donné des fleurs. Et, tu sais, je fais pas attention à ceux qui me traitent de négresse et qui me disent de retourner dans mon pays. Je donne pas à ça de l'importance. La France c'est davantage mon pays que la Martinique

maintenant. Tu souris… Ça fait vingt-sept ans que je suis française! Et mes trois enfants parlent pas un mot de créole. Si tu sais calculer, tu verras que j'ai passé plus de temps ici qu'au pays. Et je regrette rien.

Mon Dieu! Seigneur! Surtout pas Avène!

En 1966, c'était pas comme à présent, tu comprends. Chez nous, y a toujours eu des filles qui portaient des ventres sans mari. Mais tu sais aussi que les pères pouvaient pas se flatter de nourrir une femelle à gros ventre sous leur toit. Une bougresse qui avait frotté son corps à un homme jusqu'à tomber enceinte. Bon Dieu Seigneur! Je crois bien qu'il a failli me tuer, tu sais. Trois jours ont passé avant que je lui donne le nom de celui qui m'avait engrossée. Trois jours enfermée dans la case. A manger du pain sali de beurre et à boire juste le peu d'eau sucrée que ma maman m'apportait en cachette au mitan de la nuit. Quand j'ai fini par dire : «Avène!», mon père a pris son sabre et il a traversé tout le bourg de Case-Pilote en plein midi. Il le connaissait de réputation, tu penses. Qui n'avait pas entendu parler de ce bougre que tout un chacun voyait aller de fille en fille?

Avène! J'ai crié son nom longtemps ce jour-là. Je le voyais déjà en sang, agonisant dessous les coups de sabre de mon papa. Et je me voyais en veuve éternelle pleurant ma vie durant la mort de mon amour et racontant à mon enfant la tragédie de sa naissance.

J'ai pas tout de suite compris quand ils sont revenus tous deux, titubant dans la noirceur descendue sur Case-Pilote. Pareils à deux compères, se donnant des tapes dans le dos et parlant fort. J'avais dix-huit ans, tu t'imagines. Deux semaines plus tard, j'étais devenue une madame avec ma bague en or au doigt et ma grande couche dans la petite case d'Avène. Il m'avait épousée, tu sais, comme on prend un chien, là-bas, chez nous aux Antilles. Je l'ai compris que trop tard. Il avait pas d'amour pour moi. C'était le genre d'homme insatiable qui passait chaque heure de son existence à ne songer qu'à entrer dans le corps d'une femme, hélas!

Le jour de mon mariage a été le plus beau jour de ma vie. J'ai quitté la maison de ma manman dans la joie, avec des rêves d'amour plein le cœur. Et puis, bien vite, je me suis retrouvée à manger ma misère toute seule avec mon bel amour Avène. Un nègre marron! Tu peux me croire. Sauvage! Méchant comme l'enfer! Avec des vices par charretées. Et pas moyen de lui causer de rien.

La première fois qu'il m'a frappée, c'était deux, trois jours avant que j'accouche de mon premier enfant. Il en avait plus qu'assez de me voir porter ce ventre et tournait dessous son regard comme une grosse tortue-caret. Au premier coup, je suis tombée à genoux devant lui et je l'ai supplié de me dire ce que j'avais fait pour le contrarier. Il m'a montré l'anneau d'or à mon doigt. J'ai revu son sourire et ses dents plantées dans ses gencives roses, le jour de notre mariage. Et j'ai senti de nouveau l'amour que promettaient ses baisers, ses lèvres et sa langue. Je me suis pas mise à le haïr au même moment. J'avais entendu dire qu'un homme pouvait devenir fou à mesure que le ventre de sa femme prenait de la grosseur. Non, je l'ai même pas détesté. J'ai pris ses coups. Et le soir, dans la couche, il m'a possédée avec une rage toute nouvelle en me disant des mots doux.

Tu peux écrire que j'ai aimé cet homme-là! Oui, j'ai connu l'amour. L'amour rosse. L'amour sauvage, ma fille. Le seul regret que j'ai, c'est d'avoir jamais trouvé le courage de lui rendre ses coups. Si c'était aujourd'hui, je l'aurais sûrement tué. Y a des femmes qui le font et je comprends bien pourquoi. Je leur jette pas la pierre. Elles méritent des médailles. Faut supporter... Faut endurer... Après y a un mauvais sang qui coule dans ta chair. Et tu vois que la mort de l'homme comme solution à ta vie. Tout l'amour qu'elles ont porté dans le cœur se transforme en haine. Une haine qui s'attache à chaque pensée, tu comprends. La haine semblable à la mauvaise herbe qui pousse dans les jardins que des mains ont autrefois chéris. Elle étouffe. Elle empoisonne tout ce qui fait de toi une femme et une mère. J'ai rêvé combien de fois de le tuer. J'ai jamais eu la force...

À vingt ans, j'avais déjà mes trois enfants. J'en voulais pas d'autres. Alors, je prenais des tisanes pour pas donner la vie. Je prenais tous les jours des tisanes pour pas avoir à porter d'autres enfants. Il s'étonnait Avène. Il a même voulu que j'aille voir un docteur. Il comprenait pas. Ma fille, tu peux pas savoir comment ces tisanes me tordaient les boyaux. J'en attrapais des diarrhées et je vomissais mon âme. Mais j'ai plus jamais porté d'enfant. Et c'était ma consolation.

Quand j'ai conduit mon troisième enfant au cours préparatoire, je me suis dit qu'il fallait que je me trouve un travail pour plus avoir à tendre la main. Et demander! Toujours demander! Et attendre. Et se faire injurier et traiter de femme dépensière, alors que je passais mon temps à compter les sous et raccommoder les pauvres billets qu'il me donnait pour les faire durer.

Un travail, tu comprends, pour les sous de mes robes et le beurre de mes enfants. Il m'a frappée au visage, Avène, quand je lui ai dit. Et il a raconté que le travail c'était juste un prétexte pour aller chercher la compagnie des hommes.

Deux ans plus tard, quand il a eu son accident sur un chantier à Fort-de-France, il a bien fallu parer aux dépenses du ménage. Y avait justement la femme du directeur de l'école primaire du bourg de Case-Pilote qui cherchait une servante. C'est ainsi que j'ai commencé à travailler. J'avais vingt-sept ans. Et j'avais déjà donné onze années de ma vie à M. Avène.

J'ai jamais raconté ce qui se passait chez moi quand je faisais mon ménage chez Mme F. Mais tu sais comme sont les femmes. On avait le même âge, elle et moi. Monsieur le Directeur était un autre sauvage dans son genre. Et des fois, je la trouvais en train de pleurer. Alors je la consolais de mon mieux. Elle avait tout cette femme-là. Elle levait pas le petit doigt, tu peux me croire. Mais son Monsieur était un grand jaloux. Un nègre noir qui avait épousé une mulâtresse et qui ne s'en remettait pas. Elle lui avait donné cinq enfants. Il ne la battait pas, non. Mais il dégageait une sorte de froideur pire que l'hiver d'ici. Seigneur! il pouvait rester des mois sans lui adresser la parole, faisant juste des signes de tête. Quelquefois, elle me disait : «Un jour, je partirai en France, Olga. Un jour, il ne me trouvera pas là à son retour de l'école. J'aurai pris mes enfants avec moi et adieu la Martinique. Un jour, je partirai sans donner d'adresse et il aura beau retourner la terre entière, il ne me retrouvera pas…»

Je crois pas vraiment qu'elle donnait du crédit à ses propres paroles. Elle les répétait seulement pour se mettre du baume au cœur et se poser une espérance ou voir l'avenir un petit moment loin de l'ombre de Monsieur le Directeur.

Moi, je l'ai fait! Et c'est ma fierté. Tu peux me croire. Voilà comment j'ai quitté M. Avène, ma fille. J'ai mis de l'argent de côté pendant cinq ans. J'ai fait du repassage, des lessives, des ménages et de la couture sans qu'Avène soupçonne rien. Mon premier fils avait déjà seize ans. Je lui ai laissé le choix de rester près de son père. Mais il a préféré venir avec moi. Tu sais comment sont les garçons avec leur mère. Jusqu'à maintenant, il me dit que j'ai eu raison de partir. Il habite Dieppe. C'est loin, mais c'est là qu'il a trouvé un travail. Il est marié avec une fille de Marseille. Je suis déjà grand-mère.

C'est à ma manman seulement que j'ai dit que je quittais Avène. Que je prenais l'avion pour France. Que j'enlevais mes trois enfants. Parce que j'en avais plus qu'assez de subir les coups d'Avène. Elle a pas dit un mot pour me faire rester. Elle a juste demandé si toutes mes affaires étaient en ordre.

Tu vois comme la vie passe vite… Quand je suis partie, j'avais trente-deux ans, c'était l'année 1980. J'ai cinquante ans aujourd'hui. Et j'ai pas rencontré d'autre homme qu'Avène…

J'ai tout de suite commencé à travailler quand je suis arrivée en France. D'abord des ménages dans les bureaux. Ensuite les cliniques. J'ai logé cinq mois avec mes enfants chez une cousine. Et puis, j'ai eu la chance de trouver mon appartement de Noisel en même temps qu'une place d'ASH à l'hôpital. Je suis fonctionnaire de l'État.

Oh! j'ai pas trop de regrets. Je pense pas aux hommes. J'en ai aimé un seul. Et pour moi, l'amour, c'est trop de souffrances. Alors je trouve mon bonheur en gâtant de mon mieux mes petits-enfants.

LE MANQUE
Michelle

«Enfants! Rien, il n'y a rien de bon pour vous au Pays, disaient
les grandes personnes. Antan, ce fut une terre d'esclavage qui ne porte
plus rien de bon. Ne demandez pas après ce temps passé! Profitez
de la France! Profitez de votre chance de grandir ici-là!»

GISÈLE PINEAU,
L'Exil selon Julia.

J e suis née en France.
Je suis ce qu'on appelle une négropolitaine.
Une nègzagonale perdue dans l'hexagone.
Une bounty
Noire dehors
Blanche dedans.
Voilà comment on me voit.

Je ne sais pas parler le créole.
Je roule les RRR, tu vois
J'ai grandi à Sarcelles.
J'aime le rap
Moi Michelle,
Je veux devenir chanteuse de rap.

Je connais pas ma famille
Je connais pas les Antilles
Noire dehors
Blanche dedans.
Je suis un fruit de l'émigration
Et mes parents sont assimilés
Français français
Noirs dehors
Blancs dedans.

Je suis une Black
Pur sucre de canne
Je fréquente des Beurs

Je manque de rien
J'ai du beurre dans mes épinards.
Et je rape

Ma grand-mère s'appelle Man Ta
Elle m'envoie des colis-pays
Des sucres d'orge et des bonbons pistache
Je partage avec mes potes beurs
Et ça rape à Sarcelles

Parfois je pense à Man Ta
J'la vois pas assez souvent, Man Ta
Elle me manque
Cool dehors
Triste dedans.

Un jour j'irai la voir, Man Ta
Avec tous mes potes Blacks et Beurs
Et on mangera des bonbons pistache.
Et pas des bounties
Noirs dehors
Blancs dedans

Elle me manque, Man Ta
Elle me manque
Et j'veux la voir
J'veux qu'elle m'entende chanter
le rap de mon quartier
le rap de Michelle de Sarcelles.

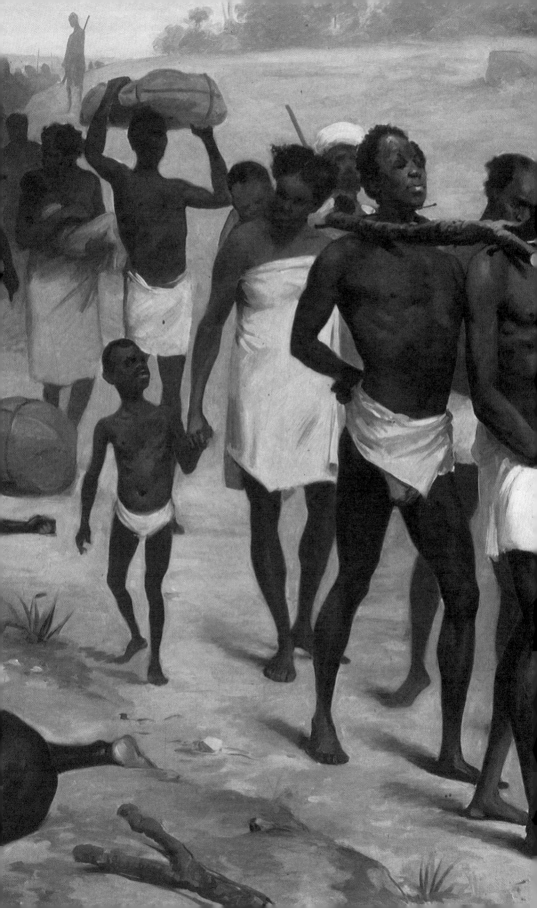

La longue marche

PENDANT DES JOURS, *la chaîne d'esclaves entravés par une longue fourche de bois progresse en aveugle sur les sables brûlants, dans les défilés rocailleux, entre les racines des sous-bois... Un calvaire de plusieurs semaines, ponctué par les injonctions du marchand, le harcèlement de ses cris et ses coups de chicotte sur les bustes nus. Parfois, la violence du fouet marque sa balafre sur les scarifications et les tatouages des femmes... Les bras ligotés par une corde, elles suivent la lente procession à travers les accidents de la piste. Résignées en apparence à leur sort de captives, elles accompagnent les mouvements de la colonne avec cette fatalité du renoncement qui exaspérera les commandeurs et mystifiera les maîtres. Sur les habitations, le poids de cette passivité se conjugue à l'indolence et à la maládresse volontaires, ces facettes irréductibles de l'insubordination qui contrarient sans cesse les ordres du géreur. Sous le masque de l'indifférence bouillonne pourtant une sourde colère... Mais, avant d'éprouver sous le régime des plantations les châtiments communs des fers ou du collier pour des résistances quotidiennes ou des rébellions déclarées, les femmes partagent aussi avec leurs compagnons d'infortune le cauchemar de la longue marche. Certaines portent sur leur dos, dans la toile d'un pagne, des nourrissons nés sur un lit de feuilles entre deux courtes étapes. Ils alourdissent la démarche des jeunes mères qu'affole la variété des visages de l'Afrique, ses brasillements éclatants, la vibration de ses silences sur les chemins de sable et de poussière ou dans le cœur végétal de la forêt primitive. À force de serpenter dans les hautes herbes des savanes, de trébucher sur les racines noueuses des grands arbres et d'écarter les ronces et les fougères, la douleur des plaies et des blessures physiques cristallise toutes les autres souffrances. Pensée mobilisée sur l'urgence de la survie, anesthésiée par la fatigue et la faim, sans doute anéantie par trop de larmes versées. Une dérive sans boussole, dans l'ignorance du terme de l'itinéraire, un naufrage dans les ténèbres de la peur... À pas forcés entre les villages et la côte, les captifs suants la chaleur des tropiques se déplacent sans leur ombre sous la morsure du soleil ou dans le sombre labyrinthe des lianes et des bambous, hantés par l'angoisse d'être distancés. Suivre la cadence, un défi inique pour les enfants qui s'effondrent sous le regard indifférent du marchand. Mais leur vie, laissée en pâture aux bêtes sauvages, vaut bien peu de fusils et de colliers de perles dans les marchandages des comptoirs puisqu'ils meurent presque toujours pendant la traversée... Tout au long du parcours, la brutalité silencieuse et cruelle de l'épuisement, des maladies et des fièvres déciment la caravane qui avance pieds nus dans les mangroves infestées de sangsues, guidée par l'haleine salée de l'océan. Les victimes gisent en de nombreux points de la piste,*

témoins sans stèle, sans sépulture, de l'ignominie qui s'accomplit.

Les achats négociés par des marchands de passage sur les routes de la traite amenuisent aussi le contingent des captifs. Les risques de mort ou de fuite qui compromettent les bénéfices de ce bien périssable expliquent ces changements de propriétaires toujours soucieux de réaliser à court

terme leurs profits. Les annales des expéditions négrières citent le cas d'une jeune Ibo vendue six fois sur moins de deux cents kilomètres... L'ensemble du trafic repose sur cette rapidité des transferts, tout délai menace les intérêts des trafiquants des deux bords et hypothèque le succès des campagnes. Les semaines passées dans la lassitude des calmes équatoriaux en quête d'une cargaison trop longue à rassembler épuisent le moral des hommes et les caisses des armateurs, comme les attentes plombées par l'ennui et l'ivrognerie des forts. Lorsque les bateaux tardent à accoster, les captiveries surpeuplées enregistrent aussi des pertes regrettables, autant de déficits qui pénalisent les comptes et incitent à des pratiques de rentabilité immédiate. Dans cette logique, on massacre en vue des rades négrières les malades et tous les invendables, trop affaiblis par la marche pour représenter une valeur commerciale. Seuls les survivants de ce terrible voyage à l'intérieur des terres abordent le littoral où les espèrent courtiers et capitaines. Dans cet univers de sel et de sable se sédimentent l'épouvante et le désespoir des captifs terrifiés par la menace des navires à l'ancre sur la mer lacérée d'écume. Pour les prisonniers, cette étape dans le monde de la côte habité par la fébrilité des négociants et l'animation commerciale signifie la fin des hasards et des errances. Mais cette première rencontre avec la société négrière, cette première confrontation avec l'homme blanc, scelle aussi le passage à des espaces fonctionnels, camps de traite et marchés, où se rationalisent les pratiques esclavagistes.

B La caravane des esclaves étani

«*Au réveil les griots, jadis*
Surnommés parasites
En chœur nous firent comprendre
Que ce jour était sans pareil
Et ce fut la renaissance.
Et toi griot qui as chanté
De ta voix rauque
Enrobée de Koras et guitares
Et dont la chanson était « conseil »,
Oui tu disais que nous étions noirs
Et noirs dans un jour vert
Premier beau jour de la vie
Que Dieu ait jamais fait;
Accompagne-nous toujours
Car ce rocher est dur et éternel.»

BOUNA BOUKARY DIOUARA,
Le Rocher en feuilles
(Présence africaine).

Ils avaient des bâtons qui donnaient la mort. On était peut-être cent à marcher par deux, les uns derrière les autres.

On a marché longtemps.

On marchait on savait pas vers quoi. Beaucoup voyaient la mort au bout de cette expédition.

J'ai perdu la parole quand ils m'ont planté la fourche dans le cou. La fourche qui me retenait à un autre. Et même si les mots se bousculaient dans ma tête, ils sortaient pas de ma bouche. Ils sortaient de mes yeux en larmes inutiles, descendaient dans mon ventre et puis enflaient mes jambes. Les encordés comme moi criaient, gémissaient et parlaient entre eux de leur infortune. Mais moi, je savais que pleurer et traîner mes jambes lourdes. J'ai jamais pu oublier la longue marche. Je me souviens très peu de la traversée. Ils ont transporté mon corps. Mais moi, j'étais pas là. Ma mémoire a vomi ce temps-là où les cris et les gémissements s'emmêlaient dans les fracas de la mer.

Arrivée sur la nouvelle terre, j'ai vu ce qu'on faisait des nègres d'Afrique, comment on usait de leurs corps, comment on les battait.

Si je parle aujourd'hui, c'est juste pour joindre ma voix à celles de mes sœurs. J'ai trouvé le courage de ces quelques mots qui m'affranchissent de la peur et me libèrent de la haine que je portais dans le cœur.

Je sais pas si l'occasion me sera donnée une autre fois. Alors, je veux dire aussi que la haine a grandi en moi comme un pied-bois empoisonné dans toute sa sève et chargé de fruits âcres.

Permettez que je dise encore que je suis morte en cherchant à tuer un petit qui était dans mon ventre. Je voulais dire ça. Je voulais lui demander son pardon.

MARCHER
Colette

« *Et becs de gaz*
Qui rendent plus tristes
ces nuits au bout desquelles
occidentalement
avance mon ombre
pareille à ma légende
d'homme-singe. »

LÉON GONTRAN DAMAS,
Pareille à ma légende (extrait).

J e n'ai pas rêvé d'aller en France. Mais il fallait bien, pour les études. Rien ne m'a jamais attiré là-bas. J'ai réussi au bac en 1979. Je voulais devenir ethnologue, c'était un beau rêve.

Je suis née en 1962, à Saint-Claude. J'ai été à l'école chez les sœurs, au pensionnat Saint-Joseph-de-Cluny. J'ai quitté la Guadeloupe en 1980. Et je me suis inscrite à la fac de Nanterre pour suivre mes fameux cours d'ethnologie. J'ai laissé tomber au bout de la deuxième année. J'ai commencé histoire-géo. Et puis, je suis devenue professeur, pour le plus grand bonheur de mes parents. Tu vois, je n'ai pas réussi à échapper à ma destinée…

Pendant les deux premières années, j'étais un peu comme toutes les filles du campus. On vivait des histoires d'amour en même temps qu'on suivait nos cours. Et l'amour était la priorité. C'était presque anormal de ne pas avoir un copain et de vivre avec lui dans la même chambre. On jouissait d'une liberté inespérée et très excitante qui nous déstabilisait. À l'époque, c'est vrai, on ne mesurait pas la beauté de notre jeunesse. On passait trop de temps à pleurer sur les douleurs et les déchirures de l'amour. Quand j'y pense, je me rends bien compte qu'on faussait au départ toutes les cartes. En fait, on refusait cette liberté, on ne savait pas comment en user parce que, je crois, on jouait tout de suite aux mères avec les garçons qui partageaient nos nuits. On se mettait à leur préparer à manger, à laver leur linge, à taper leurs cours. On avait vingt ans et on se moulait dans ces rôles, comme si c'était la seule logique pour garder un homme et se faire aimer de lui.

Les Antillais que j'ai fréquentés étaient assez gentils. Mais ils traînaient derrière eux des histoires de filles qu'ils ne réglaient jamais tout à fait. Chaque fille était en quelque sorte une porte entrebâillée qu'ils s'amusaient à ouvrir et fermer, pousser, claquer ou condamner quand l'envie les prenait. C'était terrible et cela provoquait des guerres effroyables entre rivales. Et les garçons s'en sortaient toujours bien, regardant de loin les filles se battre entre elles. Certaines livraient des batailles épuisantes pour gagner le droit d'être la «femme officielle», tandis que les étudiants riaient entre eux de celle-ci et celle-là qui avait attendu une nuit entière à pleurer, qui n'avait pas voulu enlever sa culotte avant la promesse de mariage, qui avait écrit aux parents, qui avait sauté à la gorge d'une autre, qui était tombée à genoux…

À un moment, il y a eu des filles tellement dégoûtées par les étudiants Antillais qu'elles se mettaient à sortir avec des Français ou des Africains. Les Antillais les regardaient avec de gros yeux et ça faisait des sujets de conversation pimentés pour les soirées où l'on débattait d'identité, d'indépendance, d'autonomie ou d'hypothétiques États-Unis des Caraïbes. Elles étaient vues comme des traîtresses au peuple antillais tout entier, des négresses mal blanchies. Celles qui trouvaient consolation auprès des Africains disaient qu'elles redécouvraient leurs vraies racines et qu'elles se sentaient enfin des négresses authentiques. Elles commençaient à manger la sauce et le mafé et écoutaient bouche ouverte les histoires venues de la mère Afrique.

Moi, j'ai continué à sortir avec Guadeloupéens et Martiniquais. Je voulais les changer! Je me battais contre des moulins à vent. On avait de longues discussions sur des sujets comme la condition de la femme aux Antilles. Je voulais comprendre d'où venait cette sacrée manie qu'ils avaient de sortir avec plusieurs femmes en même temps. Et pourquoi ça les rendait si fiers d'eux-mêmes. Je bâtissais toutes sortes de théories. Je remontais bien sûr au temps de l'esclavage et je leur prouvais historiquement que c'était des pratiques encouragées par les maîtres d'autrefois pour enrichir en nègres leurs plantations. Ils riaient. Ils aimaient se voir dans le rôle du mâle collectionneur de femmes. Ils se référaient à des statistiques comme quoi, et c'était bien connu, il y avait plus de femmes que d'hommes aux Antilles. Eux, ils assumaient… J'en ai injurié plus d'un qui riait face à mon désarroi, qui me traitait de triste féministe, sombre imitation des Blanches hystériques, guerrière aveugle reprenant des combats qui n'étaient pas les miens. Ils riaient en me parlant de tradition, de sang, de sève… Un samedi soir, je me suis retrouvée à minuit passé, assise sur mon lit, habillée pour aller danser, avec aux pieds des escarpins vernis à talons aiguilles achetés pour l'occasion et qui me faisaient terriblement mal. Furieuse, seule et en pleurs en train d'attendre mon ami du moment. Je l'ai attendu toute la nuit. Bien sûr, il n'est jamais venu. Il m'avait oubliée pour une autre. C'est à ce moment-là que j'ai décidé de mettre un peu les amours de côté et d'entreprendre sérieusement mes études. Histoire et géo, mes parents ont été soulagés.

Au bout de cinq ans, j'avais réussi à tous mes examens et j'étais affectée dans un collège de la région parisienne. Tout s'est compliqué quand il a fallu trouver un appartement. Voilà comment j'ai soudain vu ce que voulait dire être noire en France. Je venais de passer sept années entre ma chambre de la résidence universitaire, la fac, la bibliothèque et quelques excursions dans Paris. J'avais cru que les Français étaient ces gens que je croisais tous les jours au campus. Des gens qui n'avaient pas de problème avec la couleur de peau. Et tout à coup, je me voyais Noire dans le regard de ceux à qui je demandais de me louer leur cher appartement. Ç'a été un choc…

On vous fait comprendre brusquement que vous êtes une étrangère, que même si vous avez en poche une carte d'identité française, que même si vous parlez le bon français de France, vous n'êtes pas chez vous en France. Vous ne serez jamais chez vous.

J'ai voulu retourner en Guadeloupe aussi sec. Mais j'ai vite compris que je risquais d'avoir des problèmes avec l'Éducation nationale. Ne pas retrouver un poste et être radiée, quelque chose comme ça. J'ai dû loger pendant presque huit mois chez une cousine de ma mère avant de trouver mon appartement. Huit mois ! Entre mes cours, ma seule lecture était celle des annonces. Ma seule occupation, courir d'une adresse à une autre. Je me levais parfois à cinq heures du matin pour me présenter la première et affronter des propriétaires qui me regardaient de bas en haut avant de me répondre, du bout des lèvres, que l'appartement était déjà loué. C'est vraiment à cette époque de vexations que j'ai compris que rien n'avait changé entre Noirs et Blancs. Il y avait un tel préjugé de couleur ! Noir signifiait : saleté, crasse, manque d'hygiène, poubelle, désordre, bruit, cris, odeurs de manger pas français, musique de sauvage, linge au balcon, et j'oubliais : débarquement de nègres envahisseurs !

Dans les rues, j'ai commencé à regarder tous les Blancs de travers, à chercher le racisme dans leurs yeux. Et quand je me présentais devant les propriétaires, je sortais mes plus beaux sourires hypocrites, mon plus beau français, en roulant les RRR. Je leur racontais ma vie… «Vous savez, je viens de terminer mes études d'histoire, je suis une jeune diplômée. J'enseigne dans un collège et il ne me manque plus que l'appartement. Je n'ai pas de famille en France et je n'ai surtout pas l'intention d'inviter des gens chez moi.» Après mes sourires, je présentais mes fiches de paie, de l'argent en espèces, mais ils ne m'écoutaient pas, ou bien ils faisaient semblant de s'apitoyer et s'excusaient, la main sur le cœur, d'un air très très sincère, compatissant, avant de refermer leur porte.

J'ai marché des kilomètres dans les rues de Paris.

J'ai couru d'un bus à un autre pendant des jours.

J'ai marché des centaines de couloirs de métro.

Pendant mes cours, je regardais les élèves blancs d'un air sévère.

Et j'encourageais tous les autres… les basanés. Je sais bien que c'était stupide de ma part, indigne d'un professeur, mais j'étais tellement pleine de colère…

Cette année-là, j'ai attrapé mes cors aux pieds… Blessure de guerre.

Des fois, je m'en souviens parfaitement, j'avais un tel sentiment d'impuissance, j'étais tellement découragée, que je partais avec mon journal, mais je ne l'ouvrais pas. Je savais d'avance que la journée était perdue et qu'il me faudrait affronter des refus, me tenir droite et digne devant les portes refermées. Alors, j'entrais dans un cinéma et je me gavais de films d'horreur. Ça me donnait mal à l'estomac, mais j'en arrivais, pour un temps, à oublier cette histoire d'appartement.

Aux vacances de Pâques, j'ai pris un billet d'avion pour la Guadeloupe.

J'ai passé quinze jours chez mes parents. J'ai marché sur des plages. J'ai marché en montagne. Et je suis revenue en France comme neuve.

J'ai recommencé à marcher dans Paris, mon journal sous le bras. De temps en temps, je m'asseyais dans des cafés. Je regardais les gens et je leur souriais. Mon sourire semblait toujours les étonner. Je leur montrais mes dents. Et, des fois, il se trouvait des gens qui me montraient leurs dents. On ne se parlait pas. On se montrait seulement nos dents comme font les chiens qui ne se connaissent pas. Je n'avais pas d'ami à cette époque. Et je me sentais vraiment seule. J'étais prête à donner mon corps au premier macho venu. Faire des galipettes avec lui dans un lit ou sur une table de cuisine. Je voulais les caresses d'un homme, sa rudesse et sa fragilité d'enfant.

La cousine de ma mère était une vieille bourgeoise. Elle vivait en France depuis au moins vingt-cinq ans. Une de ces Antillaises complètement assimilées. Française cent pour cent. J'étouffais chez elle, entre ses coussins au crochet, son caniche, son papier peint sur les murs et sa vénération pour tout ce qui venait de France. On ne s'est jamais comprises.

Un jour, un nouveau professeur a débarqué au collège. Un Breton. Il rêvait de Paris depuis de très nombreuses années. Il est resté dans un hôtel quelques jours et puis, comme par magie, il a emménagé dans un appartement de la rue de Flandre. Un deux-pièces bien éclairé avec kitchenette et salle de bains. Il en parlait comme si tout cela était du domaine de la réalité.

J'ai éclaté en pleine salle des profs… Je me suis vidée d'un seul coup de toute ma rancœur. J'ai balancé toute ma rage. Je les ai fourrés dans le même sac que tous les racistes hypocrites qui m'avaient fermé la porte au nez. Je les ai traités d'esclavagistes et de négriers. J'ai mis sur le tapis tous les Africains qui balayaient leurs saletés et ramassaient leurs poubelles. Les Arabes qui étaient juste bons pour construire la France, mais qui n'avaient droit qu'à des chambres minables dans les foyers d'émigrés. Les Antillaises, filles de salle, aides-soignantes et infirmières qui voyaient de la misère dans les hôpitaux, soignaient leurs bobos, essuyaient leurs fesses et logeaient dans les banlieues pourries en marge de Paris. Les Antillais de la Poste et de la RATP qui s'occupaient de leur courrier et conduisaient leurs métros…

Je suis partie en claquant la porte.

La semaine suivante le Breton m'attendait devant ma salle de cours. Il m'avait trouvé un appartement. Il avait dû ruser, raconter qu'il venait à la place d'une amie et collègue retenue au collège. Il voulait seulement que je lui donne mes fiches de paye et que je signe le contrat. Il s'excusait pour tous les racistes de la terre. Il me demandait pardon pour la France…

Je n'ai pas fait la fière. Je suis rentrée dans cet appartement de la rue de Rennes. Et je lui ai dit merci et pardon pour tous les mots qui étaient sortis de ma bouche.

Aujourd'hui, c'est presque une vieille histoire que je raconte en souriant. Une anecdote qui fait rire mes amis. Mais parfois, j'y repense amèrement quand j'entends quelqu'un parler de la France comme d'une terre hospitalière. Et puis aussi quand je vois de quelle manière on chasse les Haïtiens ou les Dominiquais qui essayent d'entrer en Guadeloupe. Ceux qui travaillent clandestinement dans les bananeraies ne sont pas professeurs, comme moi. Ils n'ont pas fait leurs études en France. Ils n'ont pas de passeport français. Ils viennent ici poussés par la misère. Ils logent à plusieurs dans des cases infâmes que les Guadeloupéens leur louent. Ils sont parfois traqués comme des bandits, dénoncés par les gens, exploités.

En Guadeloupe, nous avons tendance à oublier qu'au tout début, nous avons partagé la même histoire. Peut-être le même bateau négrier. Nous oublions qu'avant d'être Français d'outre-mer, Domiens, Départementalisés… nous sommes pour la plupart les descendants de ces nègres nus qu'on tirait d'Afrique. Je ne veux pas radoter sur l'Histoire, mais il faut bien qu'on le dise pour qu'on le sache et qu'on ne l'oublie pas. Il faut le dire avec des mots simples pour que les choses soient claires. Il faut que nos enfants connaissent notre histoire commune pour en arriver à changer de regard sur les gens d'Haïti. Ceux de ma génération sont pétris de préjugés. Ils prennent les Haïtiens de haut, c'est décevant. Beaucoup se sentent tellement supérieurs à tout le reste de la Caraïbe parce qu'ils sont sous la protection du drapeau français… et de l'Europe tout entière, très bientôt…

Quand ils veulent se mettre en règle avec l'État français, ça devient un chemin de croix pour la plupart des Haïtiens et des Dominiquais. On les renvoie de bureau en bureau. On leur demande toujours des papiers qu'ils ne sont pas en mesure de fournir. C'est comme ça qu'ils finissent par tomber dans l'illégalité. Un jour, des gendarmes sont venus chercher jusque dans ma classe une de mes élèves dont les parents étaient prêts à être expulsés. Elle a ramassé ses livres et ses cahiers sans un mot. Elle m'a juste regardée une fois. Mais je ne savais pas quoi faire. Je n'ai rien dit devant l'uniforme des gendarmes. À eux seuls, ils représentaient l'État français et son bon droit, sa légitimité.

Le soir, je n'ai pas dormi. C'est facile de ne pas dormir quand on est couché dans son lit. C'est une douce punition pour sa lâcheté. Je me sentais bien sûr coupable et complice du pouvoir. Je revoyais les gendarmes et je m'entendais leur dire que les Amérindiens n'avaient pas demandé à être massacrés, que les Noirs n'avaient pas demandé à être arrachés à l'Afrique et que les Blancs étaient les seuls à devoir partir…

Il y a pas mal d'Haïtiennes sur les marchés de Guadeloupe. Elles revendent des légumes, de l'ail, des oignons, des épices et de la morue. Leurs hommes travaillent sur les plantations dans les bananeraies. Ceux et celles qui ont des papiers sont des chanceux. Ils vivent chichement ici pour envoyer de l'argent à leur familles restées en Haïti. Au fond d'eux-mêmes, je crois qu'ils savent que beaucoup de Guadeloupéens ne les acceptent pas. Il y a encore du chemin à faire pour que les mentalités changent vraiment.

DÉPOSE TON FARDEAU
Marijosé Alie

« *Un jour j'arracherai ma peau d'écorchée,*
pour l'épingler au mur de la honte, j'y inscrirai
les graffitis d'une révolution qui n'existe
nulle part dans les livres d'histoire. »

J e demande trêve sur la violence, trêve sur la haine, trêve sur le
désengagement de la vie, trêve sur la mesquinerie, pour que respire le
droit à la colère, comme les vents de tempête nettoient le ciel et lui
restituent la pureté.

Colère de femme, colère qui gronde et envoie aux quatre coins, les « emmerde-
vie » du monde.

Par les temps qui craquent, être femme, c'est un métier qu'on apprend sur le tas
du début à la fin, ponctué des rendez-vous les plus merveilleux qui soient,
lorsque à l'ouvert des cuisses, comme à l'entrée du jour, nous réinventons la
naissance de l'Homme, en nous demandant, chaque fois encore, d'où nous vient
que nous soyons élues pour accomplir cette œuvre d'éternité.

Par les temps qui courent, être homme, c'est un rêve que l'on désapprend sur le
tas du début à la fin, ponctué des rendez-vous les plus merveilleux, lorsque à
l'ouvert des cuisses, tu plantes ton drapeau conquérant avant qu'il n'aille battre
de l'aile comme un oiseau fatigué d'avoir donné la vie.

Parfois je te plains, mon père, mon frère, mon homme, mon fils, d'être si dur
avec toi-même, dans un monde si dur, d'étourdir la vie plutôt que de la vivre,
de porter plus lourd que moi le fardeau sucré des plantations qui t'arrachait
chaque fois à ta semence, à tes mains, à ton cœur, pour t'envoyer plus loin
recommencer le travail de l'autre… Aujourd'hui tu ne peux encore accomplir
le tien…

Dépose ton fardeau, je vais t'aider, juste t'aider, promis. Je musellerai l'amazone,
empêcherai qu'elle ne te prenne ton arc et tes flèches et parte chasser à ta
place…

Mais si tu es fatigué, méfie-toi, je peux le faire, je peux chasser, dès que j'aurai
refermé les cuisses. Elles me porteront loin, tellement loin…

Mais, je reviendrai, toujours je reviendrai, avec l'arc, les flèches, le produit de ma chasse qui parfois ressemblera à une idée vraie de continuité…
Ne serait-ce que pour répondre à cette question, posée comme un lâcher de musique, dans l'innocence de la perfection… «Maman, quand tu seras morte, tu m'aimeras encore?»

Diplômée de l'École supérieure de journalisme en 1972, Marijosé Alie suit à la Sorbonne des études de lettres et de sociologie avant d'entrer à l'ORTF en 1973. On la retrouve à France 3 Bourgogne en 1977, puis à France 3 Martinique en 1980 où elle se spécialise en politique. Son disque «Karésé Mwen», pressé la même année, révèle ses talents d'auteur-compositeur-interprète. Cet album très soigné, qui invente une musique métisse caraïbe, reçoit un grand succès. À partir de 1989, Marijosé va et vient entre la Martinique et la France, FR3 Centre, RFO Martinique, où elle s'impose en tant que grand reporter en créant le magazine *Akoma* qui ouvre les portes de la Caraïbe aux Martiniquais et Guadeloupéens. Aujourd'hui directeur adjoint de l'information et rédacteur en chef à RFO Paris, Marijosé continue à composer et interpréter des chansons.

LES DÉMARCHES
Gina

Ma mère est née en Haïti. Moi aussi. Mais c'est pas comme elle. Moi, je suis arrivée en Guadeloupe quand j'avais deux ans. Je ne me souviens pas du pays. Et j'ai pas trop envie d'y retourner. Tout ce qu'on nous montre à la télé me dit que ma mère a bien fait de quitter ce pays.

Sincèrement, je ne veux pas entendre parler de Haïti. Y a trop de misère là-bas. Et puis des Tontons macoutes, la dictature, la corruption. Et même des coups d'État. Ça fait peur tout ça. Quand le père Aristide a été au pouvoir, ma mère écoutait tous les jours les informations. Elle supportait pour lui. Elle disait tout le temps qu'il y aurait enfin la démocratie en Haïti et que les Haïtiens allaient sortir de leur malédiction.

Moi, je suis exactement comme les Guadeloupéennes de mon âge. J'ai quatorze ans. Je suis en troisième au collège.

Je dis à personne que je suis haïtienne de naissance. Et quand mes copines parlent des Haïtiens en faisant des blagues, je ris avec elle. Ma mère dit que je dois pas renier mon peuple. Et qu'un jour, je chercherai à connaître Haïti qu'elle aime mieux que son cœur.

Ma mère, elle me fait de la peine des fois. Elle fréquente des Haïtiens. Elle cherche pas à se faire des amies guadeloupéennes. Et ils parlent de Haïti des après-midi entiers. Ils parlent des morts, des assassinés, des noyés des boat-people, des massacrés. Quand j'étais plus jeune, elle me forçait à venir avec elle, pour écouter la tristesse des exilés, le manque du pays et ses beautés. Pour écouter les problèmes de papiers jamais en règle, les combines et les démarches à faire pour obtenir des visas, des cartes d'identité française, des cartes de circulation, des cartes de résidents. Et se lamenter sur les expulsions. Et chercher des bonnes cachettes pour les clandestins, des cases où ne vont pas les gendarmes français... Mais maintenant elle ne m'oblige plus.

Moi, je parle le créole de la Guadeloupe. Je préfère... J'aime aussi l'anglais et l'espagnol.

Je veux devenir interprète, pour voyager. J'ai des parents dans toute la Caraïbe...
À Saint-Martin, Sainte-Lucie, Cuba, Miami... J'ai aussi un oncle à Montréal et
une cousine en Suisse. Mon rêve, mon plus grand rêve, c'est de partir aux
États-Unis, à New York, où s'est installée une de mes tantes. Elle m'a dit que là-
bas les Haïtiens vivent bien. Ils sont considérés comme des réfugiés politiques et
on les respecte.

Quand je serai grande, j'irai vivre à New York... Mais avant, je crois qu'il faut
que j'aille me déclarer, à dix-huit ans, dire aux gendarmes, ou aux policiers, ou
au préfet que je veux bien être française.

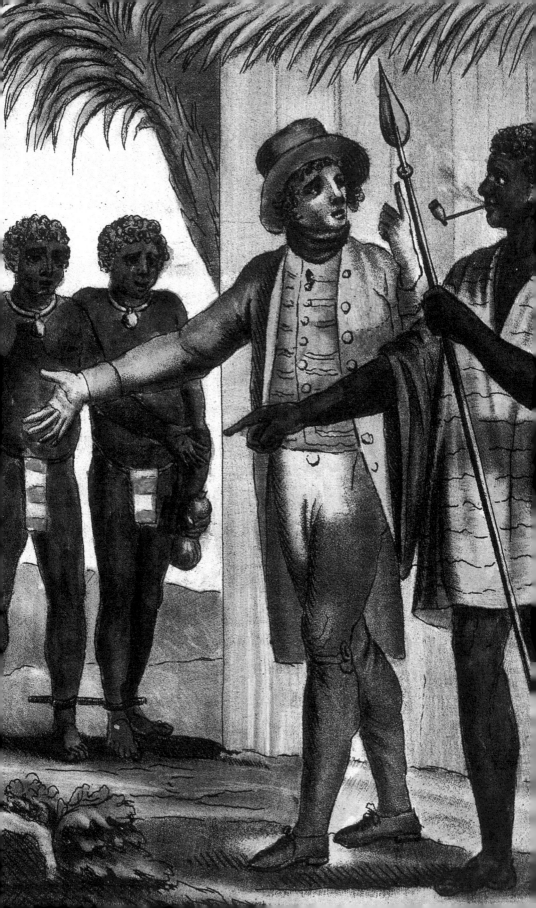

L'enfermement
et les humiliations

NCHAÎNÉS PAR LES PIEDS *ou attachés deux par deux, tous attendent dans la sueur et la puanteur que soit jaugé le prix de leur liberté. Tous apprennent l'enfermement, le deuil de la terre et de l'horizon africains dans les barracons ou les captiveries cernés de palissades, comme dans les «coffres» à esclaves aménagés sous les bastions des forts. Dans les fosses creusées dans des enclos de fortune, dans les cases en gaulettes ou en bambous, les pièces d'Inde entassées, enferrées, sont déjà dans l'antichambre de l'entrepont… Pour la cargaison stockée pendant des nuits et des jours dans ces factories, le temps s'écoule dans le vide et la sidération de l'attente. Seuls les réflexes de survie orchestrés par les gardiens ponctuent sa mortelle lenteur. La distribution d'une invariable nourriture à base d'ignames ou de manioc, des gestes d'hygiène indispensables pour résorber le cloaque des nattes de palmes, quelques exercices physiques sous haute surveillance dans la cour des forts tentent de parer à l'anémie, aux épidémies et à l'ankylose des chaînes. La menace du fouet suffit à imposer ces contraintes, à mater toute velléité de révolte chez ces populations affaiblies par l'emprisonnement, anéanties par l'énormité d'une incompréhensible barbarie. Par la brutalité dissuasive des barraconniers, l'agression reste morale, l'incarcération insidieuse, sans les violences manifestes de la plantation puisque les coups endommageraient la marchandise et les blessures pourraient révéler une mauvaise disposition à la servitude… Comme dans d'autres lieux de concentration de sinistre mémoire, dans les sombres archives d'une déportation plus récente, la sélection naturelle opère ses choix, aidée au besoin par les hommes de main des marchands quand l'espérance de vie ne justifie plus les frais d'investissement. Ces exécuteurs des basses œuvres se chargent parfois de tuer les bébés trop chétifs qui encombreraient les cales. Sur les habitations, les femmes se souviendront de cette cruauté pour résister à la politique nataliste des planteurs. Malgré l'incitation des maîtres, les maternités esclaves ne prennent jamais le relais du système quand les conjonctures historiques ou économiques paralysent le trafic. Autant que la désespérance d'un avenir servile, les souvenirs de nourrissons morts jetés aux requins pendant la traversée hantent sans doute les mémoires… Prostrées derrière les palissades du camp, les femmes fixent l'abîme de leurs défaites. Mais d'autres humiliations, celles* d'une intimité mise à nu, soumise aux estimations d'une véritable foire, se préparent dans la cour des comptoirs. Tels des maquignons, vendeurs et acheteurs vont repasser fébrilement chacun des profils, chacune des parties du corps, le tenir à distance, le recenser et mesurer exactement l'étendue des profits. Lorsqu'il s'agira d'imposer leurs désirs exacerbés par le mystère de ces chairs d'ébène, les colons chercheront aussi à violer l'énigme du nouveau corps féminin replié sur ses secrets. Transgression des couleurs, mélange des sangs, qui déstabiliseront la société coloniale par les brouillages qu'induisent les métissages…

Dans l'imminence de ce marché aux esclaves, les courtiers noirs préparent les captifs à la vente. À l'écart, dans les savanes, ils les «cirent» à l'huile de palme pour redonner de l'éclat au teint, de la brillance aux muscles. Les plantes, les herbes de la pharmacopée africaine ravivent les apparences, mais de véritables ruses, comme l'arrachage des cheveux blancs ou l'épilation des poils, effacent les signes préjudiciables de l'âge. Un verre d'eau-de-vie viendra dissiper la mélancolie des regards toujours gênante dans les marchandages. Les acheteurs préfèrent lire dans les yeux noirs l'expression d'une résignation qui conforte l'idée d'une disposition naturelle à l'esclavage… Quand retentit le «gongon» sur les sites de traite, les transactions peuvent commencer selon des protocoles qui avantagent les monarques et les princes sur les marchands ordinaires. Si les esclaves sont vendus par lots, chaque victime est l'objet d'un consciencieux examen, d'une véritable expertise anatomique. Le chirurgien de bord ou le médecin du fort contrôle l'usure des dents, recherche les imperfections, au besoin lèche la sueur pour dépister ces fièvres tropicales qui terrassent aussi les équipages. Aux vérifications de la vue, de l'ouïe, de la motricité s'ajoutent des investigations humiliantes dictées par l'obsession des maladies sexuelles. Mais, au-delà de cette intention de ne pas être dupé, s'exprime la volonté de neutraliser le corps de l'autre, ce corps fantasmé, diabolisé, toujours menaçant dans son altérité, pour exorciser les peurs qu'il inspire…

Les commentaires du marchand ponctuent l'exhibition et soulignent des vertus prometteuses comme la force, l'endurance ou la virginité des jeunes filles, toujours vérifiable. De son côté l'acheteur cherche à sous-estimer ou à dénigrer la qualité des individus pour réaliser les meilleurs brocantages. Discussions et palabres se succèdent avant que les protagonistes s'entendent sur les conditions, d'après des unités de mesure : onces ou barres, qui représentent des lots de marchandises de traite. Dans cette arithmétique du troc, le prix d'un esclave s'évalue par référence à la pièce d'Inde. Négrillons et négrittes surtout restent très en dessous de cette norme, seul un adulte de taille et d'aspect irréprochables peut prétendre à cette cotation. Mais, à mesure que

les planteurs prennent conscience de l'intérêt du rôle des femmes sur le double versant de la famille et du travail, le cours des négresses augmente dans les «foires» aux esclaves. Dans toutes les transactions, les rapports entre l'âge, le sexe et les aptitudes se combinent à la conjoncture des marchés pour fixer les termes des échanges. Selon les régions et les périodes, la valeur de la pièce d'Inde est fluctuante et toujours dépendante de la concurrence que se livrent les différents partenaires européens. Au XVIII⁰ siècle en particulier, l'intensification du trafic qui accompagne le développement des économies esclavagistes modifie sans cesse les critères du commerce et redouble surtout les exigences des monarques africains. Sur les papiers de plantation de l'époque, les géreurs notent leurs besoins croissants en esclaves mais, dans les ports négriers, les négociants déplorent la difficulté d'approvisionnement et la cherté du bois d'ébène...

Dans la continuité de ces gestes destinés aux animaux de foire, le marquage au fer rouge officialise la conclusion de l'affaire et signe l'acte d'achat. Le chirurgien applique les estampes portées à incandescence sur un papier graissé au suif ou directement sur la chair frottée à l'huile de palme. La peau grésille et fume avant que le signe apparaisse en relief sur la boursouflure de la brûlure. Ce chiffre apposé sur chaque victime vendue dissuade les marchands de la tentation de substituer au lot d'origine des prisonniers de moindre qualité. Il évite aussi les confusions et les contestations de propriété... Ainsi, jusqu'à son débarquement aux Amériques, le captif appartiendra au capitaine ou à l'armateur dont il porte l'estampille, dans une absence de statut juridique qui manifeste le silence et l'hypocrisie des institutions sur la question de la traite. Dans ce non-lieu d'existence que représente la cale des négriers français, il sera soumis à la seule autorité de l'équipage et les droits pourtant infâmes du Code noir ne lui seront même pas concédés... Comme l'inscription numérotée des rescapés d'un autre génocide, la mutilation restera toujours visible, qu'elle soit opérée en Afrique ou aux Amériques, quand le marquage des initiales du maître viendra remplacer cette pratique de l'estampage réalisée autrefois sur les marchés de la côte.

L'abandon du baptême collectif avant la traversée figure aussi au nombre de ces rituels tombés en désuétude pendant la longue histoire de la traite. Après les premières bénédictions solennelles célébrées sur les rivages africains, c'est aux habitants des îles qu'incombera cette mission préconisée par les articles du Code noir. Sur les plantations, les colons s'attachent à respecter ses prescriptions liminaires de christianisation, mais l'instruction religieuse se fonde sur une catéchèse de la terreur. Elle se limite en fait à une apologie de la soumission et entretient la crainte de la damnation pour faits de contestation ou de rébellion... Le renoncement à ce sacrement initial révèle les véritables intentions utilitaristes des négriers et démasque les simulacres d'évangéli-sation et les prétextes apostoliques. Cette économie de moyens dans la théâtralisation du départ dit aussi l'impatience de l'équipage à quitter le monde de la côte où planent d'imprévisibles dangers. Conflits d'intérêt, attaques d'indigènes, risques de fuite, tous les retournements de situation peuvent encore anéantir la cargaison toujours explosive sur sa terre d'origine. Avec son cérémonial spectaculaire, le baptême augmentait aussi les risques de gestes désespérés qui dramatisaient déjà l'embarquement...

R
La captiverie
ina

Je me souviens bien de la captiverie.
Des siècles pourront passer encore et
encore, je l'oublierai jamais.

Personne peut jamais oublier les sévices et
l'enfermement. Se retrouver d'un moment
à l'autre réduit au rang de l'animal, ça
habite tout le temps qui reste à vivre.

Mille déluges et trois cents cyclones
pourront se mettre ensemble pour nettoyer la terre, ceux-là qui ont subi toutes
ces cruautés porteront toujours en
dedans d'eux-mêmes un cœur brisé.

Tous les soleils des cieux pourront décider de briller dans le même soir et lancer
des volées d'étoiles filantes, ceux-là qui
ont connu l'enfermement et l'horreur d'être bannis du genre humain, croiront plus
en aucun soleil. Et même si des rires égarés traversent plus tard leurs existences, faut
pas s'y fier et croire que tout est oublié. Ce sera jamais des rires qui ouvrent des
portes de pure insouciance. Des rires. «J'ai devant moi trois éternités de joie!»

J'ai pas manqué de rires sur la terre de Guadeloupe. Je riais de moi-même, des
maîtres et de nous autres. Je riais au jour le jour. J'ai même ri avec le maître jusqu'à
ce que nos rires se confondent. Je riais pour sentir la vie débouler en moi.

J'ai jamais oublié le temps de la captiverie... Aussi longtemps que j'ai vécu, je l'ai
porté en moi, avec les gémissements de nous autres, les nègres entassés en dedans.
Je crois que c'était en 1778 ou 1779.

Je sais plus comment ils m'ont eue. Mais je me suis retrouvée enchaînée. Beaucoup
d'autres étaient comme moi, les mains et les pieds pris dans des chaînes et des
cordes. Dans le sang et les vomissures et la puanteur des déjections.

On peut pas dire combien de jours on est restés là-dedans. Les jours se comptaient
pas. On voyait pas le soleil se lever. On était dans la nuit. Enchaînés. Avec la peur
et les cris qui nous tenaient à la gorge comme les fourches qui nous avaient
entravés pendant la longue marche.

Ils en ramenaient sans cesse d'autres. Qui venaient ajouter leurs pleurs et leurs peurs aux nôtres.

J'ai jamais pu oublier ce temps-là. À pas savoir pourquoi on était là et ce pour quoi on était destiné. On voyait que l'effroi sur les visages. Et on se posait pas de questions, en vérité. On voulait pas trop savoir la fin. On était comme des panthères prises au piège. Des bêtes de la forêt… Eux c'étaient les chasseurs et en nous capturant, ils avaient gagné le droit de faire tout ce qu'ils voulaient de nous. On pouvait bien crier et mordre et se débattre, on était pris.

Ceux qui commandaient avaient les yeux clairs et la peau blanche. Mais y en avait des comme nous qui faisaient les chiens de garde.

«Mon nom, c'est Rina», j'ai dit à une femme de mon âge qui criait à la mort de venir la prendre au lieu qu'elle finisse dans la gueule de nos bourreaux.

«Ici-là, t'as plus de nom», qu'elle m'a dit. Rina, c'était avant…

J'ai pas su quoi lui répondre. Et un peu de sa peur est venue s'accoler à la mienne. Alors, j'ai voulu mourir pour échapper à cette autre mort qu'on voyait pointer tout au bout de l'enfermement. Je voulais me faire mourir avec ce que j'avais dans le ventre, m'empoisonner de l'intérieur. Alors, j'ai serré les fesses pour plus faire. J'ai mangé et bu ce qu'on nous envoyait. Et je gardais tout dans mon ventre. Au bout de trois jours, j'ai senti la mort approcher. C'était ma libération. Ma vue était trouble et je voyais plus les femmes qui étaient autour. Je distinguais plus que des ombres et des masses.

«Te laisse pas mourir, m'a dit une grande femme qu'aurait pu être ma mère. Tant que tu vis, tiens-toi debout, parce que tu sais pas ce qui se trouve au détour de ce cauchemar. Libère-toi et tiens-toi debout devant tes bourreaux. »

J'avais plus la force des mots, mais je l'ai écoutée. Parce qu'elle était mon aînée et que dans mon pays on se devait toujours d'obéir aux aînés. Je me suis relâchée. Et mon ventre s'est vidé. Je me suis tenue debout, accrochée à une paille d'espérance. Une drôle d'espérance en vérité. Sombre espérance qui perçait nulle part. Mais qui s'égouttait en dedans de quelques-uns, les nourrissait d'un lait suri.

J'ai pas vu la liberté de 1848. Je sais rien de ce M. Schoelcher que les autres ont chanté après moi.

Je me souviens de la longue marche jusqu'à la captiverie. Et puis le bateau qui nous a emmenés. Et puis la traversée.

Je me souviens de la mer sans commencement ni fin. De la mer qui tantôt nous secouait dans ses vagues furieuses ou bien nous berçait malement comme une marâtre, fredonnant des chansons de mort et d'abandon.

Avec d'autres femmes, on allait de temps en temps récurer le pont. On voyait les nuages adossés au bleu infini. Et on se disait que c'était peut-être des envoyés du ciel, ces hommes blancs qui nous avaient pris d'autorité, comme si on avait fait que les attendre depuis le jour de notre naissance.

Les hommes blancs du bord ne quittaient jamais leurs sabres et leurs fusils. Ils nous approchaient pas, mais y avait souvent de la convoitise dans leurs regards et des uns nous tâtaient aux seins et aux fesses. Mais ils n'osaient pas d'autres gestes. On a cru comprendre qu'autrefois, au cours d'une semblable traversée, une dizaine de négresses violées par des marins s'étaient jetées par-dessus bord. C'était trop de marchandise perdue pour le capitaine. Alors, il voulait pas que ça se reproduise et il avait promis la mort à ceux qui tenteraient de nous toucher autrement qu'avec le fouet. Ces mortes nous ont épargnées.

J'ai été achetée et vendue plusieurs fois. J'ai oublié Rina, l'Africaine. J'ai plus parlé la langue de mes ancêtres ou peut-être en rêve. Oui, dans le sommeil, je revoyais mon village. J'entendais les chants de là-bas. Et puis, mon corps se souvenait des jours passés à la captiverie et la peur se soulevait de nouveau en mon ventre.

Je veux pas trop évoquer mon temps de Guadeloupe. Je veux même pas qu'on retienne le nom qu'on m'a donné là-bas. On m'a jamais considérée comme une personne. On donne des noms aux chiens et aux chevaux aussi.

J'ai toujours gardé l'espérance. À quoi ça a servi, je sais pas. Peut-être à mettre mes enfants au monde, à trouver le manger, les gestes d'amour et les mots pour leur dire qu'un jour la liberté serait dans leurs deux mains et qu'il faudrait en prendre grand soin parce que ça valait plus que l'or et toutes les richesses. Qu'il n'y aurait plus de chaînes, plus de fouets, plus de maîtres et de commandeurs, et qu'ils pourraient retourner là-bas en Afrique pour connaître la vraie vie.

J'ai vécu trente ans et quelque en Guadeloupe où ma vie s'est achevée. J'ai accouché trois fois dans ma case et cinq fois dans les champs. Deux fois, j'ai porté des enfants morts-nés. D'autres femmes étouffaient leurs nouveau-nés, les jetaient dans les rivières pour pas donner d'autres bras aux champs de cannes. Moi, je me suis toujours refusée à ces pratiques. Et je me suis tenue debout sur cette terre même devant le fouet et le mépris. Et j'ai pas cessé de parler d'espérance même si en dedans de mon cœur j'ai jamais bien compris le sens de cette espérance et pourquoi on nous avait enlevés à l'Afrique. Pourquoi nous, les nègres ? Pourquoi avec tant de férocité ?

LA GEÔLE
E...

« *Des hommes les prenaient, de la même façon qu'ils avalaient*
le rhum, grignant dans le plaisir brûlant. Et puis les jetaient, pleines.
Et la mode des ventres-calebasses commençait. Avec l'espoir au bout
de chaque portée. L'espoir que celui-ci, qui fourrait le fer chaud dans
leur corps, resterait épris, enflammé, généreux, au moins le quart
d'une éternité. Quand elles cherchaient la paix, qu'elles voulaient
plus voir le portrait d'un homme, y avait déjà quatre-cinq enfants
dans leurs pieds. »

GISÈLE PINEAU,
L'Espérance-Macadam.

« *Je suis couché dans l'ombre.*
Devant moi, au-dessus de moi
L'éclat de mon rêve n'est plus.
Il n'y a que mur épais.
Il n'y a qu'ombre. »

LANGSTON HUGUES,
En grandissant (extrait).

*T*u ne donneras pas mon nom, hein !
Je sors dans six mois…
On a placé mes enfants.
Je pense à eux, tu sais…
Tu ne donneras pas mon nom ?
Quand je vais plus être ici, je chercherai du travail.
J'ai ma sœur qui vient me voir, Reinette. Mais c'est de temps en temps. Ma mère
n'est jamais venue. Elle peut pas comprendre qu'une de ses filles dorme à la
geôle. Je sais qu'elle prononce plus mon nom…
On m'a mis les menottes derrière le dos, tu vois ça dans les films policiers.
Pareil ! Quand j'étais les mains attachées dans le dos, j'ai pensé à Rick Hunter.
J'te jure, je savais que c'était bien à moi que tout ça arrivait. Mais en même
temps, c'était comme si c'était pas moi, tu vois. J'étais sortie de mon corps et je
me voyais dans un rôle, pas dans la réalité.
Tu écriras ça, hein ! Derrière le dos. Quand j'suis redescendue dans mon corps,
je passais du chaud au froid, tu comprends ! Je ressentais de la honte. Et puis,
cinq minutes après je devenais rosse. J'avais comme une rage qui me brûlait en

dedans et j'aurais pu mordre, donner des coups de pied et bourrer de coups de poing les trois nègres policiers. Je les ai injuriés avec les mots qui salissent les manmans. J'vais pas te les répéter, tu les connais… Y en a un des policiers qui avait une dent en or sur le devant. Il m'a dit que sa mère était morte et que je pouvais continuer à l'injurier, il avait l'habitude. Il était sûr d'une chose : que j'allais dormir à la geôle le soir même. Et que j'aurais du temps pour réfléchir à ma vie. Du temps pour regretter mes paroles.

Tu ne donneras pas mon nom, hein! Je veux pas que mes enfants aient honte de moi. Quand je sortirai de là, j'irai loin. Peut-être en France. J'veux changer de vie. J'veux plus rencontrer ceux qui m'ont vue avec les menottes. On a placé mes enfants dans des familles. Ma mère n'en a pas voulu. Elle m'a tourné le dos. Je sors dans six mois. Je compte les jours. Six mois, il reste plus grand-chose. J'ai bientôt fini de payer à la société. Quand je te dis ça, je repense à un crédit que j'avais signé. Ça n'a rien à voir avec mon affaire, mais ça m'rappelle ce crédit. J'comptais les jours pareil. Tu sais, j'habitais dans un quartier des Abymes. Un quartier miséreux de logements très sociaux, LTS. Des cases étroites collées les unes aux autres. Et dans ces cases, y avait que des femmes et des enfants. Les hommes, ils faisaient que passer. C'est pas des histoires que j'te raconte. Les hommes, des fois, ils venaient un peu régulièrement. On voyait la même voiture garée plusieurs soirs de suite devant une case. Et puis, le bougre se présentait plus que de loin en loin. Et puis, il disparaissait tout à fait. J'invente pas, tu peux aller demander, mais sans dire que c'est moi qui t'envoie. J'invente rien. Des hommes de passage qui s'accrochaient vraiment jamais à aucune. Qui se faisaient parfois appeler papa par des enfants qu'ils voyaient que de temps en temps.

Eh ben! pour revenir à mon histoire de crédit… Tu sais, on était des miséreuses. Fallait pas trop se fier aux apparences. À nous voir marcher dans les rues de La Pointe t'aurais jamais dit ça. On était toujours bien coiffées, cheveux défrisés ou nattes collées sur la tête. Bien habillées avec des toiles bon marché qu'on cousait nous-mêmes. Celles qui savaient cousaient pour les autres. On s'arrangeait toujours. Y en avait pas beaucoup qui travaillaient. On vivait des allocations de femmes seules et des allocations familiales. Mais la plupart du temps, on était dans la débrouille, tu comprends. Avec des jobs, parfois, des heures de repassage et de ménage. Tu veux savoir le vrai du vrai? Presque toutes, on abusait de notre corps pour payer le crédit de la boutique et voir rayer nos dettes sur les carnets à pain. Donner son corps c'était souvent le dernier recours pour se libérer d'une dette pressante. Donnant donnant, on se servait des hommes qui venaient nous voir comme ils se servaient de nous.

C'est vrai, on était du rang des miséreuses, mais tu t'imagines pas le nombre de représentants qui venaient à nous. C'est comme ça qu'on achetait toute notre porcelaine, nos ménagères, de l'or aussi — chaînes, boucles d'oreilles, bagues et bracelets. Toutes, on aimait les bijoux. Et puis, pour que les enfants s'en sortent à l'école : des encyclopédies de ceci et cela, des méthodes d'anglais, des collections sur l'histoire de la Guadeloupe, les grands écrivains français…

Les représentants qui venaient nous voir, ils savaient nous parler. Je sais pas comment ils faisaient, mais ils trouvaient toujours les mots qui tombaient directement dans le cœur. Les mots qui écorchent sans en avoir l'air et grattent là où ça fait mal. Des mots qui touchent, tu sais bien… Les mots qui se font un chemin entre le cœur et la raison. Des mots qui lèvent le regret et la honte de la misère. Toutes, on laissait les représentants entrer en dedans de nos cases et déposer des mots qui nous remuaient. D'abord, ils nous félicitaient pour la façon qu'on avait d'arranger notre salon. Et ils nous disaient qu'ils trouvaient qu'on avait de beaux enfants. Et qu'il serait dommage de les voir se gâcher, tourner à la délinquance comme tant d'autres qui perdaient leurs âmes. Les enfants, c'était notre fierté à toutes en même temps que notre point faible, la seule branche à laquelle on pouvait se raccrocher. On voyait que par eux. On voulait qu'ils s'en réchappent, qu'ils fassent pas comme nous, tu vois. Qu'ils choisissent la bonne route. Alors, pendant qu'ils déballaient leurs livres, on perdait pas une miette de ce que ces gens racontaient. Des livres reliés écrits avec des lettres d'or sur la couverture. Ils disaient qu'il y avait le succès assuré dans les pages de ces livres. Et qu'on se devait de les acheter. Et qu'il y aurait toujours moyen de payer parce que ce qui comptait en final, c'était que nos enfants partent gagnants dans la vie. Et dans les yeux de ces gens, on se voyait coupable et indigne d'être mère, si on se lançait pas dans un nouveau crédit. Voilà comment on se trouvait à signer… Pour l'avenir des enfants! même si c'était des sommes qui nous arrachaient des cris. On faisait des crédits. Sur un an, deux ans… 150 francs, 230 francs, 190 francs par mois, c'est pas grand-chose qu'ils disaient… Mais, quand tu additionnais tous ces petits crédits, tu n'avais plus un sou pour manger. Et le reste du mois, tu allais pleurer à la boutique. Toutes tes allocations fondaient dans les crédits.

Il me reste plus que six mois à tourner ici.

J'avais signé un crédit de 200 francs par mois pendant deux ans pour des encyclopédies. Quand j'ai compté qu'il me restait encore six mois à payer, j'voyais ça long comme trois siècles. Alors j'me suis dit que jamais plus je ferais cette bêtise de laisser des inconnus me manœuvrer. Tu peux me croire que j'ai tiré la langue pour payer les encyclopédies. Et, tu vas rire, les enfants les ont jamais ouvertes…

Tu sais, ils me manquent. On les a placés dans des familles. Reinette dit qu'ils sont bien. On me les rendra dès que je sortirai. J'suis leur manman.

J'tourne en rond ici. Avec les autres femmes, quand on a fini de se raconter nos vies et pourquoi on a échoué ici, on se regarde plus. On s'met à se détester sans trop savoir pourquoi. Ou si! Je sais pourquoi… J'crois qu'on finit par se voir en chaque femme, comme dans un miroir. Y en a pas une pour sauver l'autre. Pas une qui donne un peu d'espoir. On voit plus que la laideur. Alors, c'est à celle qui s'ra la plus méchante. On devient plus dure ici, à s'frotter les unes aux autres. On est trop nombreuses. Parfois six femmes dans une seule cellule. Le soir, on met les matelas par terre. Tout le monde sait quand t'as tes règles. Tu peux rien cacher. Enfermée là, tu deviens comme une bête. T'as déjà vu ces chiens attachés à des chaînes auprès des maisons. Nous, on n'a pas les chaînes, mais on est pareilles. Dans nos têtes, on refait chaque jour le chemin qui nous a menées à la geôle. On n'a que ça à faire en vérité. Mais on l'fait pas voir.

Pourquoi j'suis rentrée ici? J'tiens pas trop à en parler… Parfois, tu sais, j'en ris toute seule… J'me dis que c'est pas moi qu'ai fait ça. Quand j'y pense, j'me revois avec des rubans dans les cheveux, ma robe blanche à dentelles, mes chaussettes blanches et mes chaussures vernies noires, mon premier jour d'école maternelle. Oui, j'me revois à cet âge-là. J'avais trois ans et je tenais fort la main de ma manman. J'sais pas pourquoi, j'remonte si loin… J'sentais l'eau de Cologne et l'huile carapate. J'ai jamais pleuré pour aller à l'école et ça faisait la fierté de ma manman. Au début, elle disait que j'aimais l'école et que j'irais loin dans la vie. Jusqu'à la classe de CE2, j'ai été sa fierté. Après, elle a commencé à avoir de la rancœur, quand elle a compris que ma tête était aussi dure que la sienne. Et que je valais pas mieux qu'elle. Elle disait trop rien, mais j'voyais dans son regard qu'elle était désenchantée, qu'elle chérissait plus de grands rêves. Des fois, je l'entendais dire à d'autres femmes qu'on finirait jamais avec la race des maudits dans ce pays. Qu'y avait trop de méchants qui faisaient commerce avec le diable et mettaient des fers aux pieds des enfants et de la glu dans leur tête pour les empêcher de réussir à l'école. Elle disait : «Sorcellerie, Jalousie, Scélératesse», et elle hochait la tête. J'ai pas longtemps été sa fierté. Y avait tout son dépit que je sentais me couler le long du dos quand elle me regardait partir pour l'école. Elle m'envoyait parce que c'était la loi française, mais elle y croyait plus. C'était comme si elle pouvait rien pour moi. Comme si j'étais condamnée d'avance. Comme si y avait rien à faire pour venir à bout de la fatalité.

J'ai quitté l'école à seize ans. J'ai quand même été jusqu'en classe de cinquième. J'aurais pu continuer au LEP, mais ça m'disait rien.

Pourquoi, j'suis enfermée ici… C'est trop bête. Tu vas rire. J'voulais pas en parler. Tu donneras pas mon nom, hein! Tu n'oublieras pas…

Tu sais, quand j'ai quitté l'école, j'ai commencé à driver un peu avec d'autres filles qui savaient pas quoi faire de leurs corps. Oh! tu sais, elles étaient comme moi. Avec des envies de femmes et pas le sou et des nègres autour d'elles qui voulaient tous la même chose. J'ai cherché un p'tit travail pour ramener une monnaie. Mais j'savais rien faire d'autre que le ménage.

Un moment, j'ai voulu partir en France. D'autres plus couillonnes que moi s'en allaient et s'en revenaient fonctionnaires. Mais j'me suis retrouvée enceinte. Ça sert à rien de parler des pères de mes enfants. Non, ça vaut pas la peine. Y a jamais eu d'amour. Que des histoires de coucher.

J'ai commencé à toucher de l'argent grâce aux enfants. Les allocations… J'suis partie chez moi quand j'avais vingt-deux ans. Et déjà mes trois enfants. Avec ma mère, on s'parlait plus dans la case. J'ai cassé une porte et j'suis entrée dans un des logements très sociaux que la mairie construisait. Y avait encore ni eau ni électricité, mais fallait que j'me trouve un toit. On était plusieurs à monter ce complot. On a forcé les portes et on a appelé la télé. On était des squatteuses. On était hors la loi, mais personne n'a jamais pu nous déloger, à cause des enfants. Après un temps, on nous a donné l'eau et l'électricité. On était chez nous. On avait gagné.

Pourquoi j'suis enfermée ici… J'sais pas au juste. Est-ce qu'on peut appeler ça de l'amour? En tout cas y avait de la jalousie… Une histoire d'homme et de femmes. On était à deux à se partager le même bougre.

J'avais connu d'autres hommes. J'peux pas compter, tu sais. J'me faisais plus d'illusions. J'avais déjà mes trois enfants. Trois pères, tu comprends. Et j'aurais dû même en avoir six si j'avais pas avorté par-ci par-là. Trois hommes, sans parler des autres qui s'étaient mis en travers de ma vie sans laisser de trace. C'est vrai que j'ai eu le temps de m'poser des questions dans cette geôle. J'ai du mal à me comprendre moi-même. J'crois que j'étais arrivée à un moment de ma vie où j'voulais plus être prise et puis jetée. Oui, ça m'faisait mal quelque part.

J'voulais plus entendre de mensonges. J'voulais un homme qui m'dise : « On va construire ensemble. Je vais te soulager un peu, te faire voir les couleurs du bonheur. On va pouvoir marcher en grand dans les rues. Je rentrerai tous les soirs après mon travail et y en aura pas d'autres que toi… »
J'crois que je voulais un mari, c'est bête, hein!

Et j'croyais que je l'avais rencontré. S. n'était pas marié. Il avait juste un fils de cinq ans avec une femme qui l'avait déçu. Je vais pas te raconter toute l'histoire. On s'était rencontrés dans une soirée d'anniversaire. Tu sais, y a des attirances qu'on peut pas combattre. Alors, il m'avait invitée à danser. Et on s'est plus quittés de la nuit. Il travaille dans la banane. Il me ressemble, tu sais.

Pour lui, je me suis battue avec une autre femme. Et c'est pour ça que je suis là. J'ai cherché à planter des ciseaux dans le cœur de l'autre femme qui le voulait.

Je peux pas te dire comment j'en suis arrivée là. Et j'ai mal en y pensant. Je me revois avec mes ciseaux, tellement pleine de rage. Tellement sauvage à l'idée de devoir partager S. avec une autre. J'ai pas pensé à mes enfants, c'est vrai. J'ai pensé à ma vie qui était si moche, le temps que j'avais déjà perdu, à ma jeunesse trop vite enfuie.

Voilà pourquoi je suis dans cette geôle. À cause d'un homme, à cause de l'amour.

LA PRISON
Pauline

« Sache que tes descendants seront étrangers
dans un pays qui ne sera point à eux : ils y seront asservis,
et on les opprimera pendant quatre cents ans...
À la quatrième génération, ils reviendront ici... »

GENÈSE XV, 13-14.

L ongtemps j'ai pensé qu'être dans une peau de négresse c'était comme
vivre dans une geôle.

Un jour, je suis allée à la rencontre de la famille Jah. Je les ai cherchés...
Père Jah, Mère Jah et les petits Jah. Ils avaient posé tout un ensemble de cases et
de tentes sur un bout de terre baptisé Espace Jah. C'était des Rastas toujours
parés à discuter et, un mot en amenant un autre, la mère Jah m'avait dit que les
couleurs de peau que portaient les humains — créations de Jah — étaient leurs
vrais drapeaux... leurs draps-peaux.

Dans ma famille, je suis la plus foncée de peau. Mes autres sœurs sont des
chabines. Je les ai longtemps jalousées.

Quand la Mère Jah m'a parlé du drap-peau, ça m'a retournée. J'en voulais à ma
manman de m'avoir faite si noire. Elle-même n'était pas une négresse très noire.
C'est à cause de mon père, un nègre, que je suis si noire. Mes sœurs et moi,
nous n'avons pas le même père.

J'ai toujours cru que ma mère chérissait mes sœurs plus que moi, à cause de
leurs peaux claires.

J'ai jamais regardé un nègre. Les mulâtres et les chabins m'ont toujours attirée.
Je suis mariée à un Indien clair. Nous avons trois enfants. Tous bien sortis avec
des cheveux lisses et la peau claire. Je suis fière de mes enfants.

Aujourd'hui, non, je ne vis plus ma couleur de peau comme une geôle. Je
regarde mes enfants et je suis heureuse.

C'est bête à dire, au XXᵉ siècle, si loin du temps où nos ancêtres étaient tenus en
esclavage, mais la couleur de peau est toujours importante quoi qu'on en dise,
quoi que les gens essaient de faire croire. On est d'abord noir dans le regard
des gens, après peut-être qu'on a un cœur et une âme, des belles paroles, du
bon français et des manières. Mais la première impression est celle de la
couleur.

Moi, je suis franche, c'est bien ce que vous m'avez demandé. Une négresse restera toujours une négresse dans le regard d'une mulâtresse et une chabine sera toujours fière de sa peau sauvée…

J'aimerais bien croire les paroles de la Mère Jah… et porter ma couleur comme un drapeau, comme une grande couverture qui m'envelopperait tout simplement. Un drapeau et pas une prison…

Je suis bachelière. Je travaille dans un cabinet d'avocat. Je suis la plus noire des secrétaires. Peut-être que les gens diront que je suis complexée… Mais c'est faux, je vois comment les gens regardent mes enfants. Ils ouvrent de grands yeux quand je dis que je suis leur mère. Une fois, à la sortie de l'école, on m'a prise pour leur servante.

LA TÔLE
Betty

*« Je n'ai pas de foyer
ni de femme à aimer
Je n'ai pas de foyer,
ni de femme à aimer
Tous les chiens aboient après moi
et personne ne me vouvoie. »*

Nicolas Guillén,
West Indies Ltd (extrait).

*F*ort-de France… c'est là qu'il a connu ses amis. Ceux qui lui vendaient sa drogue. Du moins, c'est ce qu'il m'a dit la première fois que je l'ai surpris à fumer son herbe.

La Cité Dillon… on est venus y habiter en 1982. Des immeubles morts, où on se sentait mourir dans le béton derrière nos portes et nos fenêtres. Avec les parkings au bas des immeubles. Les cages d'escalier sales à faire peur. Et des arbres plantés pour le décor mais qui signifiaient rien, ne portaient pas de fruits. La mangrove du Lamentin… c'est là-bas qu'il a fini par échouer. À cause du crack. Il pouvait plus vivre sans. Voyait plus que ça. Et j'ai eu beau lui parler. Parler pendant des heures, assise avec lui genoux contre genoux. À le supplier de plus aller du côté de la mangrove. À pleurer des larmes de toutes les couleurs pour qu'il sorte de son esclavage. Chaque fois, il me promettait d'arrêter, de plus laisser ses pieds le porter là-bas à la mangrove où la mort comptait plus ceux qu'elle charroyait. Où les jeunes comme lui marchaient pareils à des zombis, flottaient dans le jour et s'enfonçaient la nuit dans les eaux troubles, s'accrochant aux branches des palétuviers, fumant leurs pipes de crack. Filles et garçons pris dans la même nasse. Filles et garçons assis en loques, les yeux chargés de rêves brisés. Avec la haine dans le cœur, le cœur affilé, comme coutelas.

Des fois, je pensais que j'avais pas été une bonne mère. Quand je le voyais driver avec d'autres, les cheveux pas coiffés, avec des linges sales sur le dos, et les pieds dans un état, je voulais pas croire que c'était mon petit Michaël que j'avais mené à l'instruction religieuse tous les mercredis. Je le tenais par la main et il restait sage, obéissant et tellement gentil.

Tellement gentil mon Michaël !

Son papa, il a plus voulu le voir. Il l'a jeté dehors plusieurs fois, quand il revenait de temps en temps, au début… Il le jetait dehors et lui promettait des coups de fusil.

Il a déjà fait de la prison parce qu'il vendait de la drogue. Il dit : «J'suis en tôle! C'est juste pour un temps! Te fais pas de souci, manman…»

Ça fait deux mois que je l'ai pas revu.

Des fois, je réfléchis, assise toute seule dans ma petite cuisine de la Cité Dillon. Je réfléchis… J'ai eu qu'un seul enfant et voilà ce qu'il est devenu…

Je réfléchis à ma vie. Je réfléchis à la vie de Michaël. Je réfléchis à la Martinique d'aujourd'hui, comment elle a changé depuis le temps où je vivais chez ma manman et où j'allais chercher de l'eau à la fontaine, laver mon linge à la rivière et donner à manger aux cochons.

Assise toute seule dans ma cuisine de la Cité Dillon, je déballe mes commissions des sachets du supermarché. Et je me dis que la Martinique a pas pris la bonne voie. Que les enfants s'en vont dans des chemins de perdition.

Dans le temps, j'ai rencontré des parents de drogués avec une psychologue. Les gens disaient tout ce qu'ils voulaient pour soulager leurs cœurs. Une fois, une manman s'est mise à pleurer en racontant comment sa fille était prisonnière du crack. Elle a demandé si y avait quelque chose à faire pour que la jeunesse se fourre pas dans cette geôle?

Des fois, je me dis qu'on est bien maudits, nous les nègres, et qu'on se fera jamais à l'idée qu'on a été esclaves. Et qu'on a beau essayer de rentrer dans le monde moderne, on est maudits pour l'éternité…

Le grand passage

LES OPÉRATIONS DE TROC *conclues dans la confusion banalisée des êtres et des marchandises de traite, la phase critique de l'embarquement s'engage. L'état-major de l'expédition cherche à accélérer le ramassage des captifs pour mettre le butin à l'abri des cales. Les chaloupes chargent et déchargent sur le navire des prisonniers affolés par le bruit de l'océan, par l'écume des vagues qui déferlent sur le rivage. Malgré le dispositif coercitif et la violence du fouet, les Noirs tentent d'ultimes résistances, des actes suicidaires pour échapper à l'enfermement sur le voilier à l'ancre. Les tentatives de noyades dans la mer infestée de requins, les manifestations de détresse menacent toujours la manœuvre et créent un paroxysme de tension. Ligotés, entravés dans les pirogues qui les transbordent jusqu'au bateau, les captifs passent la barre dans l'épouvante absolue. Les canots fendent les lames, le flanc sombre du navire se rapproche, ses mâts dressés entre le ciel et la mer... Les embarcations accostent la coque du bateau et les esclaves, provisoirement libérés de leurs liens, sont hissés par l'échelle jusqu'au pont. Une opération périlleuse, sous forte escorte et haute vigilance. Aux écoutilles de l'entrepont, dans le gréement, l'équipage surveille l'embarquement, un fusil ou un sabre à la main. Les canons des sentinelles dissuadent les rares menaces de rébellion dans cet espace du littoral verrouillé par les rapports de force, défendu par la collusion des intérêts entre les Noirs de la côte et les Blancs du bateau. Sans autre choix qu'une soumission provisoire, les Africains attendent plutôt une faille dans l'ordre négrier pour fomenter ces soulèvements qui terrifient l'équipage... Après l'examen du chirurgien de bord, les prisonniers répartis par lots en fonction de leur sexe sont chargés dans la cale. Au fur et à mesure de leur arrivée, les femmes et les enfants s'entassent en deçà de la rambarde du gaillard d'arrière, les hommes, de nouveau enchaînés, sont claustrés à l'avant. Dans les ténèbres de l'entrepont ils rejoignent souvent d'autres individus collectés parfois depuis de longs jours, dévorés d'angoisse et d'inquiétude pendant tout ce temps où le capitaine poursuivait sa traite à terre. Quand les navires opèrent ce type de « cueillette » par cabotage, les Africains glanés sur la côte avant l'approvisionnement aux grandes rades foraines restent stockés à bord dans une atmosphère saturée d'émanations propices aux épidémies et une promiscuité génératrice de révoltes. Les Français qui se* livrent souvent à cette forme du trafic, faute d'établissements fixes sur la côte, à l'exception des postes du Sénégal et de Ouidah, pratiquent alors une escale de «rafraîchissement» aux îles du Prince ou de Sao Tomé avant le passage de l'Atlantique. Loin de participer d'un quelconque humanisme, ce principe de remise en forme, à la veille de la redoutable épreuve de la traversée, sauvegarde les placements des négociants et précédera aussi la vente aux îles… Dans cette version tactique, le bateau négrier se transforme prématurément en prison flottante et subit aux premiers mouillages du littoral africain les modifications nécessaires au transport des captifs. Les charpentiers de bord construisent la rambarde et aménagent les parcs à nègres de l'entrepont. Pour rentabiliser l'espace et entasser le maximum de pièces d'Inde, le montage des «échafauds» et des cloisons de séparation remodule provisoirement les soutes d'un navire voué à l'origine au commerce ordinaire. Certains critères de l'armement, en matériel et en équipage, déterminent néanmoins leur aptitude au convoyage des Africains et se formaliseront avec l'intensification du trafic. Les promesses de bénéfices, conditionnés par la rapidité de la traversée qui limite les risques de mortalité, amènent par exemple les armateurs à privilégier le doublage en cuivre. Outre qu'elle permet l'augmentation de la vitesse du sillage, cette technique protège aussi les navires des tarets, ces vers qui fourmillent sur les côtes brûlantes de l'Afrique et forent les coques. D'autres adaptations comme l'exhaussement du tillac accroissent la capacité d'arrimage des marchandises et des futailles d'eau et augmentent la hauteur des parcs aménagés sur le faux pont sans permettre toutefois la station debout… Mais, à la veille de l'abolition de la traite, des caractéristiques proches du fameux brick inspirent systématiquement le profil du bateau négrier. De plus faible tonnage que ses prédécesseurs, avec une voilure moins imposante, ses qualités de maniabilité lui permettront d'échapper aux patrouilles et aux commissions de contrôle qui traquent les clandestins après l'interdiction du trafic. Sa largeur de soute reste pourtant suffisante pour y enfermer plus de quatre cents captifs la nuit ou par gros temps selon un taux d'occupation qui défie les proportions ordinaires de l'arithmétique. L'effarante équation entre le volume de la cale et le nombre de prisonniers est significatif des conditions d'incarcération dénoncées par l'iconographie de l'époque. Ces célèbres gravures où chaque prisonnier occupe à peine la place d'un mort dans un cercueil, relayées par les récits abominables des conditions de vie à bord, auront un impact considérable sur l'évolution des mentalités abolitionnistes…

Mais, en dépit des tentatives de banalisation, voire de camouflage, inspirées par la répression du commerce des esclaves, la silhouette des hautes cheminées qui exhalent l'air vicié des cales dénoncent la vocation du bateau. Les barres de fer fixées sur les sabords, les filets tendus sur les flancs du bâtiment signent aussi la métamorphose du navire marchand en univers carcéral. Mais c'est l'épaisse cloison de planches montée entre le gaillard d'arrière et le reste du pont qui accuse surtout la fonction des lieux et confère au négrier son allure si reconnaissable. Cette rambarde délimite les territoires et renvoie aux différents niveaux de la hiérarchie qui règne sur le bateau. Frontière sociale entre le monde des matelots et celui des officiers, cette séparation sert aussi de barrière sexuelle entre les hommes et les femmes d'Afrique. Cantonnées à l'arrière, les captives vivent à proximité de l'état-major. Dans cette communauté d'espace où s'exaspèrent les désirs d'un équipage en mal de plaisirs sensuels depuis de longues semaines, elles assouvissent les pulsions et les caprices des officiers. Choisies comme concubines pour la durée de la traversée ou pour un temps plus éphémère, elles subissent aussi la violente concupiscence des marins. Malgré les réglementations du bord, elles sont livrées à leurs volontés brutales avec la licence qu'autorise leur statut de Noires, de femmes et d'esclaves. Une loi animale, la pariade, régit ce droit implicite à l'attribution d'une femelle et cautionne ces viols, ces abus sexuels perpétués sur les routes de la traite. De ces unions obligées, parfois consenties dans la confusion de la désespérance, naîtront les premiers sang-mêlé, à l'origine d'une humanité métisse longtemps prisonnière de ces clivages raciaux qui présidèrent à la naissance des Amériques. Mais, ces compromissions volontaires ou ces pactes forcés redoublent la défaite des hommes noirs comme un reniement supplémentaire, une négation insidieuse de leur autorité virile. Bien des délivrances seront nécessaires à la réhabilitation de leur image, à l'instauration de nouveaux rapports de sexe en rupture avec les démissions et les conduites de vaincus imposées par cette domination des maîtres sur le corps de leurs compagnes… À bord, ce cloisonnement des individus permet aux femmes des conditions de détention moins éprouvantes et engage des différences de traitement. Dispensées des fers et des cadenas qui verrouillent la nuit les soutes des captifs, elles traversent l'Atlantique dans l'enfermement de leur détresse, en guettant les ombres… L'équipage se défie surtout des résistances qu'opposent les hommes à leur déportation aveugle et craint les révoltes qui peuvent embraser l'avant du pont lorsque la disparition des côtes africaines plonge les esclaves dans le néant.

Avec l'appareillage s'abîment les derniers espoirs et se calcifient toutes les terreurs. Ce nouvel épisode du drame scelle le passage de la liberté à la servitude, de la terre à la mer, de l'expérience tribale à la solitude intérieure. Dans ce naufrage du départ où sombrent les repères culturels et les références lignagières qui fondent leur rapport au monde, les Africains abdiquent souvent leur volonté de vivre et tentent de se délivrer par des gestes extrêmes. Les négriers appréhendent ces ultimes tentatives de suicide ou d'évasion quand toute illusion meurt avec l'embarquement du dernier captif. Pour limiter les risques, empêcher aussi les cris de rage, les sanglots du désespoir, et tous les mouvements d'agitation qui se propagent de cale en cale, le capitaine donne l'ordre de lever l'ancre dans l'opacité complice de la nuit ou dans les brumes de l'aube. Les matelots hissent les voiles, la côte s'estompe… Derrière le sillage du bateau s'éloignent la savane et les brousses de la terre d'origine, ces espaces toujours resongés dans le deuil inconsolé de la traversée. Quand disparaissent les rivages de l'Afrique, la végétation a déjà effacé l'empreinte des talons nus sur les sentiers d'esclaves. Ils frémiront longtemps de douleur dans la poussière des mémoires. Mais, de l'autre côté de l'Atlantique, les « marrons » trouveront des traces dans des forêts

tropicales inconnues pour faire le parcours à rebours et gagner cette fois les chemins de la liberté… Sans bruit, le navire largue les amarres et s'engage sur l'immense océan à destination des multiples satellites de la planète négrière. Les routes se séparent, les histoires se dispersent, quand les capitaines mettent le cap vers les Amériques qui bornent l'Atlantique et les îles qui parsèment la Caraïbe. Les négriers français cinglent en direction de la Guyane et des Antilles.

Au départ des forts blancs, l'interminable face à face commence entre deux mondes condamnés à coexister dans l'espace clos du navire où l'univers se résume à la fusion du ciel et de la mer sur la ligne de l'horizon. Deux mondes qui se craignent et s'observent sans jamais se rencontrer. Les fantasmes et les préjugés que chacun projette sur l'autre tiennent lieu de cloison étanche, de frontière dissuasive où chacun se met à distance avec ses cauchemars et ses hantises. Si la littérature océane confesse la désespérance des marins de Colomb suant la peur quelques semaines sans voir la terre, les archives restent silencieuses sur les angoisses des esclaves enchaînés pendant des mois dans les cales qui roulent et tanguent sous la chaleur des latitudes équatoriales et tropicales. Les journaux de bord consignent seulement l'alternance monotone d'un soleil torride et de pluies diluviennes, égrènent la dramatique litanie des calmes comme une malédiction qui suspend la navigation. Une lente déportation aux conséquences fatales quand les attentes s'éternisent… Une errance de nomades qui soupirent d'improbables escales. Porté par le courant, le navire dérive plutôt qu'il ne fait voile sur la route du « passage du milieu » aujourd'hui déserté, refermé sur les tombes anonymes des esclaves. *Abandonné des hommes et des vents, il figure dans les mémoires comme un repère symbolique, un « no man's land » hanté. Sur cet ancien itinéraire maritime qui descend le long de l'équateur, les alizés s'apaisent et s'essoufflent. De longues pannes de vent pétrifient le bateau sur la plaque d'acier de la mer, les plis des voiles immobiles. Les provisions s'épuisent, l'eau douce diminue, les rationnements ajoutent aux souffrances de la claustration et des fers, les tourments de la famine et de la soif. Ces calmes plats où l'obsédante monotonie des jours se répète découragent l'équipage et décuplent aussi les risques de fièvres et de maladies de la cargaison condamnée parfois à trois mois de traversée d'Atlantique. Pendant les deux siècles de traite légale, la réussite des expéditions négrières dépendra de la faveur des vents et de l'absence d'épidémie, deux conditions qui soudent le capitaine et le médecin de bord en une entité chargée de relever le défi d'une navigation hypothétique, les cales pleines de nègres qu'il faut surveiller, nourrir et maintenir en vie. Les microbes aussi voyagent d'un continent à l'autre et imposent entre les Blancs et les Noirs des échanges plus équitables que les transactions des forts… Les marins succombent aux affections tropicales contre lesquelles les Africains possèdent une certaine immunité ou les savoirs de la médecine « créole » si précieuse sur les plantations antillaises. Mais bien des fléaux se propagent de l'entrepont aux cabanes des officiers parmi lesquels les dysenteries et le scorbut, la terreur des armateurs. L'avitaillement en eau potable et en vivres frais aux escales portugaises des îles de Sao Tomé et du Prince tentent de limiter les facteurs favorables à la déclaration de ces troubles digestifs car, avec son coffre de médicaments sommaires, le chirurgien reste souvent impuissant. D'incompréhensibles « mélancolies » résistent aux explications scientifiques de l'époque, des prostrations à évolution mortelle contre lesquelles les rares distractions imposées sur le pont restent sans effet. Si les instructions des armateurs préconisent les exercices physiques, voire les danses rythmées par le tambour pour parer à la neurasthénie, des mesures prophylactiques cherchent aussi à préserver la cargaison humaine. Pour prévenir la vermine et les poux, les Noirs restent nus, le crâne rasé et sont régulièrement arrosés par des douches collectives. L'aspersion des planchers au vinaigre, la purification de l'air avec du soufre, la désinfection du pont complètent le dispositif sanitaire sans jamais neutraliser les odeurs de déjections, de vomissures et toute cette puanteur caractéristique du bateau négrier. Le gros temps de vent et de pluie, qui oblige à boucher les écoutilles, rend l'atmosphère irrespirable et fait peser sur l'entrepont vicié de hauts risques de mortalité. Dans ce voyage d'apocalypse, qui teste l'endurance des nègres au bénéfice des planteurs, les plus faibles disparaissent rapidement. Sur cette question de la comptabilité des victimes, les chiffres oscillent,* en fonction du parti pris idéologique ou de la sensibilité épidermique, entre les données minimalistes et les projections maximalistes. Dans ces statistiques morbides, entre rarement le nombre des nourrissons que l'effroyable épreuve de l'Atlantique condamne par avance. Seule la sécheresse des additions des livres de bord répond aux drames des mères. Mais, comme l'évaluation des souffrances, la quantification de la ponction négrière résiste aux précisions du recensement selon que l'on considère le nombre de déportés ou les survivants de la traversée. Pourtant, toutes les hypothèses de calcul disent l'énormité du crime et concordent sur l'unité de mesure de la traite : des millions de morts et d'esclaves…

Avec la raréfaction et l'augmentation progressives du coût du bois d'ébène, armateurs et état-major cherchent à améliorer les conditions de vie et de transport pour réduire le taux de ces décès qui pénalisent les bénéfices économiques. Cet impératif régulera les comportements sur les bateaux de traite. Bien sûr, certains négriers indifférents au pourcentage des pertes bourraient les cales, mais d'autres réduisaient l'entassement de l'entrepont. Bien sûr, certains étaient des monstres mais la plupart se contentaient d'entretenir à bord une peur dissuasive pour compenser le déséquilibre des rapports de force. Si des tortionnaires ont arpenté le pont de commandement le fouet à la main, comme le dénoncent certains témoignages, beaucoup de capitaines étaient d'honnêtes bourgeois sans états d'âme. À côté des bourreaux volontaires se trouvaient des bourreaux sans haine qui rêvaient d'échapper à la vermine des cales, pour remettre leurs souliers à boucles dorées et leurs bas de soie, leur mission accomplie. Au risque de contester l'amalgame familier entre équipage et criminels sadiques, le nécessaire devoir de mémoire implique aussi la vigilance et les nuances. Car, en projetant sur un incontestable malheur une vision simplifiée et un pathos irrévocable, la passion exorciste dispense de l'évidence de cette banalisation du mal qui rend possibles toutes les barbaries… L'intérêt de l'armement commandait de ne pas ajouter de victimes supplémentaires à l'hécatombe de la traversée. Seuls, des actes de sédition ou de désobéissance passive justifiaient, dans l'idéologie négrière, le recours à des châtiments exemplaires. Le respect de la discipline comme la soumission fondent la cohérence du système, et sa contestation entraîne de sanglantes répressions. De la pendaison à la vergue aux tortures du piment ou de la poudre répandus dans les plaies ouvertes sous le fouet, tous les supplices spectaculaires orchestrés sur le pont cherchent à dissuader les tentatives de rébellion. Un sermon moral vient théâtraliser l'exécution des mutins et justifier les exactions. Mais, malgré la vigilance des officiers, la violence gronde dans les cales où la meurtrissure des chaînes, la souillure des planchers, et les humiliations du monde carcéral entretiennent la colère. Chaque fois que le dispositif de surveillance se relâche, les quartiers d'esclaves menacent de se soulever. L'épuisement d'un équipage malade ou d'autres défaillances imprévisibles qui grippent l'exercice de l'autorité absolue inspirent des rêves de liberté. Des illusions vite réprimées par la menace des armes qui ramènent les révoltés aux anneaux de l'entrepont. Quand la sédition réussit, l'impossible maniement des voiles, l'ignorance des manœuvres de la navigation hauturière condamnent les vaisseaux fantômes à l'errance… Sans laisser de souvenirs héroïques dans les archives de ces révoltes, les femmes qui bénéficient de certaines opportunités pour correspondre avec les mutins, ou leur permettre d'accéder à l'armurerie, accompagnent les tentatives de libération, voire participent aux conjurations. Mais, d'autres versions des annales négrières les soupçonnent de renseigner les officiers, auxquels elles s'attachent parfois, des mouvements qui se trament dans les parcs à nègres. Dans l'histoire des résistances féminines sur les plan-

tations, la même lecture contradictoire renvoie tour à tour les femmes aux figures paradoxales de traîtresses ou d'amazones. Si les suicides, les empoisonnements ou d'autres éclats de violence indiquent qu'elles trouvaient des parades individuelles à l'ordre esclavagiste, de grands apôtres de l'émancipation comme Delgrès ou des héros involontaires comme l'esclave Romain

occupent l'avant-scène au panthéon des martyrs de la libération des esclaves. Bien sûr, la mémoire collective retient le souvenir de Mulâtresse Solitude et des guerrières désespérées de la Martinique ou de Saint-Domingue ; mais une position ambiguë auprès des maîtres, une adaptation apparente aux lois de l'habitation sucrerie occultent les indéniables aspirations à la liberté des modestes amarreuses. Peu de traces survivent dans l'historial antillais de leurs engagements dans les insurrections légendaires, comme dans les marronnages ordinaires… Le même silence accompagne la traversée des captives. Dans le réquisitoire dressé contre les armateurs, les dépositions concernent surtout les souffrances et les épreuves des hommes enchaînés. Tous pourtant ont vécu les enfers, habité les douleurs du passage par l'Atlantique. Tous ont partagé le capital mémorable d'une nourriture infâme et monotone, d'une insupportable promiscuité, d'une agression permanente et de l'enfermement qui préfigurent leur condition servile. Au moment où le capitaine relève les premières îles de l'arc antillais, se profile aussi pour tous les rescapés un destin commun d'esclaves.

La traversée
Zanina

« J'entends de la cale monter
les malédictions enchaînées,
les hoquettements des mourants,
le bruit d'un qu'on jette à la mer...
les abois d'une femme en gésine...
des raclements d'ongles
cherchant des gorges...
des ricanements de fouet...
des farfouillis de vermine
parmi les lassitudes... »

Aimé Césaire,
Cahier d'un retour au pays natal.

J'ai dû danser pour les hommes du bateau. Pour les hommes blancs qui nous menaient de l'autre côté de la mer. On supposait que c'était chez eux qu'ils nous emmenaient. Entre nous, on parlait de ce pays d'où ils venaient. On n'en connaissait pas les couleurs. On se l'inventait chaque jour. Beaucoup disaient qu'ils allaient nous manger arrivés là-bas. Qu'on allait leur servir de viande. Mais d'autres répondaient qu'ils l'auraient déjà fait si c'était la vraie raison, la fin de l'histoire.

J'ai dû danser avec d'autres femmes pour les hommes du bateau. On nous sortait de la cale. On envoyait de l'eau sur nous et on nous faisait comprendre qu'il fallait danser sinon c'était le fouet. Alors, on dansait. On chantait aussi. Et les hommes blancs frappaient des mains.

Je suis Zanina. J'avais vu une seule fois couler mon sang quand ils m'ont enlevée. J'étais promise à Aloko.

J'ai dansé la danse des morts pour les hommes du bateau. La danse des hommes de mon village, la danse de la guerre. La danse de la pluie aussi, pour me laver de ceux qui me prenaient debout sur le pont du bateau devant les autres qui riaient en attendant leur tour. Qui riaient parce qu'on était leur seul plaisir avec l'alcool.

J'ai dansé tout le temps de la traversée et la mort n'est jamais venue les foudroyer, la pluie n'est pas tombée même une fois pour me laver d'eux. J'étais pas la seule. J'étais pas la seule à qui ça arrivait.

J'étais comme toutes les autres. Je restais là. À la fin, je me débattais plus. J'avais plus cette force. Je me disais que ces hommes étaient des animaux, des lions. Et qu'il y avait rien à faire contre eux. Nous, les femmes, on était comme des gazelles dans la savane. Ils avaient faim de nous. Et ça nous servait à rien de courir devant eux. Ils finissaient toujours par nous rattraper. Le seul moyen de leur échapper, c'était de se jeter dans la mer qu'était un autre genre de lion enragé.

Deux femmes l'ont fait. Elles ont préféré la mer aux hommes-lions.

Je les ai jalousées. J'aurais voulu me faire hyène ou serpent...

Les nègres qu'on sortait pas souvent de la cale nous maudissaient de nous laisser souiller par les hommes blancs.

Je les jalousais d'être des hommes.

Nous, on était que des gazelles épuisées pleines de honte.

On dansait, on chantait et on se laissait violenter par les hommes blancs et injurier par nos frères.

C'est mon histoire.

Je portais l'enfant de tous ces hommes quand je suis arrivée au pays-Guadeloupe.

M. de La R. m'a achetée parce que, pour le prix d'une seule esclave, le marchand lui avait promis qu'il en aurait deux avant six mois.

J'ai enfoncé des bâtons dans mon corps.

J'ai mangé de la terre et des herbes à poison.

Je me suis bourrée le ventre de coups de poing.

Et je me suis jetée contre terre.

L'enfant des hommes du bateau s'est jamais décroché.

Quand il est venu au monde, il avait les cheveux rouges et la peau comme du miel.

Alors, je lui ai donné mes seins. J'ai pas eu le courage de l'étrangler comme d'autres faisaient, comme je me l'étais promis. Il était tellement laid.

J'ai travaillé toute ma vie dans la canne à sucre. Je me suis habituée à l'idée qu'on nous avait fait traverser la mer pour cette seule raison. Et qu'il y aurait pas de retour. Que notre horizon, c'était les champs de cannes de l'habitation.

J'ai été baptisée dès que je suis arrivée sur la plantation. J'ai reçu un nom chrétien. Et quand l'enfant est né, le maître lui a choisi un nom chrétien.

L'enfant répondait au nom d'Abel et moi je suis devenue Sarah.

Combien de fois je me suis dit que j'aurais dû me jeter dans la mer au lieu de vivre cette existence. Je sais plus combien de fois. Et puis Jonas, qui travaillait au moulin, est devenu mon compagnon. Il m'a donné trois enfants. Trois enfants noirs comme moi. Deux garçons et une fille.

Jonas était né en Guadeloupe. Il connaissait tout du pays et rêvait que de la terre d'Afrique dont causaient ceux qui s'en souvenaient. Il me demandait de raconter toute ma vie d'avant la Guadeloupe. Il posait des questions sur les rites de mon village, sur les ancêtres et la nourriture et les temps des récoltes, les saisons des pluies. Jonas parlait que le créole. Et il voulait que j'apprenne ma langue aux enfants. Il répétait les mots que je lui enseignais et les prenait comme un trésor. Les enfants n'ont pas retenu mes mots. J'avais pas le temps de leur faire école. Je voulais moi-même comprendre tout ce qu'on disait autour de moi. Alors, je me suis préoccupée que du créole.

Jonas voyageait beaucoup avec le maître sur d'autres plantations. Il en profitait pour ouvrir ses yeux et ses oreilles, et ramener des sons nouveaux, des histoires de révoltes, de libération, de tueries et de nègres marrons. Et il me disait qu'un jour il n'y aurait plus d'esclavage. Et que c'était pour bientôt. Qu'on verrait l'accomplissement de ce temps. Et que le pays-Guadeloupe serait le nôtre et on en ferait une Nouvelle Afrique si on trouvait pas le chemin du retour à l'Afrique, la vraie.

Les années ont passé sur ses rêves. Les cyclones les ont emportés chaque année. Et les tremblements de terre les ont fracassés tant de fois que possible. Mais, jusqu'à la fin de sa vie, Jonas a cru en la Nouvelle Afrique. Il disait même que les nègres marrons commençaient à la bâtir dans la forêt de Guadeloupe. Il voulait les rejoindre, donner ses bras et toute sa force pour la bâtir avec eux. Le soir, il s'asseyait devant la case et il écoutait les nouvelles des tambours qui venaient des autres plantations. Moi, j'ai jamais cru ses contes. Je me suis jamais laissé prendre dans le coton de ses paroles. Je disais les prières qu'on nous enseignait en attendant l'espérance de l'autre monde promis dans les Saintes Écritures. Un monde délivré de l'esclavage, une autre terre dans le ciel. Le royaume d'un dieu sans le fouet et les chiens et les oreilles coupées et les jarrets tranchés. Abel est devenu un homme. Il est le seul de ma chair qui ait tenté de rejoindre les nègres marrons. Il se voyait pas différent de ses frères et de sa sœur. Il se sentait aussi noir qu'eux. Il avait toujours un mot de trop à dire au commandeur. Un crachat à envoyer quand il fallait pas. Il a connu la noirceur de la geôle plus d'une fois, le citron et la pimentade, les chaînes. Un jour, il s'est enfui. Les chiens l'ont rattrapé. Il a reçu le fouet. Il a été amarré au soleil. Et puis il a eu l'oreille coupée. Il s'est échappé de nouveau. Et on l'a jamais revu. J'ai perdu tous mes enfants avant d'avoir eu trente ans... Le maître s'est acquitté d'une dette en donnant mes deux fils, Pierre et Paul. Ma fille Eugénie est morte d'une fièvre qui courait parmi les esclaves.

J'ai plus jamais voulu danser. Les négresses de l'habitation dansaient toujours autour des tambours. Elles dansaient les danses qui rappelaient l'Afrique, mais qui étaient plus tout à fait les mêmes. Elles dansaient pour le regard des hommes et leur chair aussi. Elles dansaient jusqu'à s'étourdir et plus savoir qu'elles étaient esclaves et propriétés d'un maître.

Quand je les regardais, je voyais le bateau. Et derrière leurs rires, j'entendais les rires des hommes blancs qui m'avaient volé ma vie.

J'ai quitté cette terre en 1805. J'ai vu défiler toute mon existence le propre jour de ma mort... Le village d'Afrique, la captiverie, la cale et le pont du bateau. Les longs jours de la traversée. Et puis, je me suis vue avec les nègres de ma condition dansant dans les champs de cannes. Dansant dans les champs du ciel et remerciant le Seigneur Dieu de m'avoir délivrée des chaînes de l'esclavage.

BON VOYAGE !
BON DIEU EST BON !
Célia

« *Et derrière l'arbre elle se tenait,*
les racines jaillissant de ses pieds,
les feuilles croissant sur sa tête,
la fumée sortant de ses narines,
et ses lèvres ouvertes sur un sourire
se transformèrent en caverne vomissant les ténèbres. »

GABRIEL OKARA,
Mystic Drums (extrait).

Je ne suis jamais restée longtemps à l'asile. C'est vrai que j'y suis retournée plusieurs fois. Ça fait maintenant trois ans que j'y ai plus mis les pieds. Je suis soignée par les infirmières. Je prends mes piqûres chaque mois. Les esprits qui viennent me parler sont encore un peu là. Je fais comme si je les entends plus. Parfois, si j'oublie de prendre mon traitement, je devine leurs voix. Ils reprennent de la force à une vitesse, tu peux même pas imaginer. Mais quand tout va bien, ils se contentent de chuchoter comme dans du coton. Oh ! ils disent toujours la même chose… Que je suis la Vierge Marie et que je vais sauver le monde du péché. Et, des fois, ils me parlent par la radio ou la télévision : « Célia ! tu es la Vierge Marie ! L'Esprit Saint va te visiter ! Tu porteras le Sauveur du monde… Il faut chasser tous les démons de la terre… » Mais j'te jure j'écoute plus. Je ferme les yeux et les oreilles et je sors de la case de ma manman, je m'en vais donner à manger au cochon ou cueillir des mangos… J'suis plus une femme folle, pas vrai ?

J'suis bien obligée de vivre avec toutes ces voix. Elles lâchent pas les gens comme ça. Un jour, tu te réveilles avec des voix dans la tête. Ça fait tout drôle. Comme si t'étais élue. Comme si t'avais été choisie…

J'vis avec ma manman. J'touche une pension d'adulte handicapée. Chaque année, j'suis convoquée pour voir si j'ai toujours droit à la pension.

J'avais quinze ans la première fois que j'ai entendu les voix. C'était en 1978. J'en ai pas parlé tout de suite. Mais elles revenaient chaque jour un peu plus longtemps, jusqu'à me réveiller la nuit : « Tu es la Vierge Marie, Célia ! Tu vas porter le Sauveur du monde ! Tu es la Vierge Marie, Célia ! Tu vas porter le Sauveur du monde ! Tu es la Vierge Marie, Célia ! Tu vas porter le Sauveur du monde!... Il faut chasser les démons qui peuplent la terre!...» Au bout du compte, tu finis par croire... Tu deviens la Vierge Marie. N'importe qui y aurait cru. Même ceux qui font de grandes études.

Mon papa est toujours vivant, mais il est parti avec une autre femme quand j'avais douze ans. Je vis chez ma manman. Elle est agricultrice et un peu couturière. Ma manman, elle est toujours à lire la Bible. Elle dit que c'est du mal que les gens m'ont fait pour que je tombe dans cet état. La première fois que je lui ai parlé des voix, elle a fait trois signes de croix sur mon front et elle s'est mise à genoux devant moi.

Dans mon quartier, quand les gens me voient passer, ils disent entre eux : «Voilà Célia, la femme folle!» Et les enfants aussi. Pourtant, ça fait trois ans qu'on n'a pas dû m'emmener à l'asile. Ça fait trois ans que j'ai pas fait de scandale dehors ou à l'église. C'est vrai que des fois, les voix me poussaient à marcher nue dans la rue ou à crier à l'église que j'étais la Vierge Marie venue sur la terre pour sauver les pêcheurs. Ça faisait rire les gens. Y en avait pas beaucoup qui prenaient pitié. La plupart faisaient semblant, mais au fond ils riaient comme les autres.

Mon docteur, c'est un Blanc. Un bon Blanc. Il vient de France. C'est lui qui sait expliquer comment les voix sont venues m'habiter. Il dit que si je continue à bien prendre mes cachets, un jour elles s'en iront comme elles sont venues. Quand mon papa est parti vivre avec l'autre femme, ma manman a commencé à plus l'appeler de son nom. Elle l'avait rebaptisé : «Démon!» Si elle le voyait passer dans la rue, elle criait : «Démon à belle figure! un jour tu périras dans les flammes de l'enfer!» Ou bien : «Démon! quand le jour du Jugement viendra, n'attends pas sur moi pour te porter secours...» Des paroles comme ça et plein d'autres... Et après, elle me disait : «Célia, le temps approche où tous les démons tomberont face contre terre!»

Dans le salon, il y avait une gravure qui représentait la Vierge Marie. Peut-être que je l'ai trop regardée...

Au début, j'aimais bien la petite musique que faisaient les voix dans ma tête. Elles parlaient bas et disaient qu'elles m'avaient choisie. Elles venaient que de temps en temps. Elles m'empêchaient pas d'apprendre mes leçons et de causer avec les gens. Elles se mêlaient pas à toutes les conversations. Et puis, j'ai plus rien entendu d'autre que ces voix. J'ai commencé à leur répondre de me laisser tranquille. Mais elles étaient trop fond en dedans de moi. Il y avait pas moyen de les déloger. Alors, je me suis dit que c'était peut-être vrai tout ce qu'elles racontaient : que j'étais bien la Vierge Marie et que je devais sauver le monde, chasser les démons de la terre et plus me débattre contre ce destin, que c'était ma mission...

J'ai vingt-six ans aujourd'hui. Ça fait dix ans que je suis habitée par mes voix. Ma maladie, c'est comme une traversée qui finit pas. Je me sens embarquée dans un canot qui m'emporte quelque part. Je sais que je suis pas comme tout le monde. Tu vois, je voudrais bien me marier, avoir ma maison à moi et des enfants et un travail. Je voulais devenir secrétaire, taper des lettres dans un bureau et porter des tailleurs assortis aux chaussures, comme ma cousine Sonia. Mais ma tête est faible.

Quand j'ai commencé à répondre aux voix, j'étais au collège. J'ai crié : « Je veux apprendre le verbe être en anglais, je veux pas être la Vierge Marie !… I am, you are, he, she, it is… Je veux pas porter le Sauveur du monde. I am, you are, he, she, it is… » Le professeur croyait que j'essayais de mettre le bordel dans sa classe. Il m'a envoyée chez le conseiller d'éducation qui m'a envoyée chez l'infirmière quand elle a vu que j'arrêtais pas. On m'a emmenée au bourg chez un docteur qui m'a donné une piqûre calmante. Après, ils ont fait appeler ma manman.

Tu peux croire que c'est une drôle de traversée, ma maladie. Enfin, drôle ! façon de parler… Je souhaite ça à personne. Tu sais, j'aurais préféré naître sans bras et sans jambes plutôt que d'être comme je suis.

Chaque matin, quand je me réveille, j'attends voir si les voix sont encore là. J'espère, c'est bête hein !, j'espère qu'elles auront disparu. Non, elle se décrochent pas aussi facile. Mon docteur dit qu'il faut de la patience, du temps. Quand on a raconté à ma manman que j'étais malade de la tête, elle a voulu me guérir avec des prières. Elle a dit que ça servait à rien de prendre des cachets pour soigner une maladie qui venait de la méchanceté des gens. Avec ma manman, on se mettait à genoux ensemble devant la gravure de la Vierge Marie et on lui demandait de me délivrer. On a fait je sais plus combien de pèlerinages et de neuvaines… Et puis, une bonne amie de ma manman lui a raconté que l'autre femme de mon papa se vantait partout d'avoir trouvé un moyen de plus être embêtée. Ça voulait dire que j'étais possédée par des esprits qui allaient donner une occupation à ma manman. Alors fallait me désamarrer, s'activer pour me tirer de cette nasse. Nous sommes allées ensemble voir une dame qui avait le don de guérison.

J'ai pris des bains de feuilles. Au moins une cinquantaine, je m'en souviens pas trop. J'étais debout toute nue dans une bassine et des gens faisaient des prières sur ma tête et me frappaient avec des branches pour chasser les esprits de mon corps. Il y avait des bougies partout. Mais, tu sais, les voix restaient là. Elles sont jamais parties même quand ça se passait au cimetière ou au bord de la mer. La première fois que je suis montée à l'asile, j'avais dix-sept ans. Je crois que tout ce que les gens avaient fait sur ma tête m'avait rendue plus folle encore. Je

dormais plus. Et, une nuit, je suis partie de chez moi, toute nue. Il paraît qu'on m'a trouvée sur le marché en train de parler aux arbres, raconter mes histoires de Vierge Marie.

Je savais plus ni qui j'étais ni d'où je venais. C'est comme ça qu'on m'a emmenée à l'asile de Saint-Claude. Là, j'ai connu d'autres femmes qui entendaient des voix, des folles qui criaient toute la journée et qui se battaient avec les infirmières. Des folles qui injuriaient et racontaient qu'elles étaient possédées par Belzébuth, qu'elles avaient eu des enfants avec le grand Satan, qu'elles avaient été visitées par des démons. Des folles, comme moi, qui se prenaient pour des saintes…

Je veux croire mon docteur. Je veux guérir. Je veux pas être la Vierge Marie. Je m'appelle Célia. Et peut-être qu'un jour les voix me laisseront en paix.

Mon docteur dit que ma maladie, c'est comme un refuge. Il y a quelque chose qui s'est passé dans ma vie quand j'étais plus jeune. Et il faut trouver ce que c'est. Tant qu'on n'aura pas trouvé, on sera sans arme devant les voix.

«Quelles étaient vos relations avec votre père, Célia?»

«Quels souvenirs avez-vous de lui, Célia?»

«Et votre mère?»

Je cherche dans ma tête sans trouver les mots.

«Racontez la première fois où vous avez entendu les voix!»

«Pensez-vous souvent à votre père, Célia?»

«Dites-moi tout ce que disent les voix!»

«Allez, Célia! Faites un effort! Qu'est-ce qu'elles disent les voix?

Et l'infirmière me répète en créole : *«Ka sé vwa-la ka di, Célia?»*

Je rassemble mes idées et mes souvenirs et tout se mêle aux voix qui enflent dans ma tête. Mon père ne parlait pas beaucoup. Entre mon père et ma manman, je me souviens de grands silences. Ils se regardaient de travers. Ils vivaient comme des ennemis dans la case. Ma mère prenait sa bible et chantait des cantiques jusqu'à ce que mon père s'en aille. Sitôt qu'il était parti, elle fermait sa bible et disait : «Bon voyage! Bon Dieu est bon!»

Je me souviens de mon père quand il déposait de l'argent sur la table. Ma manman mettait son couvert et lui servait à manger sans parole. Il travaillait comme ferronnier. Il manquait pas de travail ni d'argent. Ma manman disait que c'était pour ça que l'autre femme l'avait convoité.

Avant que mon papa s'en aille, je savais pas qu'il avait déjà d'autres enfants avec l'autre femme du dehors. Ma manman m'a tout raconté d'un coup, le jour où il s'en est allé pour de bon. Il avait une autre case. Et il vivait moitié avec elle, moitié avec l'autre depuis au moins dix ans.

Je ne pense pas souvent à mon père. Je sens seulement sa présence quand y a trop de silence autour de moi. C'était l'homme sans attache. Il était là sans être là. Son corps était là, mais pas son esprit. Il s'asseyait, il mangeait ce que ma manman lui présentait, mais il lui donnait rien d'autre que son silence.

Je crois pourtant qu'il a été différent autrefois. Ma manman aussi. Y a peut-être eu de l'amour entre eux au commencement. Ils s'étaient rencontrés chez une grande-cousine de ma manman. Il l'a demandée en mariage un soir de bal. Célia Cruz était à la mode en ce temps-là. Voilà pourquoi je m'appelle Célia.

C'est triste d'être folle... et se rendre compte que c'est pas normal d'entendre des voix... Si encore j'étais tellement ababa que je comprenais rien...

Mais peut-être qu'un jour je me marierai, j'aurai des enfants, une maison et tout comme les autres, les gens normaux. Tu crois que c'est possible... si je prends tous mes cachets pendant encore dix ans...

FRUITS D'EXIL
Francelise Dawkins

C'est dans les yeux des exilés pleurant de rire ou de douleur, que j'ai recueilli les gouttes précieuses de mon héritage antillais. J'ai d'ailleurs passé neuf mois en complète immersion, dépendance et confiance dans les profondeurs du mystère de la femme antillaise : ma mère. Du bout de cette spirale qui nous unissait, j'ai ressenti, à peine filtrés, ses colères, aspirations, doutes et remords mêlés d'ambition tenace. J'ai goûté ses plats épicés, son rhum, vibré à sa musique-du-pays, et à celle des voix des naufragés de son entourage. Née à Paris, dans les années 50, dans un milieu marginal d'émigrés antillais qui gagnaient leur vie sous terre, la nuit, comme danseurs ou musiciens, être antillaise, pour moi, part d'une expérience unique, riche d'impressions rares, intenses et permanentes.

À la douane on fouille les bagages des immigrants. L'enfant d'immigrants, lui, fouille l'âme de ses parents, y cherchant son identité, recueillant d'eux, comme on récolte de l'érable son sirop, le suc vital de leur histoire. Si on aime tant sa culture et qu'on ait dû s'expatrier en quête d'ombres de rêves empruntés aux frères africains d'Amérique, on la magnifie et l'on en imprègne ses enfants tout naturellement. C'est ainsi que de l'abondant jardin de mémoire de ma mère me sont venues les premières visions du monde rural antillais. Conteuse mascotte ou martyre, destinée à assurer la relève des parents immigrés, avec mes «R» rugueux à point et cet d'air-d'ici, sésame en herbe, mon rôle serait d'ouvrir des portes jusqu'ici inaccessibles. En pension, on me chantait de retourner dans ma Guadeloupe en voguant sur ma chaloupe et autres stéréotypes sans rime ni raison. J'appris très tôt que ma couleur cannelle délavée (conférée par un mystérieux père bordelais) fonçait considérablement aux yeux des Blancs et qu'ils me percevaient très antillaise du simple fait de la distinction artificielle de mon apparence. Plus tard, certains étudiants antillais des années 70, enflammés d'un nationalisme enviable, me soupçonnaient de trahison à l'authenticité culturelle tout en étant fascinés par ma propre fascination pour la culture antillaise.

Mon héritage antillais était un amphithéâtre d'impressions et d'émotions, une composition obscure de racines surmontées d'ailes dont les forces apparemment opposées du passé et du futur finirent par s'harmoniser dans le présent. En clair, il m'a fallu assumer mon rôle de descendante en prenant d'abord conscience de l'importance de mon héritage. Je l'ai ensuite comparé à l'expérience parentale avant de le recréer dans ma propre vie. Il ne m'est jamais venue à l'idée de me désolidariser des «miens», même quand ils ne me reconnaissaient pas, c'est comme si je n'avais pas le choix. Me détourner de mon héritage m'aurait fait l'effet d'une amputation. J'ai donc fait le voyage-pèlerinage à vingt-deux ans, où j'ai eu l'immense bonheur d'être chaleureusement reçue par ma famille de Baie-Mahault. De ma mère, costumière prodige, j'ai appris la couture à l'ancienne, empiriquement, intuitivement. Elle m'a également imparti cette passion pour l'énergie de la danse et du chant avec un sens de la scène.

C'est grâce à l'ambition créative, fil artistique tendu de génération en génération, de Man Ya ma grand-mère jusqu'à mes enfants, que la puissance de mon héritage n'a cessé de croître. Je ne sais pas faire briller comme des miroirs le fond des casseroles, je ne parle même pas créole correctement. Je suis devenue végétarienne, ce qui élimine encore la possibilité de consommer boudin ou poissons, cependant, je me sens très antillaise. C'est une affaire de cœur, une philosophie de la vie comme on la vit quand son éducation est basée sur le respect absolu des parents, la crainte des sortilèges et l'attachement à la propreté immaculée. Par contraste, j'ai souvent cherché refuge dans le monde blanc aux valeurs plus relâchées, moins spirituelles, autant que moins influencées par l'obsession de l'«huile de coude». Ce n'est que plus tard que j'ai compris le privilège de ma destinée, celui d'arriver à extraire, par distillation, le nectar culturel des deux mondes entremêlés au sein de mon existence. Les êtres humains ont inventé le concept de la culture pour réduire leur anxiété d'être. On se crée une histoire, on se serre les uns contre les autres dans une illusion d'appartenance, on se croit propriétaire d'une vérité et on trompe la mort momentanément. Je n'ai pas cherché à m'accrocher à la culture antillaise mondainement. Au contraire je l'ai intériorisée, transcendant mon désir d'appartenance au niveau spirituel.

Par ailleurs, je me suis tant identifiée à mes parents que j'ai reproduit leur vie d'exilés en vivant à mon tour aux États-Unis depuis vingt ans. Je peux désormais comme ma mère le faisait envers sa mère laissée au pays, déplorer notre séparation, idéaliser les premières impressions culturelles reçues. Toutefois, en y ajoutant les éléments de ma nouvelle culture d'adoption, elle aussi en noir et blanc, j'ai acquis une perspective libérante : un degré de compassion pour la condition humaine, que ma situation d'enfant d'immigrés antillais m'avait préparée à éprouver. Je vis après tout dans un pays où les racines culturelles sont exportées à grande échelle et vécues avec conviction.

C'est ainsi que j'ai pu avec aisance témoigner de ma «créolité» telle que je la conçois, en organisant des ateliers culturels d'initiation à la culture antillaise francophone, dans le but d'approfondir la communication entre les habitants de notre planète dysfonctionnelle. Je suis aussi devenue collagiste textile pour offrir le plaisir de recomposer le monde en formes, en couleurs et en textures d'origine africaine. N'ayant jamais pu me proclamer cent pour cent quoi que ce soit en matière de race ou de culture, j'ai toujours eu la prudence de ne pas me laisser enfermer dans une manière unique de voir les choses. Pour moi, être antillaise réside dans l'acceptation du paradoxe humain. J'accepte la blessure interne que l'histoire européenne m'a infligée au cours des siècles tout en continuant à affirmer ma qualité royale de mère noire du monde. Je pense à toutes ces femmes antillaises qui sont arrivées en France dans les années 50, se déclarant fièrement « artistes », tout comme leur idole Joséphine Baker. Je pense à l'image qu'elles m'ont donnée de la femme antillaise, et je vois courage, détermination, indépendance. Le monde ne voit d'elles que de petites danseuses futées, immorales ; pourtant, leur plus grand accomplissement est de m'avoir démontré que la femme noire tient le monde au creux de sa main. Elle a le pouvoir de « sauver » les hommes d'affaires, les aristocrates les plus riches, corrompus, mal-aimés, plus perdus que les premiers exilés eux-mêmes. J'ai vu ces femmes mettre leur farouche énergie à célébrer la vie en donnant à ces hommes un foyer vivant, bien tenu, des enfants, un sens à leur vie pitoyable. Nous sommes des reines. C'est la raison pour laquelle au cours des siècles on nous a volées, violées, pour s'approprier de force nos qualités exceptionnelles. Oui, ces femmes m'ont inspirée, même si c'est dans le sens inverse du leur que j'ai effectué la traversée des océans : de l'Europe aux Amériques. Leur exemple m'a permis d'emporter avec moi un regard sur le monde moins chargé de jugements, plus orienté vers le service. Curieusement, en m'installant à New York, je me suis rapprochée de ma famille antillaise, près des côtes nord-américaines où vient mourir la rage essoufflée des cyclones.

Ma nostalgie s'appelle le blues, l'anxiété : le stress, ma conscience du monde s'est élargie, mais ce n'est jamais qu'un cercle en spirale qui me renvoie à mon point de départ. Je ne sais toujours rien des mystères de la naissance, des raisons de l'isolement ou de l'expatriement, mais j'en vois les voiles transparents, la beauté de la solitude, la profondeur d'âme des exilés, la gloire d'être noire. C'est quand je m'applique à servir les plus démunis que moi ou ceux qui peuvent être touchés par l'essence des dons artistiques qui m'ont été confiés que je ressens cette gloire. J'appartiens à cette société américaine qui prend le volontariat très au sérieux. Ici, le service est une institution hautement organisée. On peut même y créer son propre groupe de soutien. Dès l'instant où l'on voit l'autre avec le cœur on peut tout soulager. Je n'oublierai jamais le geste guérisseur de ma mère dans un train de banlieue lorsque, par accident, le coin dur de son sac heurta le genou d'un ouvrier nord-africain à l'air si las, si humble, si perdu dans son exil.

Elle lui frotta le genou avec la tendresse d'une mère. Les yeux de l'homme se mouillèrent et sa détresse m'apparut soudain terrible. À quand remontait la dernière caresse affectueuse de sa grand-mère, mère, tante ou sœur?

C'est ça, la splendeur de la vraie femme noire et antillaise, elle ne connaît pas de frontières. Ayant tant souffert, elle croit à l'intervention divine, antidote à son expérience de la «malédiction», et elle se laisse guider par l'amour. Nos dons fleurissent et embaument la planète, là ou nous les plantons. Tant que nous honorerons celles qui nous ont précédées, nous porterons toujours en nous une parcelle lumineuse de leurs âmes.

La pensée voyageant à la vitesse de la lumière, en tout temps et en tout lieu, on n'est jamais qu'a la portée de leur amour. Libérons-nous. Être noire, qu'on soit antillaise, américaine ou africaine, c'est porter en soi le village de ses éducateurs, la clé de la libération de l'humanité, le secret du geste qui sauve.

Francelise Dawkins est une artiste guadeloupéenne née à Paris. «Collagiste textile» (un titre de sa création), elle vit depuis vingt ans aux États-Unis où la vision de ses «Ethnikollages», exposés dans plusieurs États d'Amérique, lui a valu de remporter de nombreux prix. Elle a fourni l'illustration pour la couverture du roman de Gisèle Pineau : *L'Espérance-Macadam* et anime des émissions de télévision à Saratoga Springs, dans l'État de New York.

Le Nouveau Monde

E N APPROCHE DES « INDES OCCIDENTALES », *l'entrée dans la mer Caraïbe annonce le terme du voyage. Rassurés par l'alizé qui gonfle les voiles, la transparence turquoise des eaux, les officiers desserrent l'étau de la discipline et oublient la rigueur du rationnement autant que le permettent les réserves des soutes à vivres et des futailles d'eau. La proximité des côtes antillaises où se réalisent les bénéfices exige d'améliorer l'apparence physique et l'état d'esprit des captifs… Le capitaine donne l'ordre d'affaler les voiles, le navire s'ancre enfin au calme des rades de Port-au-Prince ou de Saint-Pierre. Les bateaux de traite naviguent rarement en direct de l'Afrique à la Guadeloupe, et Pointe-à-Pitre figure plutôt sur la carte négrière comme une escale supplémentaire, une variante régionale aux destinations officielles de Saint-Domingue et de la Martinique. Ces modalités du trafic qui réservent les meilleures marchandises aux colons martiniquais porteront un préjudice dépréciatif sur les populations guadeloupéennes issues des « queues de traite » après la desserte des grands marchés. Cette discrimination du peuplement conjuguée à des engagements divergents dans la période révolutionnaire, à des histoires singulières au plan culturel et économique expliquent d'anciens clivages et parfois des préjugés tenaces entre les deux îles sœurs…*

Pour l'état-major épuisé, le mouillage dans les îles tropicales referme, avec la revente de la cargaison du bois d'ébène, l'un des cycles de traite et dédommage aussi des vicissitudes de la traversée comme des angoisses de l'expérience africaine. Il jouira de la fréquentation des notables de la plantocratie, à l'écart du grouillement inquiétant des populations noires, avant de remettre à la voile, les cales chargées de denrées tropicales pour solde du paiement des esclaves. Dans les belles demeures que cernent les champs de canne, le monde civilisé de la colonie attend de fraîches livraisons de serviteurs pour assurer le fonctionnement de l'économie de plantation. Les «beaux messieurs» de Leyritz ou de Gradis allient, dans leurs habitations où brille l'argenterie, les raffinements du luxe à la française à l'apparat créole : dessertes en merisier, lits à colonnes et moustiquaires. L'imagerie doudouiste nourrira longtemps les nostalgies de cette ambiance «Louisiane» où les frères de l'oncle Tom animent le décor. Mais les moulins et les sucreries sont bien là pour dire la réalité de l'avenir des hommes et des femmes massés sur le pont face à un paysage inconnu de volcans et de forêts. Sur le port, les cochers qui conduisent les maîtres sont noirs tout comme eux, et comme ceux aussi qui transportent les dames-jeannes de rhum jusqu'aux quais ; mais, sur les places pavées, des femmes blanches en mousseline et soie protègent leur teint sous des ombrelles…

La défiance envers la cargaison venue d'Afrique impose parfois au bateau négrier une quarantaine. L'acquittement des droits réglementaires auprès des autorités coloniales, d'autant plus indulgentes que les capitaines savent se montrer généreux, officialise son amarrage. Amirauté et gouverneur avalisent ainsi les principes du commerce des esclaves bientôt proposés à l'examen des acheteurs potentiels dans la perspective de la vente aux enchères. Le spectacle distraira l'ennui de la vie insulaire et renouvellera le stock des servantes de la grand-case et des ouvriers de purgerie. Sur ces autres rivages, les déportés revivront les humiliations des marchés africains redoublées par le souci des futurs propriétaires de s'assurer de la viabilité de leurs bêtes de somme. De la même manière, la marche sur les chemins blancs qui montent aux habitations à travers les ondulations des cannes répète en écho d'un bord à l'autre de l'Atlantique les étapes et les passages du parcours de la dépossession…

L'arrivée aux îles
Angélique

« *Ventres creux*
Yeux de crabes
Trappes d'éléphants
Enfants bâtards
Cars défendus
Pendus d'Angola
Colas amères
Mers de sang… »

CHARLES NGANDE,
Échos africains (extrait).

Je suis arrivée en Guadeloupe en 1776. On nous a débarqués le matin. Je crois que c'était le matin.
À cause du soleil qui nous aveuglait et frappait dans le dos.
Un grand soleil dans les arbres qu'on n'imaginait plus après tant de temps passé dans la noirceur des cales.
Je ne savais pas en quel lieu je me trouvais.

Personne ne savait. On nous avait pas dit.

C'était une terre nouvelle pour nous. Avec ce grand soleil qui perçait à travers les feuillages des arbres et se versait sur les mornes.

Après la traversée qui avait vu périr beaucoup d'entre nous, c'était comme un soulagement et en même temps un autre effroi qui venait s'ajouter à toutes les peurs qui nous tourmentaient déjà.

On ne comprenait pas pourquoi on nous avait emmenés là. Tout ce qu'on savait, c'est qu'on était vivants.

On savait qu'on était vivants à cause du sang qui sortait de nos chairs et coulait sur nos peaux noires.

Aussi à cause des cris qui surgissaient de nos gorges.

À cause des yeux.

À cause des yeux qui portaient la peur.

Là-bas, au village, j'avais eu deux enfants. Quand ils venaient au monde, ils étaient comme nous autres les enchaînés. Ils avaient du sang sur le corps, des cris dans la gorge et la peur dans les yeux. On était pareils qu'eux, les nouveau-nés. Mais nous, on allait vers la mort, alors qu'eux, ils entraient dans la vie.

On pouvait lever les jambes et les bras.

On pouvait tourner la tête malgré nos chaînes.

Mais tout ça n'était pas la vie. C'était la mort…

On pouvait marcher, oui.

On pouvait tourner la tête.

Mais les morts savent aussi marcher dans les ténèbres.

Les yeux n'étaient que peur.

Les voix n'étaient que cris et gémissements.

Et le soleil cognait comme une bête enragée.

Au début de la traversée, je voulais qu'une seule chose : retrouver ceux de mon village, me réveiller auprès de mes sœurs, dans notre case. Je voulais juste redevenir celle que j'étais avant qu'ils ne me capturent.

Celle que j'étais avant la traversée.

Après, quand j'ai compris que le bateau s'en retournerait pas en Afrique, j'ai prié pour arriver à destination, sortir du ventre du bateau. En être expulsée.

Les prières, ça sert à occuper l'esprit mais ça change pas le destin.

Je savais pas tout ça quand je courais dans ma savane en Afrique.

Je savais pas tout ça quand j'ai poussé mes deux enfants hors de ma chair.

Personne m'avait prédit que je ferais ce grand voyage et que j'étais destinée à l'esclavage sur la terre de Guadeloupe.

J'ai compris ça dans le bateau de la traversée. Alors, j'ai laissé dans la cale celle que j'étais avant qu'on me capture. J'ai laissé avec elle le souvenir de mes sœurs et de mon village… et de mes deux enfants.

Quand les îles ont crevé la mer et que les marins ont crié de joie, mon cœur s'est serré et mes jambes sont devenues molles.

On nous a bourrés dans le dos.

On nous a cognés à coups de bâton.

On nous a forcés à avancer comme un seul troupeau.

Forcés à sortir du bateau comme du ventre obscur d'une mère.

Pour une nouvelle naissance.

Une nouvelle vie qu'on n'avait pas choisie…

C'est bien ça qui nous est arrivé. Je n'ai pas tous les mots pour dire notre destin, mais ça ressemblait bien à ça : une naissance. Nous étions nus. La cale du bateau nous avait portés, nous si grands, déjà hantés par des rêves, déjà riches d'une première vie sur la terre, déjà brisés et décrépits.

Avant de fouler la nouvelle terre, j'ai appelé la mort au secours. Et qu'elle vienne au même moment.

Hélas, le sang ne s'est pas raidi dans mes veines. Et la vie a continué de couler dans mes yeux et ma gorge.

La vie amère et cendreuse comme la mort.

La terre de Guadeloupe m'a longtemps brûlé les pieds dans les cannaies immenses. Coupez cannes! Hachez cannes! Amarrez! et le fouet dans le dos. Courbée. Les reins cassés… J'ai mis du temps avant de fourrer la main de moi-même dans la terre de Guadeloupe, y creuser les sillons de mon jardin. J'ai mis du temps avant de comprendre son âme… Mais il a bien fallu que je plante le manger de mes enfants. Planter et récolter pour moi et mes négrillons. Planter et récolter afin de comprendre que la terre de Guadeloupe savait être généreuse aussi, bonne à aimer des fois, même si on l'avait jamais désirée.

LES VOYAGES DU BUMIDOM
Julétane

J e suis arrivée en France dans les tout premiers temps du BUMIDOM*. C'était l'année 1964. Je m'appelle Julétane. C'est plus tellement commun chez nous, hein! Julétane. Je crois que ma mère avait trouvé ce prénom dans un roman-photo. Maintenant, on n'entend plus que des Ingrid, Kelly, Joan... des noms anglais.

Ma mère était de Rivière-Salée.

La France de maintenant, non, ça n'a plus rien à voir avec la France d'alors. Tu peux bien me croire. Y avait pas tant de Noirs...

J'ai quitté la France par la force des choses. À cause de mon mari. Non, j'ai rien à dire contre la France. J'ai tout appris là-bas. La façon de vivre m'a tout de suite plu. Ça m'a changé de la Martinique. Si j'avais eu le choix, je serais restée là-bas. J'ai fini par retourner au pays, comme beaucoup, mais c'est pas moi que tu entendras cracher sur la France.

C'est Denis qui ne voulait plus rester à Cachan. Oui, on habitait Cachan. Quand il a hérité de son terrain au Lamentin, il a plus eu qu'une seule idée en tête : une villa à la Martinique. Alors, tout l'argent qu'on avait économisé pour acheter notre pavillon à Cachan est passé là-dedans. On s'est fâchés à cause de ça. J'ai cherché à lui montrer tous les mauvais côtés de la Martinique. Je lui disais qu'on n'avait plus de parents au pays, qu'on pourrait plus se faire à la mentalité. Mais c'était pas croyable, il était redevenu plus Martiniquais que personne.

J'en dormais plus. Je faisais des cauchemars. Je voyais des esprits dans la maison, des dorlis et des diablesses...

La France, pour moi, c'était la tranquillité : pas de voisins jaloux, pas de sorcellerie, pas de quimboiseurs, pas de bougresses en chaleur voleuses de mari... Et puis, j'avais toutes mes habitudes à Cachan. Et lui aussi, Denis. Et je comprenais pas pourquoi il voulait bouleverser notre vie. Un jour, il m'a dit que si je ne me décidais pas, il serait capable de partir seul, de me laisser à Cachan.

Quand j'y repense, je finis par croire qu'il se sentait vieillir. Il avait pas envie de mourir en France. Sitôt que j'ai dit oui, une sorte de fièvre l'a pris. Il passait ses dimanches à rêver du temps de sa retraite. Il se voyait acheter un canot pour faire

* Bureau migration département d'outre-mer.

la pêche. Il se voyait en train de cultiver ses terres, planter toutes sortes de légumes. Et moi, je l'écoutais en me disant qu'il oubliait la vraie figure du pays qui avait deux faces en vérité. Il me racontait le paradis sur terre. Et moi, je devais faire celle qui avait oublié la misère et qui allait débarquer comme une pauvre ignorante dans ce pays-là.

Avant son héritage, on se comprenait toujours. On se félicitait d'avoir choisi la France. À regarder ceux qui n'avaient jamais mis un pied en dehors du pays, on se sentait élus ou privilégiés, quelque chose comme ça. C'est vrai qu'à voir d'où on était sortis, on en revenait pas d'avoir fait tout ce chemin.

J'ai cédé à contrecœur et j'ai renoncé à mon pavillon de Cachan pour une villa au Lamentin. On s'est mis à retourner chaque année en Martinique comme en pèlerinage pour surveiller la construction. Lui, il allait retrouver les vieux de sa jeunesse. Et moi, je m'asseyais dessous la véranda des filles que j'avais connues autrefois dans ma campagne de Rivière-Salée. Elles avaient vieilli comme moi. Mais elles étaient dans le même état qu'avant. Moi, je me voyais en personne évoluée. Je me sentais tellement différente d'elles parce que mes yeux avaient vu autre chose que les mornes de Rivière-Salée et les magasins des Syriens couillonneurs de Fort-de-France. Pour la maison, Denis avait pris un entrepreneur et on a fini de construire au bout de cinq ans.

J'ai jamais trouvé que la Martinique a évolué. À part les autos qui encombrent les rues, c'est toujours la même mentalité, les mêmes cancans, les histoires de quimbois, de sorcellerie et de jalousie.

Pour revenir au BUMIDOM, tu peux me croire qu'on l'a critiqué dans les débuts, surtout les Indépendantistes qui disaient du mal de la France. Mais il faut savoir que le BUMIDOM en a sauvé plus d'une, qui auraient mal tourné si elles étaient restées au pays, assises dans la case de leur manman, à attendre quoi? de trouver un homme et de tomber enceinte. C'est pour toutes ces raisons que je suis partie. C'est ça qui m'a poussée. Je voyais rien de bon à faire en Martinique. J'étais certaine de pas vouloir de ce destin... Me retrouver un jour avec un gros ventre à attendre sur un homme. J'ai pas été assez longtemps à l'école. À l'époque, j'en prenais pas l'importance, mais j'avais cette certitude, j'avais ça dans la tête et c'est jamais sorti jusqu'à ce que je rencontre mon mari Denis.

Le BUMIDOM, je peux dire que ça a changé ma vie. Je sais pas ce que je serais devenue si j'avais pas osé la traversée.

Quand tu arrivais en France, je sais pas pour les autres, tu n'étais pas laissée à l'abandon comme on l'a trop fait croire. Moi, j'ai pas honte de dire que je suis passée par le centre de Crouy-sur-Ourcq. Et j'étais pas la seule... On était tout un convoi. Il y avait des filles et des garçons de la Guadeloupe aussi. On avait tous eu ce même mouvement de quitter le pays. Personne nous forçait, mais il faut dire, pour être dans le vrai, qu'on en parlait comme d'un chemin sauveur. On n'avait pas d'autre voie. C'était partir ou rentrer dans les champs de cannes ou faire la servante. Si tu avais de la famille en France, tu pouvais donner leur adresse et tu passais pas par le centre. Moi, j'avais personne et c'était tant mieux.

Au début, bien sûr, c'est toujours dur quand tu arrives dans un grand pays comme ça où tu connais rien de rien. Tu comprends pas tout ce que les gens disent et font. Faut se faire aux métropolitains. Ils ont d'autres manières que nous et tu te sens un peu perdue. Après tu entres vite dans le bain. Faut leur montrer qu'on n'est pas des sauvages. Tu sais, c'est l'ignorance et la peur qui les font te traiter de sale négresse. C'est rien d'autre que ça. En plus, à l'époque, ils avaient pas coutume de voir des Noirs. Mais au fur et à mesure, on est bien forcés de s'habituer les uns aux autres. En ce temps-là, c'était pas comme maintenant. Tout le monde n'avait pas la télé. Les Noirs étaient pas si nombreux. Aujourd'hui encore, quand il y en a un qui me traite de sale négresse, je fais celle qui ne comprend pas. Non, je me fâche pas. Je sais que c'est rien d'autre que la peur et l'ignorance... Mais tu n'es pas obligée d'écrire tout ça...

Au centre, ils nous apprenaient la vie française : répondre au téléphone, parler correctement, sourire, préparer des rôtis et des béchamels, nettoyer une maison, faire les cuivres, dépoussiérer les meubles avec un plumeau... Quand on arrivait, on disait ce qu'on voulait comme métier, mais il y avait souvent une grande distance entre ce qu'on était capable de faire et la réalité. On avait des grands rêves, tu sais... Comme devenir infirmière, secrétaire, standardiste, caissière dans un grand magasin, coiffeuse, institutrice... Des filles sortaient de là désenchantées quand elles se retrouvaient bonnes à tout faire ou filles de salle dans les hôpitaux. Oh! Seigneur! mon premier hiver... Tu vas rire, j'ai bien cru que j'allais mourir. Tout de suite, quand je suis sortie de Crouy, j'ai été embauchée. Ce que je voulais pas faire en Guadeloupe, je me suis trouvée à le faire en France. Et bien contente! Servante... Bonne, quoi!

Moi, j'avais demandé pour être infirmière. Mais on m'avait dit que j'avais pas le niveau. Je suis tombée dans une première famille. Des gens bien qui avaient une fille, une seule. Elle passait ses journées derrière son piano. « Elle fait ses gammes! » disait Madame. La fille s'appelait... Pauline ou Christine, je sais plus très bien. C'est loin. Elle n'aimait pas les Noirs. Elle me faisait des misères. Comme salir par exprès ce que je venais de nettoyer. Mais sa mère disait : « Ne vous vexez pas, Julétane, elle finira bien par s'habituer à vous. Donnez-lui du temps! »

Un jour, elle est venue en pleurant devant Madame. Elle jurait que je lui avais volé de l'argent. Elle montrait son porte-monnaie vide et criait que la négresse était une sale voleuse. Alors, je suis partie. Madame voulait que je reste, mais il y avait trop de haine entre la fille et moi. Personne ne m'avait jamais traitée de voleuse. J'avais mis des sous de côté. C'était l'hiver, je te prie de croire que je l'ai senti passer. Madame m'avait donné un de ses vieux manteaux et des chandails.

Le centre m'a tout de suite trouvé une autre place chez une famille. Un grand appartement dans le VIIe arrondissement de Paris. J'ai jamais su la profession du père. La mère ne travaillait pas. Trois enfants. Ils étaient bien gentils, mais fallait pas leur demander de lever une petite cuillère. Toute la journée, c'était : « Julétane, vous n'avez pas vu mon soutien-gorge ? Julétane, nous aurons des invités ce soir ! Vite, repassez cette robe ! Julétane, j'ai envie de manger de la purée ! Julétane, mes souliers ne sont pas cirés ! Hé ! Je suis pressé ! courez au kiosque m'acheter mon journal ! Julétane, j'aime un garçon, mais je ne sais pas s'il m'aime... »

Je suis restée là jusqu'au printemps... Je dormais dans un grenier mal chauffé, sur un vieux matelas. Les murs étaient humides. Tous les matins, j'étais gelée et tout le monde s'en foutait. C'était chacun pour soi et Julétane pour tous... Moi, j'étais à disposition, pour résoudre les problèmes. Moi, j'existais pas...

J'ai attrapé une bronchite à la fin de l'hiver. Eh ben, y en a pas un qui est monté au grenier pour voir si j'étais pas en train de mourir. Ils ont pris une autre fille du BUMIDOM pendant ma maladie et c'est elle qui m'apportait à manger. J'ai pas pleuré, même si ça m'a fait mal, parce que pour moi, je faisais partie de la famille. Je suis tombée de haut mais je me suis pas démontée, tu peux me croire.

Après, je suis plus retournée au centre. Non, je suis pas amère. C'était le temps qui voulait ça. Ils n'étaient pas méchants au fond. Ils voyaient seulement une négresse comme quelqu'un qui peut travailler sans fatiguer vingt heures par jour. Quelqu'un qui n'éprouve pas de sentiment, quelqu'un qui ne sait que rire même dans l'adversité. Un meuble sur lequel on vient se reposer, un oreiller contre lequel on pleure sa peine. Une éponge qui absorbe tout...

En 1965, en France, tu trouvais un travail dans la journée. C'était la belle époque. Même si tu n'avais pas la moindre qualification, tu pouvais gagner ta vie et voir venir. J'ai déposé ma valise dans un meublé et j'ai commencé à chercher. J'ai fait plein de petits boulots pendant presque une année... Des ménages surtout. Et puis, je suis entrée à l'Éducation nationale. Là, ma vie a vraiment changé. Tu sais, ils avaient besoin de personnes pour nettoyer les salles des étudiants, les labos et le matériel. Ça s'est fait par hasard, dans le métro. J'avais rencontré une fille, Marie-Josée, de la Guadeloupe. On avait causé un peu de chez nous. Et puis, elle m'avait parlé de son travail. Elle était fonctionnaire de l'État. C'était pas rien à l'époque !

On est vite devenues amies. Je suis beaucoup sortie en ce temps d'avant Denis. Marie-Josée connaissait presque tous les Antillais de Paris. Martiniquais et Guadeloupéens, mais aussi Guyanais. Elle et moi, on se comprenait bien. On allait au bal ensemble. Ça a duré jusqu'en 1969. J'ai connu des hommes, peut-être qu'il faut pas en parler... Tu me croiras pas, mais j'ai un peu mené la vie avec Marie-Josée. On a habité ensemble. On a été très amies pendant longtemps avant de se perdre de vue. On se prêtait nos vêtements, nos bas, nos trousses de maquillage et même nos hommes.

Marie-Josée, c'était une fille qui voulait jouir de son corps. Elle aimait faire l'amour avec des hommes différents. Elle s'en fichait bien qu'on la traite de putaine. Elle aimait la France pour la liberté. Les gens n'étaient pas tout le temps là à te surveiller comme au pays. C'était... comment dire... grisant, enivrant! On était dans un tourbillon où tout était permis : danser avec un inconnu et le soir même le planter dans son lit, s'habiller comme on voulait, montrer ses cuisses, rentrer à quatre heures du matin et puis courir attraper son bus de six heures pour rejoindre la faculté. Tu peux me croire, on bénissait chaque jour la France rien que pour ça. Et puis, tu sais, j'adorais mon travail. Je me trouvais d'égale à égale avec les métropolitaines. Il n'y avait pas de différence. À partir du moment où tu faisais ton travail, personne ne te causait d'ennuis. Pendant les pauses, on causait entre femmes. On en revenait toujours à l'amour, ses jouissances et ses chagrins. On étaient bien pareilles : femmes blanches et femmes noires à rêver de l'homme idéal et à chercher des poux à ceux qui partageaient nos vies. Mariées ou pas, on rêvait que de bonheur.

Je suis à la retraite maintenant. Je suis une vieille femme. Octobre me donnera soixante et un ans. Aujourd'hui, je suis veuve. Je vis seule dans ma maison du Lamentin que Denis avait tant désirée. Je suis pas malheureuse d'être ici. Mais parfois, quand je me souviens de ma vie en France, les larmes me montent aux yeux. Je regrette la France, je regrette Cachan. Ceux qui t'aiment pas, là-bas, ils te le disent en face. Ils font pas de grimaces. Ils cherchent pas à entrer chez toi pour déposer des choses maléfiques. Chacun chez soi. Ceux qui t'aiment, ils te donnent tout ce qu'ils ont. Ils s'intéressent à ton pays. Ils te demandent de leur préparer des plats de chez toi. Et c'est bien, ça fait plaisir.

Ici, à la Martinique, tu vis dans la méfiance. Les gens pensent trop au mal. Ils sont jaloux de tout. Jalousie, sorcellerie, on te parle que de ça. En France, je vivais l'esprit dégagé. Ici je suis toujours inquiète. J'ai peur même si je le dis pas trop fort. J'ai peur qu'on me fasse du mal à cause de la grande maison en dur que Denis a fait bâtir au mitan d'un tas de vieilles cases en tôle.

Je retourne en France chaque année. Je vais en cure pour mes jambes. Quand j'arrive à Orly, j'ai toujours une pensée pour Marie-Josée qui est morte d'un cancer du sein voilà six ans. Je repense à nos années de jeunesse et je maudis mes vieilles jambes.

PAYS NATAL,
PAYS D'ADOPTION
Marie-Noëlle Recoque

J e suis étudiante quand, à la fin des années 60, je rencontre pour la première fois les Guadeloupéens. Pour eux, l'expatriation a servi souvent de révélateur : culturellement parlant, ils prennent conscience, si ce n'était pas déjà fait, qu'ils ne sont pas français, et pour beaucoup d'entre eux la France, la mère-patrie généreuse de leurs aînés, se métamorphose et devient, *vant a bêt-la*, autrement dit : le ventre de la bête. Ils se replient donc sur eux-mêmes, cultivent leur différence et s'appliquent à exacerber tous leurs particularismes.

Les étudiants antillais parlent créole entre eux. Et le créole est un jardin secret interdit au Blanc. Pour les plus politisés, c'est même un vrai « maquis culturel ». J'extorque patiemment aux uns et aux autres quelques renseignements et peu à peu j'élabore un lexique et un petit précis de grammaire créole. Au bout d'un certain temps la langue me devient plus familière. Dès ce moment, certains Antillais, qui sont pourtant mes amis, s'avèrent outrés et ils s'indignent ouvertement contre le présumé traître — mon compagnon — qui aurait osé commettre l'irréparable en me livrant les arcanes de leur langue, les clés de leur univers. Pour moi, à l'époque, j'ai du mal à comprendre : comment peut-on refuser à ses amis l'accès à sa langue ?

Quand deux décennies plus tard, avec le conteur Moïse Benjamin, je consignerai en tant que traductrice les deux tomes du *Dictionnaire des expressions créoles*, j'aurai l'impression, et je dois l'avouer, la satisfaction, de relever un défi personnel lancé vingt ans auparavant.

Dans les années 70, les Antillais entretenaient toujours et encore avec le créole un rapport passionnel d'exclusivité. Ce qui me semblait étonnant, c'était que même les nationalistes, qui se battaient pour que le créole soit reconnu comme une langue, n'avaient pas envie qu'il soit parlé par des étrangers et ils ne semblaient pas être conscients du paradoxe. Dans le cas où un Blanc non averti ou téméraire persisterait à vouloir parler créole, aucune faute de grammaire ou de prononciation n'était alors tolérée de sa part. En ce qui me concerne, je parlerai créole sans retenue avec des Haïtiens ou des Dominiquais. Mais avec les Guadeloupéens, j'éprouve une réticence dont je n'ai pas eu conscience pendant longtemps. Il y a vingt-cinq ans, je pense m'être empêchée de parler créole pour ne pas froisser ou agresser les Guadeloupéens, sans doute à cause d'une forte volonté d'intégration. Je crois que par la suite, mon refus s'est transformé en une sorte de dépit ombrageux né d'un amour contrarié.

Dans le même ordre d'idées, j'aimerais parler d'une autre frustration dont j'ai souffert. Plus jeune, j'aurais aimé danser publiquement le *gro-ka*. Mon compagnon, mes enfants et moi, nous fréquentions les *lewoz* mis à l'honneur dans les milieux nationalistes bien avant qu'ils ne deviennent à la mode en Guadeloupe. J'aurais aimé danser comme toutes les autres femmes devant le *tanbouyé*. Mais à cette époque, cela aurait été vécu comme un crime de lèse-majesté. J'ai refoulé en moi-même ce désir et je me suis empêchée de montrer à quel point, comme celui du créole, le son du tambour me remue et m'émeut.

Je suis arrivée en Guadeloupe à une époque où se durcissait la revendication nationale. Huit ans après le massacre de mai 1967, les organisations syndicales et indépendantistes avaient le vent en poupe. Aujourd'hui, la tension politique cristallisée autour du débat pour ou contre l'indépendance est retombée. Consciente du contentieux historique existant entre mon pays natal et mon pays d'adoption, j'ai dû très vite me forger une ligne de pensée me permettant de vivre en bonne entente avec les Guadeloupéens, mais aussi en harmonie avec moi-même. J'ai dû trouver l'équilibre entre l'affirmation de ma personnalité et la réserve de ma condition d'étrangère.

Je tiens à dire que je respecte le sentiment des Guadeloupéens qui « se sentent » français et je respecte le choix des Guadeloupéens qui « se veulent » français (deux siècles d'esclavage et trois siècles de domination coloniale pour le rayonnement de la France et son enrichissement économique, les combats menés et les sacrifices consentis par les Guadeloupéens sur les champs de bataille leur donnent sans conteste ce droit), mais j'avoue respecter davantage les indépendantistes guadeloupéens qui souhaitent la souveraineté de leur pays. Je suis une Française anticolonialiste.

Je refuse de porter sur mes épaules la responsabilité de l'histoire coloniale et de la politique d'assimilation de mon pays. Pour certains de mes compatriotes de l'Hexagone, mes idées font de moi celle qui se veut plus guadeloupéenne que les Guadeloupéens, une traîtresse à son pays natal, voire à sa race. Mais si je ne suis pas guadeloupéenne, je ne suis pas non plus une Française de passage. Je demeure en Guadeloupe et j'ai des liens affectifs avec ce pays. Je vis avec un Guadeloupéen — militant nationaliste — et je suis mère d'enfants guadeloupéens.

Les Guadeloupéens de ma génération ont mené, hier, les combats qui leur semblaient bons pour le pays. Les uns se sont précipités dans la spirale implacable d'une assimilation contre nature. D'autres ont tenté d'enrayer cette fuite en avant, le libéralisme forcené et la modernité galopante imposée en un temps record à leur société. Ils ont lutté pour que la Guadeloupe soit maîtresse de sa destinée. Ils ont perdu le combat. En vingt ans, la Guadeloupe a adopté un modèle de vie lié à une assimilation radicale à la France.

Les us et coutumes sont maintenant obsolètes. Même perçues comme exogènes, d'autres habitudes ont été prises et sont devenues prégnantes dans les esprits. Comment peut-on s'étonner, aujourd'hui, des troubles et dysfonctionnements multiples dont souffre le pays ? Les jeunes subissent les contrecoups de ce choix et peut-être en rendront-ils, un jour, leurs aînés comptables. Certains expriment leurs réticences par un comportement marginal ou stigmatisent les failles de la société à travers les paroles des chansons à texte comme le rap ou le ragga, mais en général ils affichent une apathie inquiète, calquée sur celle des jeunes de l'Hexagone. La jeunesse n'a pas une vision collective et dynamique d'elle-même, elle doute de ses potentialités.

Pendant ce temps, les parents n'en finissent pas de se tourner vers le souvenir nostalgique de l'*antan-lontan*, ce passé magnifié qui correspond en fait à l'époque coloniale ou néo-coloniale (avant 1946 jusqu'aux années 60), perçue comme l'éden de l'authenticité. Les us et coutumes en perdition sont remis au goût du jour ; on ne compte plus les *lewoz*, *nwèl antan-lontan*, les foires gastronomiques, les défilés en costumes traditionnels, les concours de bœufs-tirant... Mais cette pléthore, répondant aux injonctions de la société des loisirs, est de bon aloi, elle ne recèle dans son déploiement festif aucune menace revendicative dans la mesure où elle ne veut pas signifier : voilà ce que nous sommes, mais plutôt : voilà ce que nous devons préserver de ce que nous avons été.

À mon sens, cet engouement pour la sauvegarde du patrimoine traduit le malaise des Guadeloupéens face à une marche de l'Histoire qui les conduit vers un mode de vie exogène. Alors, comme exutoire, ils éprouvent le besoin de mettre en scène, de théâtraliser des traditions qui, de ce fait, se folklorisent. C'est une sorte de nouveau sursaut « doudouïste », mais bien sûr plus sophistiqué. Autrefois, les doudouïstes se voyaient avec un regard décalé, celui que les Français portaient sur eux. À présent, ils se voient avec leur propre regard tourné vers un passé qui s'enfuit.

Alors qu'espérer de l'avenir ?

Pour les enfants de ce pays, pour mes enfants, j'aimerais vraiment que la Guadeloupe trouve dans un consensus dynamique et éclairé le moyen d'accéder à une affirmation et à une réalisation saine d'elle-même.

Enfin, j'ajouterai qu'en ce qui me concerne, si je reste fière de mes racines, attachée à mon pays natal, il n'en est pas moins vrai qu'aujourd'hui, j'ai en

Guadeloupe ma famille, ma belle-famille, mes amis et mes repères. C'est ici que j'ai commencé à travailler. C'est ici que s'est peaufinée ma personnalité. Je dois beaucoup aux Guadeloupéens et j'espère ne pas être une ingrate mais j'avouerai un regret, celui de ne pouvoir, compte tenu des circonstances politiques liées au statut de la Guadeloupe, m'abandonner à l'idée qu'à ma manière, moi aussi... je suis de ce pays.

Marie-Noëlle Recoque est née dans les Ardennes en 1950. Elle vit en Guadeloupe depuis 1975. Professeur de lettres dans un collège de la Basse-Terre, elle a coanimé, avec Lydie Choucoutou, un club de lecture sur Radyo-Tanbou (radio indépendantiste) et une émission littéraire sur TV Éclair. Elle a mené et publié des entretiens avec Maryse Condé, Ernest Pépin, Gisèle Pineau, Xavier Orville, Raphaël Confiant, Édouard Glissant... Elle a publié des articles dans *Le Progrès social*, *Les Notes bibliographiques caribéennes*, *News Mag Guadeloupe* et *Antilla*. Enfin elle a publié, en collaboration avec Moïse Benjamin, le *Dictionnaire analogique des expressions créoles* et le *Dictionnaire thématique des expressions créoles* (Éditions Désormeaux).

THÉÂTRE NOIR
Firmine Richard

M a mère avait fait construire une maison en dur au plein cœur de Boissard. C'est là que j'ai grandi, à Boissard.

Ma mère était docker. Docker sur le port de Pointe-à-Pitre. Je ne l'ai jamais oublié.

Ma mère était docker. Elle débarquait les cageots sur les quais. Et puis elle faisait le ménage, le soir, dans les bureaux de la douane. Et puis elle faisait le ménage aussi chez le receveur des douanes.

Elle m'a élevée seule, ma mère.

Mon père, je le connaissais. Il travaillait à l'usine d'Arboussier. On se voyait une fois de temps à autre. Il était avec une autre femme qui avait déjà d'autres enfants...

Je me souviens bien de la maison de Boissard. Aujourd'hui encore, je me demande comment ma mère a fait pour construire cette maison qu'elle a louée puis vendue après son départ pour la France.

Quitter la Guadeloupe, ça c'est fait tout bêtement. Le receveur des douanes pour qui ma mère faisait des ménages prenait sa retraite. Il retournait en France et il a encouragé ma mère à tenter sa chance en France où la vie serait meilleure pour elle. En 1965. Moi, je suis restée en Guadeloupe jusqu'à mes dix-huit ans, chez une commère de ma mère.

Quand ma mère a été installée, elle m'a payé un billet pour la France. Elle travaillait aux PTT ! C'était loin, très loin des docks du port de Pointe-à-Pitre. J'ai fait comme elle, je suis devenue agent des PTT. Puis je suis passée à la RATP, juste avant les événements de Mai. Je suis entrée comme poinçonneuse et quand je suis partie en 1972, j'étais chef de station.

Et puis, en 1979, je suis retournée vivre là-bas en Guadeloupe, où j'ai rencontré le père de mon fils. Je voulais fonder une famille... J'ai fait pas mal de choses : j'ai même créé une coopérative : l'UAG, l'Union des artisans guadeloupéens ! J'ai travaillé au conseil régional... Mais ce n'était pas vraiment la vie dont j'avais rêvé.

En 1988, je suis de passage à Paris. Il est deux heures du matin. Je dîne au restaurant avec des amis quand on me fait dire que je viens de décrocher un premier rôle au cinéma. Là, dans la salle, il y a une femme qui m'observe. Elle dit que ça fait deux mois qu'elle cherche l'actrice du prochain film de Coline Serreau. Bien sûr, je rigole. Ces choses-là n'arrivent pas... C'est seulement dans les films... Alors je rigole, je crois à une blague. Qui dit que je ressemble à une actrice? Où on a vu ça marqué sur ma figure? Je rigole...

Quand même, celle qui se présente comme la directrice des castings de Coline Serreau a l'air très sérieuse et vraiment emballée. Donc, le lendemain, je vais au rendez-vous, porte Dauphine. Voilà comment tout a commencé. Quelques mois plus tard, je signe le contrat.

J'ai adoré travailler sous la direction de Coline Serreau. J'ai bien souvent pensé à ma mère, à toutes ces femmes qui trimaient dur, la nuit, le jour, pour donner à manger à leurs enfants. À toutes ces femmes que j'avais connues à Boissard et qui se débattaient pour vivre dans la dignité. À toutes ces femmes qui avaient cru en l'amour et qui en rêvaient toujours malgré leurs airs désabusés, leurs allures fanfaronnes. À toutes ces femmes dockers et femmes de ménage... Y a pas de hasard!

Je n'ai plus voulu quitter le milieu. J'avais encore envie de jouer la comédie, être sur scène, répéter, travailler, apprendre, apprendre toujours... Daniel Auteuil m'avait souvent conseillé d'aller vers le théâtre. La première fois que je l'avais vu au théâtre, il jouait *La Double Inconstance*, avec Emmanuelle Béart. C'était magnifique!

En 1990, je suis partie six mois à Los Angeles, suivre des cours d'art dramatique au Lee Strasberg Institut qui enseigne selon les méthodes de l'Actor's Studio.

J'aime mon métier. J'ai connu des périodes de grandes galères et de vaches maigres entre des festivals où je devais quand même faire belle figure. Il faut au moins quarante-sept cachets ou quarante-sept jours de tournage dans l'année pour toucher les Assedic du spectacle, je n'arrivais pas à les réunir. Mais je ne regrette rien. J'ai tourné avec des acteurs comme Vittorio Gassman dans *Valse d'amour*, sous la direction de Dino Risi.

Dans ce milieu, les plus grands sont souvent les plus humbles, les plus généreux. Ils donnent beaucoup d'eux-mêmes. J'apprends tous les jours à leur contact.

Je répète en ce moment la pièce d'Ina Césaire, *Mémoires d'îles*, sous la direction de Jean-Camille Sormain. C'est un bonheur de travailler avec Jenny Alpha qui est une pionnière pour les actrices antillaises. Elle s'est battue, se bat encore afin que soient reconnus les acteurs et les comédiens antillais. Sa vie est un roman qu'il faudrait écrire. C'est une très grande dame pour qui j'ai beaucoup d'admiration.

Aujourd'hui, nous sommes très peu nombreux, acteurs antillais, à travailler régulièrement. Depuis 1995, je ne manque pas de travail. Je fais du théâtre, du cinéma, de la pub, quelques doublages, des séries, des téléfilms...

En France, il y a un problème avec les acteurs noirs. Peut-être, sûrement, à cause des quotas, le cinéma américain est plus ouvert aux Noirs qui sont largement représentés dans tous les films.

Non, je ne doute plus aujourd'hui. Je crois que j'ai reconnu la chance et que j'ai su la saisir quand elle s'est présentée.
J'élève seule mon fils. Bien seule!
J'aime mon métier et j'ai envie d'apprendre et de donner des rires, de la joie, de l'émotion encore et encore.
J'y travaille... de toutes mes forces.

Comédienne antillaise, Firmine Richard, dans la lignée des Darling Légitimus et Jenny Alpha, bâtit sa carrière professionnelle avec persévérance et générosité.

1989 : *Romuald et Juliette,* film français de Coline Serreau, avec Daniel Auteuil.

1990 : *Valse d'amour,* film italien de Dino Risi avec Vittorio Gassman et Dominique Sanda.

1990 : Art dramatique au Lee Strasberg Institut.

1991 : *Roberto Zucco,* pièce de théâtre mise en scène par Bruno Boëglin, avec Judith Henry, Myriam Boyer, Christiane Cohendy.

1993 : Art dramatique au Studio Pygmalion.

1994 : *Mary Goldstein et son auteur,* pièce de théâtre d'Oyamo, mise en scène par Dana Westberg.

1994 : *La Dispute* de Marivaux, pièce de théâtre mise en scène par Dominique Pitoiset.

1997 : *Mémoires d'îles,* pièce d'Ina Césaire, mise en scène par Jean-Camille Sormain, avec Jenny Alpha.

La vente

ANNONCÉE PAR DES AFFICHES OU DES CRIEURS, *la vente constitue avec ses allures de foire et de kermesse, un divertissement pour les habitants friands d'étalages impudents. En général l'exhibition a lieu sur le* pont du navire frotté et récuré pour l'occasion. Si dans les urgences de la traite clandestine ou dans l'impatience des profits, certains capitaines répugnent aux stratégies cosmétiques et bradent la cargaison sitôt débarqués, beaucoup pratiquent le «blanchissement» dans les savanes avoisinantes pour effacer les signes de la traversée. Quelques jours de suralimentation en riz sucré après le régime des fèves et des bouillies infâmes, du rhum et du tabac regonflent le physique et le moral des captifs. Le camouflage des défauts apparents vient parfaire la présentation de la marchandise. Tous ces simulacres concourent à faire monter les enchères quand s'engage la vente largement dépendante des inspections préalables des colons. Quand les transactions commencent, chacun a déjà sélectionné selon ses besoins et ses moyens son contingent d'esclaves pour augmenter la main-d'œuvre des ateliers. Les grands planteurs sauront renchérir pour s'approprier un nègre à talent ou une jolie négresse. Les «petits Blancs» désargentés peuvent miser sur les moins jeunes ou les malades dans l'espoir qu'une relative endurance ou une guérison miraculeuse les dédommageront d'un investissement modeste mais toujours risqué. Soucieux de liquider toute la cargaison et d'éviter les invendus, les armateurs recommandent de brader en priorité les sujets médiocres dans un lot dominé par une belle pièce. Parfois, selon le bon plaisir du capitaine, des regroupements heureux rassemblent des individus solidaires mais, le plus souvent, les hasards de la répartition par catégorie sexuelle provoquent des séparations définitives. Seuls les nourrissons restent avec leurs mères, comme une valeur ajoutée, alors que les enfants en âge de travailler, selon les normes aberrantes de la plantation, connaissent d'inconsolables solitudes. Mais les Antilles françaises n'ont pas le monopole de la cruauté de ces méthodes d'enchères ou de loterie qui avilissent les êtres et les dispersent en aveugle sur les habitations. Une véritable foire d'empoigne, le scramble où chacun se dispute et s'arrache les meilleurs nègres parqués dans une cour se pratique dans les îles anglaises. Quand l'esclave est assimilé à un meuble, le désir d'appropriation légitime les brutalités physiques comme les agressions morales du cynisme et de l'indifférence qui président aux acquisitions... L'achat réalisé, *l'attribution d'un nouveau nom superposé au sobriquet donné pendant la traversée procède du même principe de réification du Noir. Affublé selon la fantaisie du maître d'un pseudonyme puisé au répertoire classique de la culture gréco-romaine ou dans les annales de l'Histoire, l'esclave est bien une chose que son propriétaire rebaptise sans jamais lui concéder sa nature d'être humain et d'Africain. Mais les Roxane et les Cicéron connaîtront aussi la concurrence des surnoms familiers utilisés sur la plantation à défaut de l'usage des prénoms officiels empruntés au calendrier des saints après initiation aux rites chrétiens. Loin de témoigner de la reconnaissance d'une identité propre, cette surdénomination, cette inflation d'appellations dit au contraire la dépersonnalisation de l'individu, la nécessité de conjurer son invisibilité par une désignation particulière parmi les biens anonymes et interchangeables du planteur. De quelque manière, parodique où dévote, qu'il nomme ses nègres et ses négresses, le maître revendique une propriété incontestable, notifiée dans les papiers de sucrerie à côté des listes du bétail et du matériel. À Saint-Domingue, l'étampage systématique apporte la lisibilité immédiate de cette appartenance de l'esclave si commode pour identifier les fugitifs repris après les traques. Sous la calligraphie confuse des différentes gravures émergent les traces d'une biographie ponctuée de ventes successives… Les Antilles françaises sacrifient peu à ces méthodes d'étiquetage, mais le marronnage, menace permanente du système colonial, se punit d'un marquage à l'épaule prévu par un article du Code noir. Une flétrissure indélébile qui sanctionne la volonté impardonnable d'échapper à un propriétaire de droit et a fortiori à la logique de la servitude dans laquelle entre le Noir sitôt vendu.*

Après des jours d'exposition et d'enchères publiques, le marché aux esclaves s'achève à la satisfaction du capitaine et des planteurs. Les matelots quittent le pont déserté pour nettoyer les cales réaménagées en soutes à denrées tropicales. Sur ses livres de comptes, le secrétaire du navire enregistre les résultats de la vente, soustrait les parts des officiers et des différents partenaires de l'expédition. Entre billets à ordre et paiement comptant s'inscrit la sordide comptabilité des échanges qui permettra aux armateurs de La Rochelle ou de Nantes de calculer les bénéfices de la campagne négrière. Les registres claquent, tout est en ordre, les nouveaux esclaves rejoignent les plantations pour servir la prospérité coloniale.

À vendre
cause départ

AVIS

Le commissaire-priseur vendra, pour cause de départ, le jeudi 23 avril courant, à midi, des meubles meublants, deux billards, de l'argenterie, divers autres objets, ainsi que l'esclave Theonie, avec ses deux enfants Joseph et George.
Courrier de la Martinique, le 15 avril 1846.

À VENDRE

Une servante, couleur rouge, âgée de vingt ans ; bon sujet. Elle sait blanchir, repasser, coudre. S'adresser au soussigné.
Étignard fils,
Journal de la Pointe-à-Pitre, le 14 janvier 1846.

VENTE PAR AUTORITÉ DE JUSTICE

Au nom du roi, la loi et justice ont fait savoir que le dimanche 15 du courant, à l'heure de midi, sur la place du marché du Mouillage, il sera procédé à la vente de l'esclave Marie-Sainte, dite Négresse, négresse âgée de quatorze ans. « Saisie exécutée à la requête de M. le trésorier de la colonie.
Courrier de la Martinique, 2 septembre 1846.

SUCCESSION VACANTE

On fait savoir à tous ceux qu'il appartiendra, qu'en vertu de la délibération du conseil de famille des mineurs Marçay de Rochebrune, tenue devant M. le juge de paix du Moule, le 13 novembre dernier, il sera, le samedi 21 février 1846, procédé, sur l'habitation Rochebrune, dite la Mahaudière, sise dans la commune du Moule, à la vente aux criées et enchères publiques, par lots ou séparément, de cinquante esclaves des deux sexes et de divers âges, dépendant de la succession du sieur Marçay de Rochebrune.

Journal de la Pointe-à-Pitre, 30 janvier 1846.

Avis

Le samedi 12 du courant, à midi, le commissaire-priseur vendra, en son magasin, divers meubles meublants, tels que : tables, console, pliants, guéridons, sofas, pendules, chaises, glaces, lits, une boîte d'argenterie, bijoux, porcelaine, etc., et les esclaves Guillaume, mulâtre, âgé de soixante ans ; Célanie, mulâtresse, âgée de vingt-quatre ans, avec son enfant, Aurelia, âgée de quatre ans. Le tout provenant de la faillite du sieur Occuly Fouché.

Journal officiel de la Martinique, 6 septembre 1846.

Vente après décès

Par autorisation de M. le juge royal du tribunal de première instance de Saint-Pierre, le commissaire-priseur vendra le samedi 17 du courant, à midi, en son magasin, des Meubles, Effets, Linge, l'esclave Christine, négresse, âgée de trente-huit ans, et un cheval sous poil noir, âgé d'environ huit ans, le tout provenant de la succession bénéficiaire du feu sieur Paul-Jacques Lalanne.

Journal officiel de la Martinique, 6 septembre 1846.

Au nom de la loi et de la justice

On fait savoir que, le dimanche 26 janvier prochain, il sera vendu sur la place publique du bourg du Trou-au-Chat, à l'issue de la messe paroissiale :
Deux esclaves, Célestine, dix-sept ans, et Marie-Louise, vingt-six ans, toutes deux journalières, provenant de saisie-exécution.

Journal officiel de la Martinique, 15 janvier 1846.

Vente judiciaire

Dimanche 25 janvier courant, à onze heures, sur la place publique du bourg de Port-Louis, il sera procédé à la vente, au comptant, au plus offrant et dernier enchérisseur, de : 1) Une négresse, nommée Clara, âgée de vingt-quatre ans ; 2) Un cheval, sous poil roux foncé, âgé de dix ans ; 3) Divers meubles et effets mobiliers. Provenant de saisie-exécution.

L'Avenir de la Pointe-à-Pitre, 17 janvier 1846.

Le marché
Clarisse

Ils ont fouillé dans tous les trous de mon corps, jusque dans le fondement !
M'ont récurée bien propre.
Faut faire envie et pas pitié. Et redressez-vous ! Faut que les chalands voient avec
leurs deux yeux que vous êtes des nègres vaillants et bien portants.
Faut avoir l'air sain et gai ! Et faites pas vos mauvaises mines !

Approchez ! Eh ! c'est de la qualité ! On n'en fait plus des comme ça de nos jours !
Vous en aurez de l'usage, c'est moi qui vous le dis ! Cette négresse-là, oh ! elle peut
faire jusqu'à quinze négrillons ! Pour le prix c'est donné !
Belle pièce, hein ! Et des dents saines. Tâtez-moi cette chair ferme et ces jarrets !
Ouvrez la gueule, comptez les dents ! Pas un chicot, j'vous dis !

Les gens me tournaient alentour et le maquignon faisait l'article.
Ils ouvraient ma bouche, écartaient mes lèvres et comptaient mes dents.
Ils pinçaient ma chair.
Ils prenaient mes seins dans leurs mains et les soupesaient.
Ils me sentaient comme pour voir si j'étais pas rien qu'une viande avariée.
Ils se baissaient pour regarder jusque dans mon fondement.
Ils me tournaient autour.
Allez-y, vous pouvez toucher ! Approchez ! Approchez ! Vous verrez pas des pièces
de cette qualité sur le marché de Basse-Terre !

Ils me regardaient.
Ils me tournaient autour.
Et dans leurs yeux, je n'étais qu'une bête sans âme ni sentiment. Dans leurs yeux,
ils me voyaient servir leurs cannes. Ils me voyaient sans me voir, m'imaginant déjà
en d'autres lieux, à la tâche dans leurs champs de cannes.
Ils jaugeaient mes bras et mes jambes.
Ils mesuraient mes hanches et comptaient leurs sous en même temps que les
négrillons qui sortiraient de mon ventre.

Et vous aurez peu de frais, jurait le maquignon. Ceux-là mangent pas gras, ils se contentent de ce qu'on leur donne, un rien du tout. Et doux! pas rebelles Je suis réputé pour ça! Je sais reconnaître les rebelles, ceux qui causent des ennuis, je les sens à des lieues…

Et redressez-vous, bande de nègres! On vous a pas tirés de si loin pour que vous soyez invendus. Faut faire envie et pas pitié! Sinon pas un de ces messieurs voudra vous acheter et vous resterez sans maître! C'est ça que vous voulez? Rester sans un bon maître qui prendra soin de vous!
Allez, redressez-vous!
Plus vite vous serez vendus, plus vite vous serez tranquilles!

On va revenir! On fait le tour du marché!

Eh! ne vous laissez pas abuser par les autres maquignons. Moi, je fais que de la qualité! Quinze négrillons qui sortiront de cette négresse qui vous faisait envie! Quinze! pas un de moins!

J'ai été vendue à un M. de C. qui avait une grande plantation et une sucrerie réputée dans le nord du pays.
Après deux ans, il m'a revendue à un M. de G. qui m'a placée à l'atelier. Quand il est mort, ses héritiers m'ont revendue avec mes enfants à un M. de J. qui m'a remise à couper et amarrer des cannes.
J'ai porté huit enfants. Trois sont morts avant l'âge d'un an. Les autres ont été vendus je sais plus de quel côté.

REVENDEUSE
Sherry

« Tout le monde le sait maintenant, la valeur commune d'un nègre adulte dans la force de l'âge varie de 700 à 1 000 francs, jamais au-delà. C'est le prix adopté pour base dans les décisions des tribunaux aux Antilles. Que penser donc des commissaires de la Martinique, qui font violemment monter leur moyenne à 1 163 francs pour les esclaves de tout âge, depuis la mamelle jusqu'à la dernière vieillesse ? Nous défions le ministère de soutenir que ce chiffre n'est pas exorbitant, et que ceux qui l'ont fixé, MM. Morel, Delorme et Aubert-Armand, n'ont pas manqué à tous les devoirs d'intègres et loyaux arbitres. »

VICTOR SCHOELCHER,
Histoire de l'esclavage pendant les deux dernières années.

J e suis née à la Dominique en 1962. Je suis arrivée en Guadeloupe où j'avais des amis en 1983. J'avais tout juste vingt-deux ans. J'étais venue pour m'occuper d'une vieille femme folle qui avait personne qui pouvait dormir avec elle. À la Dominique je trouvais pas de travail. C'était difficile, la vie là-bas. Mon petit Larry avait presque deux ans et fallait lui donner de quoi. J'étais partie pour trois mois avec mon visa et je suis restée neuf mois. Tu tombes vite dans l'illégalité. J'ai plus voulu quitter le pays-Guadeloupe. *So*, j'ai commencé à travailler dans les *poyo*. Mais il a bien fallu retourner à la Dominique. Refaire le visa de trois mois. J'ai attendu près de dix mois avant que le consul me le donne. De mars à décembre. En février, j'ai regagné la Guadeloupe avec Larry. J'étais décidée à travailler dur sur la plantation de bananes pour ramener des sous chez moi à la Dominique. Mais j'ai rencontré Dereck qu'était un Dominiquais comme moi. Ça s'est fait comme ça, c'est la vie, non !

Dereck travaillait sur la même plantation. Il halait la misère et vivait en clandestinité depuis quelque temps. Je suis tombée enceinte pour lui.

J'ai accouché à l'hôpital communal à la fin de l'année 1986. À la mairie, on m'a donné un bon pour pas avoir à payer les frais. *You know*, avec Dereck on n'avait guère d'argent. Le planteur qui nous embauchait nous payait pas de la même mesure que les gens de Guadeloupe. Il savait qu'on était pas *legal*, Alors, il en profitait. On mangeait beaucoup de *poyo* avec de l'huile et des fois un morceau de morue maigre. La bouche des enfants sentait le suri à force de manger que des *poyo*. Fallait payer un loyer pour une case tellement laide et qui pissait la pluie. Avec pas de cabinet de toilette. On se retrouvait à quatre avec ma petite Wendy. Dereck cherchait toujours à faire rentrer l'argent. Il faisait fumer du

NOTRE DAME DES LARMES P.P.N.

ICI
LA VIERGE MARIE EST APPARUE
TOUS CEUX QUI VIENDRONT ICI AVEC
BEAUCOUP DE FOI ET DE CONFIANCE
SANS CURIOSITE RECEVRONT DE GRAN-
DES GRACES ET ICI IL Y AURA BEAUCOUP
DE MIRACLES   N D DES LARMES
9 MAI   ET   3 JUIN 1977

cochon, il allait tondre le gazon autour des villas, ou bien il coupait les branches des vieux arbres juste avant la saison des cyclones.

On tenait comme on pouvait, *you know*...

À la fin de l'année, j'ai dû retourner à la Dominique parce que mon père était mourant. *So*, Dereck et moi ça marchait pas bien tous les jours. Dereck des fois, il entrait dans des colères, je savais pas pourquoi. Alors, ma sœur m'a dit qu'il y avait une bonne place qui m'attendait à Aruba. J'étais prête à faire le voyage. Malchance, au dernier moment, on m'a fait savoir que la place était déjà prise. Alors, j'ai tenté de retourner en pays-Guadeloupe. Mais, j'avais une mauvaise lune, j'arrivais pas à décrocher un visa. J'avais comme les deux pieds pris dans la terre de la Dominique. Comme si on m'avait posée là pour plus en bouger. Je suis restée *all* 87 et dix mois *more* à la Dominique, à monter chaque jour les marches du consulat et demander à voir le consul honoraire de France pour qu'il me laisse partir.

Pendant tout ce temps, j'avais pas le sou. Je vivais à la merci des gens. J'ai beaucoup fait rôtir du maïs au bord des routes. J'ai rencontré un bougre que j'avais connu autrefois. J'ai été avec lui, je sais pas bien pourquoi. Je perdais l'espérance un peu chaque jour. Et je croyais plus qu'on me laisserait poser mes pieds en pays-Guadeloupe.

J'avais pas pris mes précautions et j'ai compris que j'étais enceinte quand j'ai plus vu mon sang. Et puis, un jour, j'ai reçu la convocation pour me dire de venir retirer mon visa. Mon ventre était déjà bien rond. J'ai balancé un peu entre deux idées. Rester à la Dominique avec mon ventre qui portait pas l'enfant de Dereck, que j'avais pas revu depuis presque deux ans. Ou repartir pour Guadeloupe sans savoir ce qui m'attendait.

Dereck m'espérait au bateau. Dereck, *God!*, il était maigre et son visage creux. Le pantalon qui flottait sur son derrière faisait des plis à la ceinture. J'ai eu de la peine en le voyant. J'avais un enfant à chaque main, mon ventre qui pointait devant moi et plein de cartons malement amarrés à mes pieds. Il m'a regardée de bas en haut, Dereck. Il a froncé les sourcils et des rides de vieillard sont venues s'ajouter à toutes celles qu'il avait déjà. En un seul regard, il avait compris. Il n'a pas dit un mot. Il s'est juste retourné. Et puis il est parti. J'ai tenu ferme la main de Wendy qui voulait courir après lui. J'entendais sa petite voix qui disait : *Daddy! Daddy!*

Le peu d'argent que j'avais ramené est passé dans le prix du taxi qui nous a déposés devant notre vieille case, encore plus moche que dans mon souvenir. J'ai appelé : «Dereck! Dereck! nous voici!» Et Wendy criait *Daddy! Daddy!* Dereck, il s'est avancé sur le pas de la porte et il m'a injuriée tant qu'il a pu. Y avait tellement de colère dans son regard. Le chauffeur du taxi comprenait rien.

Il a demandé : « Je vous emmène quelque part, madame ? » J'avais si honte. J'ai répondu : « Oui, j'ai une autre case, pas loin. » Et je l'ai fait nous déposer près d'une vieille case abandonnée devant laquelle je passais autrefois.

On a dormi un mois sous la véranda de la case. Avec la pluie et le vent qui nous réveillaient la nuit. Avec les cris de Wendy dans ses cauchemars. Les gens qui nous voyaient là disaient que c'était pas Dieu possible que des choses comme ça existent encore en Guadeloupe : une manman enceinte et ses deux enfants en train de dormir sur une toile à sac.

Des personnes ont pris pitié de moi et de mes deux enfants. Ils m'ont donné à dormir dans un garage qui n'avait pas de porte. Et des femmes m'amenaient à manger. Après un temps, on m'a prêté un réchaud et j'ai pu faire cuire des fruits à pain et des bananes vertes pour la faim de mes enfants. Des gens que je connaissais autrefois m'apportaient aussi du lait et des morceaux de viande.

J'osais pas aborder la case de Dereck. Je l'ai pas vu pendant tout ce temps. Un jour, un bougre de Guadeloupe m'a dit de venir habiter avec lui. J'ai dit que je pouvais pas. J'avais mes enfants. Il m'a promis de s'occuper de moi et de mes enfants, de mettre à manger chaque jour dans la maison si je restais avec lui. Je lui ai dit qu'il me fallait une case à moi et de m'apporter la clé. Le jour où je verrais la clé de ma case, je resterais avec lui.

Il m'a donné la clé trois jours après. Je lui ai fait grâce d'un peu mon corps pour cette clé. C'était pas une case, *you know*, mais j'avais pas de grandes prétentions. Je voulais juste un toit pour mes enfants. Dans la case, y avait deux chaises, un matelas, une cuisinière à trois feux et une corde pour suspendre le linge. On a passé le cyclone Hugo dans cette case, grâce à Dieu !

Mon fils Jerry est né en janvier de l'année 1990 à l'hôpital. J'ai retiré un bon à la mairie comme pour Wendy. J'étais plus en règle. Les assistantes sociales sont venues me voir. Elles ont crié quand elles ont vu notre situation. « Madame, non ! c'est comme ça que vous vivez ? » J'ai dit que ça nous allait puisqu'on pouvait pas faire différemment. Elles ont apporté un berceau pour Jerry et du lait, des couches aussi.

J'avais rencontré une vieille Française-Guadeloupe à l'hôpital. Émilie, elle m'avait prise en amitié. Elle me donnait beaucoup de linge pour les enfants. Des soutiens-gorge, des culottes et des chemises de nuit pour moi. Je savais pas comment la remercier. J'avais tellement de reconnaissance que je passais beaucoup de temps chez elle, à faire le ménage et la cuisine. Alors Dereck est venu de nouveau tourner autour de nous. Il me faisait dire par des gens qu'il voulait voir sa fille.

Je suis retournée avec lui, mais on n'a jamais parlé de Jerry... Jerry, il existe pas pour Dereck. Après ça, j'ai dû aller encore à la Dominique. J'attendais ma deuxième fille Pretty. Je suis restée un an à Dominique, sans pouvoir rentrer en Guadeloupe auprès de Dereck. Lui, il venait de temps en temps. Il montait dans des canots de clandestins, avec des dealers, des assassins, et même une fois, y avait un évadé de la geôle qui lui a mis un couteau sous la gorge pour cent francs. Dereck, il risquait sa vie chaque fois qu'il venait. Toute cette année où j'ai attendu Pretty, je me suis tenue debout au bord de la route à faire rôtir du maïs pour tenir une petite monnaie et donner à manger à Larry, Jerry et Wendy que j'avais avec moi.

J'ai accouché en Guadeloupe, mais Pretty n'a pas vécu. Elle avait le foie cuit, m'a dit le docteur. Cuit! parce que j'avais tenu mon ventre tout le temps devant le fût brûlant. Tout le temps à faire rôtir le maïs… Elle a vécu un mois, Pretty. Un mois de souffrance…

So, j'ai passé un temps à plus avoir du goût à rien. Je voulais être comme tout le monde, pas être obligée de me cacher tout le temps, plus avoir à trembler en entendant un bruit dans la cour. Assez de pas savoir si Dereck allait rentrer. Si on l'avait pas dénoncé. Assez de le voir monter et descendre entre Guadeloupe et Dominique dans les canots des clandestins. Alors, j'ai dit à Dereck qu'on devait trouver un moyen pour sortir de cette situation. J'avais déjà parlé à une Dominiquaise qui avait fait reconnaître son enfant par un Français-Guadeloupe. Elle lui avait donné une somme d'argent pour ça… J'ai fait la même chose, j'ai acheté un père français à mon Jerry. On est passés au tribunal et tout… C'est grâce à mon Jerry que j'ai maintenant ma carte de résident. J'ai acheté dix ans de tranquillité en donnant un nom français à mon Jerry… Dereck, il a rien dit. Il est bien content parce qu'on touche les allocations. Mes autres enfants, ils ont besoin d'une carte de circulation pour aller à la Dominique. Mais Jerry, il est français…

Je vais passer mon permis de conduire. J'en ai besoin pour mes projets. Je veux devenir revendeuse. Acheter des fruits et des légumes à la Dominique et les revendre sur les marchés de Guadeloupe. C'est mon rêve, *you know*…

L'univers
de la plantation

D ANS LA DERNIÈRE MOITIÉ DU XVIIe SIÈCLE, *le complexe de l'habitation sucrerie tend à dominer le monde colonial antillais. Victimes des aléas climatiques ou de concurrences commerciales, le tabac décline, l'indigo et le coton se marginalisent. Seuls le cacao et surtout le café tentent de résister à l'impérialisme de la canne à sucre. Les surfaces péniblement défrichées par des engagés soumis à une condition quasi servile au début de la colonisation se restructurent en grandes plantations esclavagistes à la mesure toutefois de la dimension des îles de l'archipel. Une reproduction en miniature du modèle des Amériques sans rapport de proportion avec les immenses propriétés du Mississippi où prospère une aristocratie de planteurs sur des centaines d'hectares de coton. Mais, à l'écart de ce schéma cultural qui se généralise avec l'expansion du commerce triangulaire, de petits habitants subsistent dans la précarité. Lourdement endettés et toujours à la merci d'une mauvaise campagne ou d'un cyclone, ils se contentent d'une main-d'œuvre réduite d'autant plus accablée par le travail et le cumul des tâches. Ainsi, en fonction de la situation matérielle de leurs propriétaires, de leur poids dans l'économie sucrière, les conditions des esclaves sont-elles très diverses d'une habitation à l'autre. Si la servitude constitue un dénominateur commun, bien des différences séparent la rusticité des exploitations de Marie-Galante des riches demeures de la Martinique et déterminent la vie quotidienne des Noirs. Les ruptures de l'Histoire influencent aussi l'application du dispositif servile, notamment pendant la période révolutionnaire où les premiers mirages de la liberté et l'abandon provisoire des moulins par les planteurs guadeloupéens déréglent les données coloniales. D'autres facteurs, comme l'abolition de la traite qui met un terme à la consommation illimitée d'Africains et impose un frein obligé à la violence des commandeurs, empêchent de totaliser la situation de l'esclave dans un espace uniforme et une permanence temporelle. À cette variété de statuts liée à la géographie et à l'Histoire s'ajoutent des paramètres psychologiques ou la personnalité du maître, son degré de proximité avec les cases à nègres, apporte aussi des nuances dans l'exercice et les rapports d'autorité. De même, la réponse de l'esclave, sa résistance ou sa résignation au système, induit de grandes disparités dans les rôles qui lui sont confiés. Certains sont nés sur les plantations et n'ont jamais connu la liberté, d'autres se réfèrent toujours au pays perdu. Certains pratiquent l'insoumission et le marronnage systématiques, d'autres vivent dans l'ombre des Blancs dont ils rallient en apparence les intérêts pour toucher les dividendes d'une meilleure condition. Dans un mécanisme pyramidal de pouvoir qui sait diviser pour mieux régner et rétribuer la bonne volonté par des avantages infimes, les bénéficiaires de régimes privilégiés peuvent s'avérer d'excellents chiens de garde... Quand les maîtres seront lassés de la brutalité des anciens engagés blancs toujours frustrés de cette infériorité économique qui les condamne à se mêler aux nègres, des commandeurs noirs assureront aussi la discipline et le travail dans les pièces de cannes. C'est, dans les rouages complexes de cette société où l'arbitraire général de la servitude se conjugue à des inégalités particulières que vont se fondre les nouveaux arrivés... Pour contrer les risques de mortalité liés au changement brutal de mode de vie, de nourriture, de climat, les «bossales» subissent d'abord, quand les revenus de la plantation le permettent, une période d'acclimatation. Les enjeux qu'ils représentent à terme inspirent ces précautions transitoires grâce auxquelles les individus se façonnent selon les normes de l'univers colonial. D'autres apprentissages aux différents niveaux du service des maîtres, de la culture des plantes ou de la production du sucre ou du café vont parfaire leur adaptation. De leur capacité d'intégration comme de leurs performances dépendront leur place dans la hiérarchie de l'habitation.*

Dans la vision radicale de l'esclavage, les Noirs forment un peuple d'ombres indistinctes soumises à l'exploitation des Blancs, mais bien des distances séparent les nombreux acteurs de la plantation. Il y a loin du nègre de houe au commandeur, des esclaves de la grand-case à ceux de l'atelier, des bêtes de charge aux nègres à talents. Dans une idéologie coloriste où l'inégalité de l'ordre social se légitime par référence à la supériorité d'une race, à l'autorité naturelle et innée du Blanc sur le Noir, la couleur de peau des mulâtres instaurera aussi de nouvelles divisions... Mais, entre les sexes surtout, des clivages partagent les situations masculine et féminine et délimitent, sans confusion possible, des espaces et des rôles. Servantes, ouvrières et mères, les femmes sont à la fois au cœur de la permanence du système esclavagiste et de sa reproduction. Une double fonction économique et sexuelle les engage d'une manière singulière aux côtés des planteurs. Face à l'homme noir infériorisé et dévalorisé dans son autorité et sa virilité, elles occupent aussi une place essentielle au centre de la famille et de la communauté esclave où elles entretiennent le souvenir de la culture africaine et la conscience de la liberté. Pourtant, à l'exception de furtives apparitions en compagnes anonymes de Solitude dans l'histoire ou en « reine sans nom » de la littérature, elles restent dans l'ombre du mémorial antillais, comme absorbées par le drame collectif de l'esclavage. Mais les réponses foisonnantes et turbulentes que les femmes ont su trouver pour se constituer des identités, même provisoires et incertaines, et s'approprier le réel méritent qu'on lève aussi le voile sur les servantes de la grand-case ou les ouvrières des moulins. Malgré les contraintes et les punitions elles refusent d'abdiquer, quitte à assimiler certains modèles européens pour mieux imposer les leurs à la société coloniale. Malgré les sévices et les châtiments qui punissent les révoltes et le marronnage, elles affirment l'irrépressible désir de fuir la violence de l'aliénation raciale, la fatalité irrévocable de la servitude… Une volonté de rester debout en dépit de tous les tourments, prêtes à transformer le mauvais passé en liberté positive au lendemain de l'abolition de l'esclavage. Une manière de s'inscrire dans la communauté créole dont se revendiquent les Antillaises d'aujourd'hui.

LES ESCLAVES DE HOUE

La très grande majorité des femmes appartient à la dernière classe des esclaves, celle des esclaves de terre, des bêtes de somme qui garantissent l'approvisionnement des moulins. Comme tous les travailleurs non qualifiés de l'habitation, les femmes assignées aux travaux agricoles exécutent, selon leur force et leur endurance, les tâches les plus ingrates et les plus pénibles. Dans le complexe de l'habitation sucrerie dont le sort dépend de l'abondance des cannes et de la qualité des sucres, la main-d'œuvre constitue la charpente du système et se recrute au fur et à mesure du développement des grandes plantations dans la population féminine. Confinées au seul horizon des pièces de canne, les négresses d'atelier subissent la loi du commandeur sans jamais partager les traitements privilégiés des ouvriers spécialisés : une meilleure nourriture et une certaine liberté de mouvement. Dans les divers espaces d'une entité autonome vouée à l'exploitation agricole et à la production industrielle, une variété d'emplois hétéroclites et mobiles dictent leurs modes de vie singuliers et leurs régimes particuliers de discipline sans jamais les concéder aux femmes. Cette discrimination sexuelle du travail enferme les Noires dans le maniement de la houe et parie sur la seule capacité masculine à maîtriser les outils technologiques.

Au-delà des divisions qu'elle entraîne au profit de l'institution esclavagiste, cette inégalité marquera longtemps la culture antillaise de l'empreinte de cette subordination féminine. À l'exception des travaux de force comme l'abattage des arbres, les femmes esclaves de jardin exécutent, de la préparation du sol à la récolte, tous les gestes exigés par la culture de la canne. Du Carême à l'hivernage, sous la morsure du soleil ou sous la violence des ondes tropicales, elles sarclent courbées sur la terre ou avancent de front dans les cannaies pendant la roulaison. Dans le grand atelier, les plus robustes accomplissent sous la menace permanente du fouet du commandeur toutes les étapes imposées par le cycle de la plante : fouiller le sol, le bêcher, planter la canne, la couper... D'autres tâches inférieures comme le ramassage des herbes pour le bétail, l'épaillage ou le sarclage occupent les femmes du second atelier provisoirement affaiblies par la maladie ou la maternité. Ainsi, toutes les forces laborieuses féminines sont-elles mobilisées aux champs Mais les dispositions théoriques, comme la répartition des tâches selon les capacités physiques, cèdent souvent devant la réalité des exigences culturales et l'imprévoyance des colons. Dans la logique de l'exploitation maximale des bras valides, le principe de rentabilité justifie tous les excès, et les retards dans la plantation ou la récolte se soldent toujours par un accroissement des charges.

Rares sont les moments d'accalmie et les normes du travail se fondent plutôt sur les exceptions particulières mais régulièrement répétées de la surcharge et de l'intensification. Toujours à court de main-d'œuvre à cause d'imprévisibles épidémies et d'une mortalité endémique dans les cases à nègres, les géreurs compensent la pénurie permanente d'ouvrières par un surmenage systématique. Toujours désarmés devant les drames de la sécheresse ou des cyclones, ils perpétuent d'un bout de l'année à l'autre les lois d'une éternelle fatigue, ce harassement généralisé constitutif de la condition servile. Pendant la campagne, le temps de l'infernale roulaison, les cadences augmentent encore pour atteindre la limite de la résistance humaine. Soumises comme les hommes aux veillées imposées par les colons au moment de la coupe, les femmes des ateliers rejoignent alors la sucrerie et accomplissent aussi des quarts de nuit épuisants. Beaucoup payent par de graves infirmités l'alimentation des moulins, et la moindre baisse de vigilance dans cette tâche mécanique et dangereuse coûte une main ou un bras. La récupération des bagasses, le nettoyage des cuves ou le balayage de la sucrerie, toutes les corvées liées à la fabrication du sucre condamnent aussi les femmes aux emplois les plus humbles. Si les activités sont sujettes à de sensibles variations dans l'espace réduit des jardins à vivres, des champs ou des moulins, si les rythmes se modulent en fonction du calendrier, la pénibilité figure bien comme une constante commune au travail féminin sur les plantations. Avec des nuances dans les gestes et les pratiques, le dispositif des caféières procède des mêmes divisions entre les sexes et, dans tous les cas de figure selon la taille et la vocation des habitations, les esclaves de houe incarnent toujours cette cohorte d'ombres exténuées qui laissent sur la terre coloniale l'empreinte de leurs pieds nus. Aucun répit dans l'ordinaire

*des jours bornés de l'aube au crépuscule par ces champs de cannes où s'écrit l'histoire
d'un peuple…*

*L'organisation de la journée dépend autant des urgences spécifiques aux cultures
tropicales que des volontés du colon mais, sur chaque plantation dès le lever du soleil,
les femmes transformées en bêtes de charge reprennent leur collier de servitude et
réendossent leurs haillons de grosse toile. Le claquement du fouet ou la cloche annon-
cent chaque matin la répétition des mêmes misères, le retour mécanique des mêmes
gestes. Après l'appel et la prière, la colonne de forçats se met en marche dans les sentes
détrempées ou sur les chemins brûlants. Dix heures à rouvrir les mêmes passages entre
les amarres coupantes pour travailler les bandes à mains nues, dix heures à essuyer
la sueur qui ruisselle, dix heures à refaire, courbées sous les rangs de cannes, les mêmes
mouvements… Dans la fournaise de midi, une pause suspend enfin les menaces et les
imprécations du commandeur. Après la reprise, rien n'arrête plus l'ordre et la discipline, jusqu'à la tombée de la nuit. Par tous les temps, même au plus fort des intem-
péries, les esclaves continuent d'avancer entre les plants et de se déployer en ligne sur
la terre ravinée simplement couvertes de sacs vite imbibés de pluie. Quand le ciel enfin
s'obscurcit, elles rejoignent à bout de forces leurs cases pour cuisiner le repas du soir.
Entre les produits aléatoires du «jardin case» cultivé pendant les rares jours chômés
et les distributions de rations toujours insuffisantes, les femmes accommodent plus
souvent l'igname et le manioc que la viande salée. La ladrerie des colons, la fréquence
des disettes après les sécheresses et les ouragans font de la nourriture une obsession
constante. Avec cette faim jamais assouvie, l'on comprend la force de persuasion de
la moindre promesse d'un morceau de morue supplémentaire… Malgré les dispositions du Code noir qui engagent les maîtres à assurer l'entretien de leurs esclaves,
beaucoup se déchargent de cette obligation au prétexte qu'ils leur accordent un lopin
de terre à cultiver. Une mesure qui, sous couvert de concéder une autonomie familiale, désengage leur responsabilité et devient perverse quand le samedi réservé au
«jardin-nègre» est supprimé à cause de travaux de culture urgents ou pour des
raisons disciplinaires. Éternelle angoisse des mères, cette question de l'alimentation
les incitera à utiliser les ressources de la nature antillaise pour remplir les calebasses
et les canaris. Ce sont aussi les femmes qui plantent et sarclent derrière la case toutes
sortes de racines pour assurer la survie de la famille. Le désordre apparent du jardin
créole encore de tradition aux Antilles, la mosaïque confuse des carrés vivriers, n'est
pas sans rappeler l'imbrication initiale des cases dans les savanes au début de la
colonisation avant que les colons n'imposent des alignements plus rationnels.
Aménagés sous le vent de la maison du maître, de longs baraquements tirés au*

cordeau remplacent progressivement la disposition anarchique des cases pour répondre à une vocation dortoir plus favorable au travail et à la surveillance. Reste que malgré la promiscuité et l'exiguïté, ces logements rudimentaires représentent un interstice de liberté sans jamais constituer un véritable foyer. Le concubinage et les unions provisoires caractérisent souvent la vie sexuelle des Noirs et les campagnes des religieux pour le mariage catholique comme leurs objurgations contre la dépravation des mœurs eurent des effets limités sur la communauté esclave. Les maîtres ne rallièrent pas toujours, par intérêt ou par négligence, les premières politiques de moralisation en faveur du couple chrétien. Tout en légiférant sur l'obligation de consentement du maître dans les mariages esclaves, le Code noir ne manifeste pas d'incitation particulière à ce sacrement. En revanche, sur la question des naissances, les dispositions légales effacent l'existence du géniteur et prennent acte du seul statut de la mère pour déterminer celui de l'enfant. Comme elle, il appartiendra au même maître si elle est esclave, comme elle, il bénéficiera de la liberté si elle est affranchie. En évacuant la présence du père, les articles du Code lestent la société antillaise d'un lourd héritage et cloisonnent durablement les responsabilités familiales. Les mères occuperont la place laissée vacante par l'ordre colonial au risque d'admettre, voire de reproduire, le schéma figé de l'absence du père… Maîtresses de la vie domestique, c'est dans leurs cases sombres et enfumées qu'elles tentent, malgré leur fatigue et leur dénuement, d'éduquer leurs enfants et de perpétuer le souvenir des traditions africaines contre toutes les négations du monde esclavagiste et la concurrence forcée des valeurs occidentales. À la fin du XVIIIe siècle, sur les grandes habitations, un dispositif de gardiennage confiera aux vieilles esclaves la surveillance et l'entretien des négrillons à proximité de la maison du maître. Une manière de leur faire intégrer dès le sevrage la fatalité de la condition servile et de leur apprendre l'obéissance… Mais, dans l'obscurité des cases, la parole de la mère continuera à déterminer le rapport à la vie et à servir de référence…

Une légende commode pour justifier la défaite des hommes, leur démission au cœur de la famille et expliciter du même coup le modèle antillais de la femme « poteau mitan », voudrait que les Noires aient bénéficié d'un statut privilégié au sein de l'institution coloniale. Mais, à l'exception de la porte étroite du service domestique, tous les postes qualifiés qui permettent d'accéder à une promotion sont soigneusement verrouillés par un système qui offre davantage d'échappées aux hommes. Les maîtres leur concèdent, dans l'intérêt de la plantation, un certain pouvoir dont le rôle central de commandeur pourrait être l'emblème. Cette délégation mesurée d'autorité assurera la pérennité de la civilisation esclavagiste par la mise en place d'un réseau de collaboration où les privilèges personnels, la fierté d'assumer des responsabilités au moulin et au jardin représentent des enjeux séduisants. Mais les prises de conscience individuelles ou collectives que traduisent le marronnage ou les révoltes viendront sans cesse contrecarrer les intentions de ce dispositif et réaffirmer la volonté de liberté. Solidaires de cette revendication essentielle, les femmes ont aussi apporté des réponses particulières à l'entreprise d'aliénation, qui fondèrent probablement cette typologie antillaise de la «femme debout». Dans les urgences de la vie et l'obligation de parer aux exigences familiales, les anciennes esclaves ont plus souvent refusé de se référer au statut de victimes et renoncé à la tentation de s'en prendre au passé pour esquiver la responsabilité du présent. Une façon de retrouver la dignité par le refus d'une fatalité extérieure et impersonnelle, une façon d'assumer la réalité de sa propre existence et de composer avec le legs de l'esclavage, si lourd soit-il. Et, en matière d'humiliations, de châtiments et de sévices, rien ne leur aura été épargné.

La maudition des cannes
Marie-Tyrane

« *Je connus des amours semblables
avec des hommes différents.
Toujours avec le même compte de
plaisirs et de larmes, de brûlures
et de mystères… illusion toujours
neuve… L'amour habille la vie,
colore la survie, dissipe les crasses
accumulées. L'amour c'est cœur
accéléré, coups de boutou à l'âme.
Avec lui je roulai dans des dalots
profonds disposés en moi-même,
sirotai du vinaigre bien amer, suçai
de long piment. Avec lui, je connus
la souffrance du ventre mort, ce
désir de négrille qui fait comme
champignon sur un débris d'ovaires.
Je sus les abandons, je fis souffrir
des gens, on me fit souffrir tout,
je me trompai souvent et pris un
saut de chair pour du sentiment.* »

Patrick Chamoiseau,
Texaco.

Je suis née à la Guadeloupe en 1812.
Moi, j'ai pas eu la grâce de connaître le
pays de ma mère. Quand elle se mettait
à me le raconter, je fermais mes oreilles.
Elle pleurait chaque fois qu'elle en parlait. Ça me désolait pour elle. Elle croyait
dur comme fer qu'un jour, le bateau qui
l'avait débarquée s'en viendrait la rechercher. Elle disait que si par malchance elle
avait le temps de voir la mort ici, à la
Guadeloupe, de toute façon, son âme
s'en retournerait d'où elle était venue.
La voir prier Dieu chaque jour d'allonger
sa vie pour retrouver le pays de ses
ancêtres me chavirait les sens. Je me
disais que j'étais un genre d'âme en
peine, égarée en ce monde. J'étais là, pas
à ma place et jalouse de cette autre terre
qu'elle portait dans son cœur. Elle a
gardé cette espérance inutile jusqu'à sa mort, alors même qu'elle voyait mourir des
nègres tous les jours dans les champs de cannes.

C'est à cause du Dieu des chrétiens qu'elle m'a appelée Marie. C'est mon nom :
Marie. Tyrane, je sais pas d'où ça vient.

Ma mère disait qu'il fallait donner sa confiance à ce Dieu-là qui régnait dans le ciel
et sur la terre. Elle était bien sûre que l'esclavage, c'était notre malédiction à nous
les nègres. On payait pour les nègres du temps d'avant Jésus-Christ. C'était écrit
dans la Bible. Nous, on savait ni lire ni écrire. Mais c'était écrit et on le croyait.

On nous disait que c'était normal qu'on soit réduits en esclavage. Y avait qu'à nous
regarder à côté des Blancs pour comprendre. Tellement noirs ! Tellement noirs par
rapport aux maîtres blancs ! Tellement pécheurs !

Ma mère a toujours été fière de moi. Même si j'étais esclave comme elle, j'avais pas
la peau aussi noire. La peau chappée. La peau sauvée, comme elle disait. Je crois
bien qu'elle me considérait rien que pour cette seule raison. Elle voyait cela comme

un miracle, une faveur du ciel, que je sois sortie de son ventre à elle, une pauvre négresse venue d'Afrique.

Ma mère, elle avait des incisions sur la figure.

Je connais pas mon père. Ma mère m'a jamais dit qui il était. C'était pas un nègre noir en tout cas. Peut-être un mulâtre, un chabin ou même un Blanc... Elle m'a jamais dit. Alors j'ai pas cherché à en savoir davantage. J'ai fait comme elle voulait, comme si j'étais née d'un seul corps. J'ai été son premier enfant. Après, j'ai eu des frères et sœurs, noirs comme elle.

Ma mère a toujours essayé de nous faire connaître les uns les autres. Y en a qui sont partis chez d'autres maîtres, sur d'autres plantations, mais elle a fait tout ce qui lui était possible pour qu'on n'oublie jamais qu'on était tous sortis du même ventre. Ça avait de l'importance pour elle. Les hommes qui l'avaient engrossée comptaient pas trop au fond. Ils étaient pareils aux vagues qui vont et viennent lécher le bord des plages. Ils s'accrochaient jamais. Ils passaient. Se retiraient. Déposaient leur semence. Ils mouraient. Étaient vendus par leurs maîtres. S'en allaient sans se retourner sur leur progéniture. Ils marronnaient. Disparaissaient.

Les hommes, ma mère les gardait ni dans son cœur, ni dans sa tête. Elle serrait pas les cuisses pour les retenir en elle.

Ma mère était petite et mince, avec des seins étirés et plats.

Nous étions douze à être sortis de son ventre. Trois étaient restés sans vie dans les champs de cannes. Trois qu'elle avait mis au monde toute seule et enterrés au bordage du champ de cannes. Elle disait qu'ils étaient des bienheureux parce qu'ils n'avaient pas eu le temps de connaître la misère de l'esclavage et l'infamie du fouet. Elle pleurait pas leurs âmes qui étaient retournées en Afrique.

Elle parlait parfois sa langue d'avant. Quand elle se causait à elle-même.

Ma mère n'a jamais pleuré pour entrer dans les champs de cannes. Elle disait que c'était larmes inutiles. Il fallait y aller chaque jour avec ou sans le fouet. Avec ou sans les chiens. Avec ou sans les fusils et les bâtons. Alors, elle amarrait ses reins. Et elle entrait dans les cannes.

Ma mère n'a jamais levé la main sur ses enfants. Je l'ai jamais vue en colère. Elle nous a jamais injuriés. Elle disait qu'il fallait laisser ça à ceux qui nous tenaient en esclavage. Elle voulait pas que ses gestes et ses paroles se mélangent ou s'apparentent aux leurs.

Elle me caressait souvent le visage.

Je l'ai aimée, ma mère.

BANANERAIES
Suzanne

« *Toi ma paysanne chapeau de paille incliné sur le rebord du songe.
L'âme ou sur les versants secrets des mornes.* »

Ernest Pépin,
Babil du songer.

J'ai eu mon premier enfant en 1976. J'avais quinze ans.

Tu te rends compte! Quinze ans!

J'ai honte rien qu'à le dire. Tu sais, je faisais pas grand-chose à l'école. Je voyais pas l'utilité. Maintenant – j'ai cinq enfants – je leur dis à tous de pas faire comme moi, surtout pas m'imiter. Des fois, mes filles se plaignent que je parle de trop. C'est vrai que je suis toujours après elles, mais c'est que ça me démange. J'ai peur qu'elles soient comme moi. Alors, je leur dis de pas penser rien qu'aux hommes. De pas écouter les voix qui leur racontent que l'amour c'est la seule bonne chose qui reste sur la terre et qui faut en abuser avant que d'être trop vieux. J'ai trois filles. Des fois, le soir dans ma couche, je prie pour qu'elles soient pas travaillées par ce qu'y a entre leurs cuisses.

Quand je pense à ma vie, j'ai beaucoup de regrets. Je sais que j'ai fait souffrir ma manman. Et je m'en veux. Je suis entrée en religion par rapport à mon passé. J'demande pardon tous les jours au bon Dieu pour tout ce que j'ai fait de pas bien. Je pense souvent à ma pauvre manman, à ce qu'elle a enduré.

Si c'était à refaire, si on pouvait décider de s'bâtir une autre vie, j'aurais pas pris les mêmes chemins. Mais quand tu commences, tu entres en drive et tu peux plus t'arrêter. Y a que Dieu qui peut mettre la main et te sauver.

À vingt-sept ans, j'avais déjà mes cinq enfants. Trois papas différents. C'est ce que je veux pas pour mes filles. Les garçons, ils se débrouillent, c'est pas la même chose..

Je m'appelle Suzanne. J'ai trente-sept ans. C'est pas vieux, hein! Et tout ce que j'ai déjà vécu!

Je travaille depuis 1980 sur une plantation de bananes à Capesterre-Belle-Eau. Moi, je vis pas des allocations de femmes seules, ni du RMI. Ça, c'est ma fierté. Tout ce que j'achète à mes enfants, ça vient de ma sueur, de mon travail dans la banane. Nous, on mange pas l'argent de l'État et je leur apprends que le travail est un bienfait. Le travail rend digne. On est pas dans la mendicité.

J'me réveille tous les jours à quatre heures du matin pour aller gagner ma journée sur la plantation. Ma maison, je l'ai faite toute seule, avec mon argent. Et même si elle n'est pas encore finie, on doit rien à personne. Et puis, y a les toilettes et une douche, un frigo, la télé et trois chambres. J'ai jamais attendu sur les papas de mes enfants. Je les vois plus que rarement et tout le monde s'en porte bien. Quand je les vois, je me demande toujours ce qui me poussait à aller vers eux. On se regarde le plus souvent comme des étrangers.

Je vais au temple tous les samedis. C'est de là que je tire ma force. J'crois plus en l'amour des hommes. Je crois seulement en l'amour de mon Dieu.

J'ai dit mon âge ? Trente-sept ans !

J'suis pas trop vieille, hein !

Tu dis que j'aurais pu tenter ma chance une dernière fois…

Non, j'crois plus en l'amour.

J'ai tout le temps été déçue. Ça rime à rien. Tu fais confiance, tu ouvres ton cœur et ton porte-monnaie. Tu écoutes les belles promesses. Et puis tu donnes ton corps pour faire un enfant de l'amour. Et puis, plus rien. Du jour au lendemain, on te traite comme du caca-chien. Tu pleures et tu te retrouves sans homme, avec un, deux, trois, quatre, cinq enfants. Et seule… Toujours seule au bout du compte. Ça te rend dure et amère pour ton restant de vie.

Non, j'pleure pas au fond. Maintenant, j'suis contente de ma vie. J'ai confiance en Dieu. Quand j'me sens trop seule, le soir dans ma couche, je dis mes prières et je pense que je suis mieux que toutes celles qui doivent supporter la méchanceté d'un homme, prendre des raclées, se faire injurier ou se donner de force… J'aime bien regarder la télé. Je m'endors toujours avec la télé allumée. Les hommes me font encore des propositions, faut pas croire. Ils savent que je suis seule. Alors, ils tentent leur chance. Pour pas regretter d'avoir laissé passer l'occasion… Ils ont toujours des belles paroles en bouche. Mais j'veux plus les croire. Ils m'en ont fait trop voir. J'pense plus qu'à une seule chose : l'avenir de mes enfants.

Je t'ai dit que j'ai trois filles… Élodie, ma première, a déjà vingt-deux ans. Quand les gens nous voient ensemble, ils nous prennent pour deux sœurs. Élodie fait ses études en France. Elle veut devenir psychologue. J'ai jamais bien compris à quoi ça menait ce métier, mais c'est son choix. La deuxième, Marianne, est coiffeuse à Pointe-à-Pitre, en apprentissage. Elle vient juste d'avoir ses dix-huit ans. C'est Marianne qui me ressemble le plus. À Pointe-à-Pitre, elle vit chez ma cousine Firmine. Au début, je voulais pas qu'elle aille là-bas. Quand j'ai vu qu'il n'y avait pas d'autres possibilités, j'ai laissé faire. Elle rentre à Capesterre tous les samedis. On va au temple ensemble. Sarah, ma dernière fille, a dix ans. C'est la plus dure. Peut-être parce que c'est la dernière. Peut-être parce que je l'attendais pas et que j'avais plus de force pour l'élever raide comme les autres. Peut-être parce que me revoir encore une fois couillonnée par un homme m'avait cassé les deux bras. J'sais pas au juste. En tout cas, elle aime pas aller au temple. Faut que j'la flatte pour qu'elle vienne avec nous. Et puis, elle s'intéresse pas à l'école.

C'est dur le travail sur la plantation. On t'demande du rendement. Quand on a un conteneur à charger, on n'a pas l'temps d'rigoler...

Parler des pères de mes enfants, c'est pas ce qui m'réjouit le plus. C'est comme si j'devais sortir des démons de leur armoire.

Parler de ces hommes, c'est comme si j'allais moi-même me fourrer la tête dans la boue. Et m'reposer les mêmes questions : Est-ce que j'ai pas d'chance? Est-ce qu'ils sont tous pareils? Est-ce que j'suis maudite? Est-ce que c'est le sort des Négresses? Est-ce qu'on m'a mise dans les mains d'un sorcier?

Ça fait huit ans que j'ai pas connu d'homme. Depuis que j'suis entrée en religion, aucun homme ne m'a touchée. J'crois bien que mon cœur est devenu sec. J'veux plus donner que de l'amour à mes enfants.

Parler de ces hommes...

Ben, il y a eu Gérard, le père d'Élodie. À quinze ans, tu n'connais rien! Tu écartes les cuisses pour jouer à la femelle et tu te fais déchirer sans bien comprendre ce qui t'arrive. Il avait dix-neuf ou vingt ans, tu imagines! J'me souviens même pas de sa figure. Je sais que c'était un nègre. Un grand nègre qui avait marché après moi. J'savais même pas ce que ça voulait dire : tomber enceinte. J'ai fait que voir mon ventre s'enfler et c'est tout. Y a rien d'autre à dire. Y avait pas d'amour. Il a demandé la chose et je lui ai donné. Après, je suis restée assise dans la case de ma manman qui voulait plus me parler et Élodie est arrivée.

Deux ans plus tard, Sully qui était maçon est venu accoler une chambre en dur à la case de ma manman, pour qu'Élodie et moi on ait notre coin. Ma manman avait recommencé à me parler. Elle s'occupait d'Élodie comme si c'était la lumière de sa vie. J'sais plus bien de quelle façon ça a commencé entre moi et Sully. Peut-être parce que je le voyais tous les jours. Il avait de belles blagues, Sully. Et toujours le sourire. Autrefois, ça m'faisait toujours quelque chose le sourire d'un homme. Comment dire... un coup de poing au cœur qui te fait basculer dans le rêve. Tu te vois à son bras et dans l'amour aussi. T'as envie de l'goûter. C'est ça : goûter sa chair! Alors, un jour que ma mère était partie, j'me suis donnée à lui. Sous les yeux d'Élodie tellement que ça m'grattait. Tu peux pas savoir, j'voulais qu'il soit en moi. Que nos peaux baignent dans la même sueur. C'est arrivé comme ça. On a recommencé chaque fois que ma mère tournait le dos et tant que le chantier a duré. On se jetait l'un dans l'autre jusqu'à être dessoûlés. Et dès qu'on avait fini, on se disait pas un mot. On retournait à nos affaires : lui à ses parpaings et moi à mon ménage. C'est arrivé comme ça. Y a pas d'mystère.

Quand Sully a fini la chambre, il a promis de revenir demander à ma mère si on pouvait se mettre ensemble. Je l'ai attendu un peu. Un mois... Je savais pas où il habitait. J'me suis rendu compte que j'savais rien de lui. Je l'ai trouvé en train de battre du mortier chez un de ses oncles. Il m'a vue arriver, mais il a continué son travail sans s'occuper de moi tout le temps que je suis restée à l'attendre. Quand la nuit est tombée, il s'est approché et m'a demandé ce que j'étais venue chercher. «Tu sais bien!» je lui ai répondu. Il a mis une main sur son cœur et il a juré qu'il viendrait me voir le dimanche d'après, vers les cinq heures de l'après-midi.

Quand le dimanche suivant est arrivé, je suis allée à la première messe. J'ai préparé à manger et puis je me suis assise sous la véranda. J'avais ni faim ni soif, j'attendais mon Sully comme le Sauveur...

Tu imagines qu'il n'est jamais venu. Tu vois, le seul fait d'en parler, ça m'démonte le cœur. Voilà le portrait du papa de Marianne ! Un monsieur sans parole... Un nègre à grand sourire... Alors, j'ai gardé mon secret tant que j'ai pu. Et puis mon ventre a commencé à sortir, il a bien fallu que je trouve les mots pour le dire à ma manman.

Elle m'a pas injuriée. Elle a juste crié sur la scélératesse des hommes. Elle a maudit Sully et tous les hommes de la terre et surtout les nègres qui savaient faire qu'une seule chose : glorifier leur saint grand coco et accrocher des enfants aux ventres des femmes.

Tout le temps que j'ai porté Marianne, ma mère a marché la tête haute à mes côtés. C'était pour montrer aux gens qu'elle n'avait pas honte de moi, même si je portais mon deuxième enfant sans père.

Après, je me suis mise en ménage avec un méchant bougre qui venait de Vieux-Habitants. Toujours la même chose : belle parole et beau sourire tant qu'il n'avait pas touché la chose. Et puis, transformation ! Les coups, les reproches, les injures... comme quoi il m'avait tiré de la rue et que j'étais une grande putaine devant l'Éternel. Comme quoi je prenais des hommes dès qu'il s'en allait travailler. Comme quoi je lui mangeais tout son argent. Il m'a donné mes deux garçons.

Bah ! le père de Sarah, je veux même pas prononcer son nom ni raconter sa méchanceté...

Tu sais, j'me doute bien que les gens qui liront mon histoire me jugeront peut-être comme une grande naïve, une sacrée belle couillonne ou une femme en chaleur... Mais je souhaite que non. J'espère qu'ils verront bien que je cherchais rien d'autre que le bonheur avec un mari. Et que le bonheur c'est un rêve trop grand pour les filles de ma condition.

TERRES DE GUADELOUPE
Lita Dahomay

«Je n'oublierai jamais Héléna, cette agricultrice de soixante-dix ans qui s'est battue jusqu'à sa mort pour défendre ses terres de Viard plantées en cannes qu'elle avait cultivées longues années durant. Elle s'occupait de son petit jardin et plantait des fleurs qu'elle allait vendre à Pointe-à-Pitre. Quand vint le temps de prendre sa retraite, Héléna fut menacée d'expulsion... »

J'ai accepté de témoigner ici, à la demande de Gisèle Pineau, pour retracer une période riche en événements et qui a été déterminante dans ma vie et dans mes choix politiques.

En 1960, j'avais seize ans. C'est sur les bancs de l'école que sont venues à moi les idées de révolte, et même les idées révolutionnaires, à travers certains ouvrages, tels que *Germinal* de Zola, *La Mère* de Gorki. La révolution russe m'a véritablement passionnée et j'ai pris, dans ces livres, conscience de l'injustice et de la nécessité de se battre pour changer ce monde.

À cette époque, la télévision n'existait pas en Guadeloupe. Nous, les jeunes de Pointe-à-Pitre, avions l'habitude de nous rencontrer sur les bancs de la place de la Victoire que nous appelions le «Sénat». En sortant du cinéma La Renaissance, nous discutions des événements qui se déroulaient dans le monde après avoir regardé une actualité toujours différée qu'on nous proposait avant le film. Au cœur de nos débats : les révolutions cubaine et chinoise, les Noirs américains, la guerre d'Algérie... Tous ces mouvements de lutte contre l'oppression qui nous imprégnaient fortement.

Plus tard, dans les cellules des jeunes communistes, nous abordions les enjeux de ces mêmes révolutions et avions des discussions passionnées sur les idées marxistes, persuadés qu'il n'y avait pas d'autre solution que la lutte révolutionnaire pour changer le monde. De retour au pays, nos amis, nos frères et sœurs partis faire des études en France — pour la plupart militants au sein de l'Association générale des étudiants guadeloupéens (AGEG) — nous communiquaient aussi leur enthousiasme sur les idées de liberté. Idées et aspirations rencontrées à Paris et en province, au contact d'étudiants venus du monde entier, et particulièrement d'autres pays colonisés ou dominés. Identité, colonialisme, libération nationale étaient des mots qui résonnaient dans nos têtes. Ceux qui revenaient, riches d'une autre vision des choses, opposaient de façon catégorique et souvent schématique la culture occidentale à la culture antillaise. À cette époque, je ne percevais pas ce schématisme et j'étais enthousiasmée à l'idée de ce monde nouveau qui s'ouvrait comme autant de portes. Il fallait s'y engouffrer. Partout, en Asie, en Afrique et plus près de nous dans les Caraïbes et l'Amérique latine, le monde était ébranlé. Et puis, le sentiment d'appartenir à un peuple noir nous renforçait terriblement. Aimé Césaire avait marqué nos consciences. Nous, jeunes de Pointe-à-Pitre, nous identifiions aux Noirs américains. Et nous coiffions en « afro » comme Angela Davis.

C'est ainsi que, dans la droite ligne de nos idées, nous avons créé le Cercle culturel des étudiants guadeloupéens (CCEG). Notre but était de valoriser la culture guadeloupéenne, de l'identifier et de la rechercher partout. À Pointe-à-Pitre, un jeune maire communiste venait d'être élu. Il mit à notre disposition bibliothèques, salles de conférences et de spectacles.

C'est à cette époque que je me suis posé le problème du rôle de la femme dans l'action politique. Il y avait des femmes militantes, au Parti communiste et à l'Union des femmes guadeloupéennes. Gerty Archimède, qui fut parlementaire communiste, était une de ces femmes que nous admirions. Sa popularité était très grande dans toute la Guadeloupe. Mais dans nos rangs, à nous les jeunes, les femmes étaient rares. Les plus militantes étaient conscientes de l'oppression subie par la femme dans un pays où les traditions véhiculées par nos mères elles-mêmes, par nos grands-mères, par les femmes âgées de la famille, n'accordaient qu'une place inférieure aux femmes.

Tandis qu'autour de nous, certaines femmes, émancipées ou militantes, cherchaient à nous entraîner dans des actions organisées pour défendre les droits des femmes, nous continuions dans nos familles à apprendre que la femme devait se soumettre à son mari, s'occuper des tâches ménagères, élever les enfants, seule ou presque seule !

Nous avons donc mené des actions avec les premières associations pour le planning familial et le droit à l'avortement, avec Mme Simet-Lutin qui, dans ce domaine, fut une pionnière en Guadeloupe. J'admirais le courage, l'intelligence et le savoir-faire de ma mère, mais je ne voulais pas la même vie. Quelque chose devait changer pour les femmes...

Les choses devaient bouger en Guadeloupe... Autour de nous, dans les quartiers pauvres de Pointe-à-Pitre, la situation des familles était innommable. La pauvreté, la saleté, le manque d'hygiène étaient le quotidien. Dans les cours, s'entassaient des dizaines de baraquements, cases en bois couvertes de tôles rouillées et percées. Les familles vivaient là dans une grande précarité. Et les enfants poussaient comme des herbes sauvages. Pas d'eau courante, pas de cabinets de toilette, pas même de « tinettes », qui existaient seulement sur les voies praticables. On renversait les seaux dans les dalots, dans des trous, sous les ponts. L'odeur était intenable.

Ces conditions de vie miséreuses allaient entraîner les événements de mai 1967 qui m'ont profondément marquée. Je ne retracerai pas dans les détails ces événements. L'affrontement entre les travailleurs et les forces coloniales fut d'une violence terrible. S'ensuivit l'arrestation des militants nationalistes du Groupe d'organisation nationale de la Guadeloupe (le GONG), le pouvoir les ayant rendus responsables des événements. Parmi ces militants, se trouvaient de nombreux jeunes, étudiants, intellectuels, issus des quartiers pauvres.

Mai 1967 reste en mon souvenir un moment de grande douleur. Les forces de répression avaient tiré sans sommation sur tout ce qui bougeait en ville. Des dizaines de travailleurs et de jeunes des quartiers étaient tombés, blessés, mutilés ou tués. Au lendemain des tueries de Pointe-à-Pitre, le CCEG organisa une manifestation de protestation avec les lycéens de Baimbridge. Malgré une certaine appréhension, nous étions très déterminés. Il s'était produit un acte indigne, barbare, on avait assassiné des jeunes Guadeloupéens, nous ne pensions pas à protéger nos vies, mais à crier notre indignation. Les forces de l'ordre se jetèrent sur nous. Jean-Claude Courbain, alors président du CCEG, fut arrêté ainsi que d'autres.

Le contexte politique, à la veille de ces événements, était tissé de luttes électorales entre une droite colonialiste et des organisations comme le Parti communiste qui revendiquait l'autonomie. Après ces événements, un climat de tension s'installa en Guadeloupe. Le GONG, qui était un nouveau groupe réclamant l'indépendance, eut du mal à se relever. La répression avait été si subite, si meurtrière que la peur régnait dans la population.

Les militants les plus courageux, ceux qui n'étaient pas en prison, durent se battre pour mobiliser la population et organiser la défense des emprisonnés. À cette époque, je ne militais dans aucune organisation politique. Ma sœur jumelle Rita était membre du groupe La Vérité qui regroupait des exclus ou démissionnaires du Parti communiste. Ses militants participaient aux actions de soutien aux emprisonnés. Rita était la seule femme de La Vérité. En cette période de forte répression, elle prenait beaucoup de risques. J'ai été frappée par sa détermination. C'est elle qui m'a donné la volonté d'agir.

En 1970, après des études menées à l'école normale de Pointe-à-Pitre, toujours avec ma sœur Rita, je suis nommée institutrice spécialisée dans une école de la commune de Sainte-Rose. Mes élèves étaient les enfants des gens de la canne. Deux usines à sucre tournaient encore : Bonne-Mère et Comté.

Fille de la ville, j'ai découvert et appris à connaître le monde des grandes plantations. Là, des milliers d'ouvriers agricoles travaillaient dans des conditions extrêmement dures, à la tâche, comme avant eux leurs parents et leurs grands-parents. Ils se levaient avant le soleil, parcouraient des kilomètres à pied pour arriver sur les plantations qui étaient immenses, des centaines d'hectares plantés en cannes.

Dans les champs, tandis que les hommes coupaient les tiges de cannes en morceaux, les femmes amarraient chaque jour plus de deux cents paquets de vingt-cinq bouts de cannes. Travail pénible qui brisait le dos et les reins. Gestes mécaniques : se baisser, ramasser, amarrer, avancer, se baisser, ramasser… Au plus fort de la récolte, les enfants n'allaient pas à l'école pour aider leurs parents. En temps ordinaire, les aînés restaient dans la case et s'occupaient des plus jeunes. Salaires bas. Conditions de vie difficiles dans des cases sans eau ni électricité. Pauvreté… Après les champs, les ouvriers étaient le plus souvent obligés de travailler dans leurs jardins afin d'avoir un complément de ressources et l'essentiel de leur nourriture.

Quant aux petits planteurs et aux colons qui livraient leurs cannes aux usiniers, ils s'endettaient d'année en année. En imposant le paiement de la canne à la richesse (calcul du taux de saccharose dans la canne), les usiniers volaient les petits planteurs ; eux seuls détenaient le contrôle des appareils de mesure. Bien souvent, au terme de la récolte, les petits planteurs ne gagnaient pas un sou. Et ils devaient encore payer à l'usinier, les labours, les transports et les engrais. Cette situation allait entraîner un profond mécontentement qui débouchera sur les grandes grèves de 1971, 1972, 1973 et 1975. Rita et moi avons commencé très tôt à militer dans ces mouvements. Nous avons aussi participé aux actions lancées par l'Union des travailleurs agricoles (UTA), le syndicat créé avec les nationalistes, anciens militants du GONG. L'ensemble des travailleurs agricoles de Sainte-Rose était mobilisé. La détermination des ouvriers me frappait. Le mépris des patrons, la dureté des conditions de travail me révoltaient. Avec les membres du syndicat, Rita et moi avions mis toute notre combativité dans la bataille. Nous nous levions très tôt pour distribuer des tracts dans les champs quadrillés par les « képis rouges ».

Les dirigeants syndicaux subissaient une forte répression, mais ne reculaient pas. Les étudiants et les lycéens nous avaient rejoints. La volonté de me battre s'est forgée à ce moment. Elle m'a permis de lier ma vie à des gens humbles, pauvres, mais dignes, et qui ne craignent pas de lutter contre ceux qui les exploitent.

Les usines de Bonne-Mère et Comté ont fermé. Plusieurs centaines d'ouvriers agricoles se sont retrouvés au chômage. Ils ont alors décidé d'occuper les terres des usiniers. J'avais vingt-six ans à l'époque. Ma sœur Rita militait à Combat ouvrier, l'organisation communiste se réclamant du trotskisme qui venait de s'implanter en Guadeloupe. C'est elle qui m'a mise en contact avec cette organisation dans laquelle je milite toujours.

Ma prise de conscience politique avait fait son chemin. J'avais remis en question le nationalisme. Les militants nationalistes, que je côtoyais dans les mouvements de grève des ouvriers agricoles, menaient une politique qui n'était pas toujours en

accord avec mes convictions communistes. Je pensais que les classes les plus opprimées devaient diriger et contrôler elles-mêmes leurs luttes. La politique et le programme communistes défendus par Combat ouvrier correspondaient à mes aspirations profondes. Ils m'ont fait prendre conscience d'un autre combat pour changer la société. Ce combat allait beaucoup plus loin que la simple volonté de rompre avec le colonialisme français. J'ai donc choisi d'adhérer à Combat ouvrier. Parallèlement aux occupations de terres dirigées par les militants de l'Union pour la libération de la Guadeloupe, l'UPLG, qui prônaient la culture de la canne sur les terres occupées, je participais à d'autres occupations avec des ouvriers agricoles sans travail qui voulaient aussi des terres, mais pour y construire une maison. J'ai soutenu ces occupations de Sainte-Rose, à Fond-d'Or, Conodor, Béron et Belle-Plaine. Regroupés en comités, plusieurs centaines d'ouvriers agricoles au chômage ont lutté avec acharnement pour garder leurs terres malgré la répression judiciaire et policière. Dans ces mouvements, les femmes étaient réellement les plus courageuses, n'hésitant pas à se mettre devant les tracteurs et les forces de l'ordre qui tentaient d'expulser les occupants des terres.

Après des années de luttes, ces ouvriers agricoles sans emploi ont fini par s'imposer face aux pouvoirs publics. Ils ont construit leurs maisons sur ces terres qu'ils ont eux-mêmes viabilisées. Aujourd'hui, ils mènent un autre combat : légaliser leur situation ; la mairie leur propose de racheter les terrains occupés, mais le prix est élevé.

Pendant toutes ces années, j'ai mis toutes mes forces au service de cette lutte. Il n'était pas facile de défendre des idées qui s'opposaient au courant nationaliste très puissant dans cette région. Pas non plus très aisé du fait que j'étais femme. Certains travailleurs me demandaient : « *Ou pa ni ti moun ? Ou pa ni mari aw ki ka atan vou a kaz aw pou fè manjé bay !* Tu n'as pas d'enfant ? Tu n'as pas un mari qui t'attend ! Tu ne dois pas lui faire à manger ! » Au fil des ans, ils ont dû s'habituer à voir la camarade militante avant la femme.

C'est avec la même détermination que j'ai participé aux luttes des occupants de terres des petits agriculteurs de Sainte-Rose contre la Société d'aménagement foncier et rural, la SAFER, cours des années 1980 jusqu'au début des années 1990. Pour appliquer la réforme foncière, la SAFER a voulu récupérer les terres que les occupants, les petits colons, avaient cultivées toute leur vie. La SAFER proposait aux plus vieux une indemnité de retrait volontaire de vingt mille francs. Nombreux furent ceux qui refusèrent cette indemnité. Ils s'opposèrent violemment à la répression judiciaire et policière qui tentait de les expulser.

Héléna avait soixante-dix ans. Menacée d'expulsion, elle avait un jour, avec d'autres, envahi les locaux de la SAFER. Profondément choquée de se voir retirer ses terres, minée par un fort sentiment d'injustice, elle avait d'un coup soulevé et renversé seule le bureau d'un responsable. Ses terres furent malgré tout labourées. Le combat d'Héléna n'a pas été vain. À Belle-Plaine, les occupants ont fait céder la SAFER en achetant leurs terres à cinq francs le mètre carré. C'est au cours de ces luttes que j'ai été victime d'un attentat, le 2 février 1992. On m'a tiré dessus. J'ai reçu plusieurs balles dans le corps. Le commanditaire de mon attentat trafiquait et revendait des terres occupées.

Enfin, je voudrais parler de mon engagement auprès des ouvriers de l'usine Grosse-Montagne, la dernière dans le nord de la Basse-Terre. Elle a dû fermer en 1995, mais pendant vingt ans nous avons lutté pour obtenir de meilleures conditions de travail, organiser le syndicat contre l'exploitation féroce des propriétaires de l'usine, les familles Hayot et Simonnet.

J'ai encore en mémoire toute cette période des années 1970-1980, pendant laquelle, à chaque récolte, nous devions déplorer des accidents meurtriers. L'usine était vétuste, sans sécurité aucune. Des travailleurs sont morts par accident, d'autres ont été mutilés et sont restés infirmes.

J'ai témoigné des luttes les plus importantes auxquelles je me suis trouvée mêlée de près durant ces trente dernières années. Les idées communistes m'ont fait prendre conscience de la justesse du combat pour la libération de la femme. J'ai compris que cette émancipation ne pourra se faire sans passer par le renversement de la société capitaliste. Je pense qu'il n'y a pas encore suffisamment de femmes militantes en Guadeloupe et encore moins des militantes politiques. Certaines militent dans les syndicats. D'autres apparaissent, timidement ou épisodiquement, sur la scène électorale avec les organisations politiques traditionnelles.

L'attentat dont j'ai été victime en 1992 m'a profondément marquée physiquement et moralement, mais cela ne m'a pas empêchée de continuer à militer. D'autres, avant moi, ont connu des situations infiniment plus tragiques, la mort, la torture, l'emprisonnement ou la misère. Je pense plus particulièrement à ces femmes militantes célèbres du mouvement ouvrier, de la révolution russe, aux combattantes anonymes des mouvements de libération au Vietnam, en Algérie, aux militantes des droits civiques aux États-Unis. À travers ma vie de militante, j'ai voulu ici retracer l'histoire des luttes contemporaines en Guadeloupe. Ces luttes aux côtés des classes opprimées m'ont permis de vérifier la justesse des idées révolutionnaires communistes tout en donnant un sens très riche à ma vie.

Lita Dahomay enseigne aujourd'hui au collège du Raizet en Guadeloupe. Elle s'occupe plus particulièrement de jeunes en difficultés scolaires et sociales. Membre de la direction de Combat ouvrier, elle milite depuis vingt-trois ans.

L'ordre

C OMPARÉ À LA FONCTION *toujours subalterne des négresses d'atelier ou de sucrerie, le statut de ménagère et de nourrice apparaît comme la seule promotion offerte aux femmes par la hiérarchie de l'habitation. Isolées de la communauté esclave, à portée de la voix et du regard des Blancs, les servantes de la grand-case vivent dans la permanence du service, le partage obligé d'une intimité. Une existence niée, des pactes scellés par des actes muets pour échapper au moulin et à la terre... Le privilège de la condition domestique se négocie par une soumission aux besoins, voire aux caprices, des maîtres exposés sans retenue devant des témoins aveugles et invisibles. Corvéables de jour comme de nuit pour bercer un enfant, porter un verre d'eau à la maîtresse ou assouvir le désir du planteur, les nourrices et les servantes campent sur une natte dans un coin de la galerie et quittent rarement la grande maison...*

LES ESCLAVES DE LA GRAND-CASE

Des clichés tenaces entretiennent le mythe de demeures fastueuses où des esclaves exotiques en costume madras et bijoux créoles portent des trays. Si l'image vaut pour les luxueuses maisons coloniales de la plaine de l'Arcahaye ou de Léogane à Saint-Domingue, la réalité des sucreries et des caféières des Antilles françaises est bien éloignée de ce modèle de référence. Un manque de confort caractérise plutôt les pièces ouvertes sur les champs de cannes, en surplomb des cases à nègres, d'autant que le planteur ne réside pas toujours aux îles et confie alors à l'administration blanche des procureurs et des géreurs les destinées de la plantation. Le bâtiment d'habitation est d'abord un lieu de résidence indispensable pour surveiller et punir sans ambition d'art de vivre et les inventaires manifestent souvent l'indigence du personnel féminin assigné sans distinction des rôles au ménage et à l'entretien du linge. En revanche, dans les recensements des grosses propriétés du XVIIIe siècle qui feront la fierté éphémère des békés, apparaissent des catégories distinctes de lingères, voire de couturières, qui façonnent les déshabillés et les gaules d'indienne de la maîtresse. Comme la qualité du mobilier ou le raffinement de la vaisselle, le nombre des esclaves attachées au service des maîtres participe des signes de richesse et manifeste aussi l'enracinement des *familles créoles aux colonies. D'autres charges spécialisées, en relation avec la volonté d'entretenir cette prospérité des grands domaines assimilent les matrones et les maîtresses d'hôpital au rang envié de la caste des serviteurs. Mais seuls les colons fortunés conscients de la double nécessité de préserver la santé et d'encourager la natalité sur la plantation investissent à la fin du XVIIIᵉ siècle dans la création d'un hôpital. À défaut d'une structure autonome, les planteurs s'adressent au chirurgien d'une infirmerie voisine quand les cas de maladie ne relèvent plus des traitements dispensés dans la grand-case selon les prescriptions des livres médicaux où voisinent les conseils vétérinaires et les remèdes de ménage. Indice de leur position privilégiée, les hospitalières et leurs aides vivent comme la majorité des domestiques des grandes habitations dans des cases séparées de celles de la main-d'œuvre laborieuse. Un écart symbolique qui garantit les faveurs liées à la proximité des maîtres…*

Dans ses critères de sélection des ménagères et des servantes, le planteur associe souvent l'exigence de compétences à la recherche d'avantages sexuels. Bien sûr, le service domestique requiert des qualités réelles qui se confirment avec l'ambition de représentation du maître et sa situation familiale, mais le pouvoir de séduction et le commerce des charmes constituent des alliés décisifs pour accéder à sa demeure. S'il recrute parmi les sujets les meilleurs et les plus susceptibles d'intérioriser sa parole, s'il préfère s'entourer de ses filles naturelles élevées au contact des mœurs coloniales et chrétiennes, la virginité et la beauté présentent des atouts incomparables. Nombre de ménagères deviennent, en l'absence d'une épouse légitime, maîtresse en titre avec des prérogatives de commandement sur le reste de la domesticité. Une adhésion aux valeurs dominantes, un renoncement à soi au profit exclusif des intérêts de l'autre qui entraîneront des aliénations durables… Mais, plus les Noires servent de miroir complaisant à l'histoire intime du planteur, plus elles touchent d'avantages de leur condition de servantes. Du cadeau d'un mouchoir à l'affranchissement, toute une gamme de bénéfices les annexent au monde du Blanc et les éloignent des résistances et des marronnages. Au quotidien, une meilleure alimentation, un travail moins harassant constituent des traitements privilégiés qui isolent aussi les servantes de la grand-case de la masse servile des ateliers et des moulins. Mieux nourries des reliefs de la table du maître, mieux habillées des robes usagées de la maîtresse ou de jupons taillés dans un coupon de toile fine, leur position est d'autant plus enviable qu'elles échappent aussi à l'autorité du commandeur. Mais les faveurs largement compensées par une disponibilité permanente n'expliquent pas toujours l'adoption des codes et des références de la plantocratie. La soumission aux ordres ne relève pas exclusivement des compromis imposés par la peur des châtiments qui sanctionnent les maladresses et les négligences ou par la crainte d'encourir une disgrâce, la déchéance d'une vente ou la sanction de la houe. Des réseaux ambigus de sentiments où la gratitude envers un sort plus favorable se confond avec un véritable attachement résistent à l'explication de la docilité et même du dévouement par les simples rapports de force. On verra dans les règlements de comptes qui accompagnent la période révolutionnaire, des anciennes esclaves de la grand-case protéger leurs maîtres des pillages et des massacres. Mais, à force de côtoyer l'espace clos de leur maison, de soigner leurs enfants ou de laver leur linge, des relations affectives s'instaurent sans bénéfice de réciprocité. C'est toujours le Blanc qui décide, qu'il s'agisse de mettre une servante dans son lit, de l'affranchir ou de préserver l'avenir d'une vieille nourrice. Dans ces relations marquées par des bénéfices immédiats, la condescendance, le paternalisme, voire la compassion sincère de certains maîtres nuancent les règles ordinaires de la servitude et oblitèrent chez leurs esclaves les tentations de la révolte. L'obéissance ne s'obtient pas toujours par la force et la cruauté des punitions s'applique davantage à sanctionner les carences du service que l'insoumission. Dans cette civilisation de l'esclavage où la violence est de tradition, les corrections encourues pour une assiette brisée ou une carafe renversée restent sans rapport de proportion avec la nature de la faute. Mais, s'il est vrai que des châtiments sadiques corrigent la moindre vétille, les récompenses savent aussi encourager la servilité et, par la concession de l'espace familier, donner l'illusion d'un partage. Spectatrices des joies et des peines de la maison, consolatrices des chagrins des petits maîtres, les servantes et les nourrices adoptent certaines pratiques imposées par une intime fréquentation. De l'obligation religieuse aux contraintes vestimentaires, de nombreux signes indiquent l'assimilation des normes dominantes… Mais des pratiques propres aux Africaines trouvent des passages clandestins pour transgresser les frontières raciales et culturelles et coloniser la grand-case. Dans le vide de ces îles sans indigènes, sans civilisation locale, les traditions se métissent pour domestiquer les exils et les déracinements et inventer une culture unifiée par le créole. Des échanges s'instaurent au contact d'un même pays et d'une même langue, et des affinités durables se nouent entre conquérants et victimes qui déstabilisent la rigidité du schéma maître-esclave. Sur leurs plantations isolées les femmes blanches intègrent les savoir-faire et les croyances de leurs servantes — et les Noires imitent et répercutent les valeurs de leurs maîtresses. Lieu de rencontres intimes, la grand-case est aussi ce territoire où des mentalités s'affrontent et finissent par s'absorber par créolisation réciproque. Malgré les rancœurs légitimes des uns, la défiance permanente des autres, les non-dits et les tabous, des conciliations obligées s'imposent entre des êtres condamnés à vivre ensemble. Confiées à des nourrices noires, les petits maîtres s'imprègnent de leur univers, intègrent des représentations hantées par une vision magique et persécutive du monde, et bien des espaces mentaux où continuent de se rencontrer les Noirs et les békés des Antilles…

En dépit des interdits du Code noir, le mélange des sangs, toujours imposé par l'autorité du maître, trouble aussi les cloisonnements de l'ordre esclavagiste sans jamais contester les préjugés souverains de la couleur. Quand la virginité et la beauté ont leur prix dans les négociations d'achat, la logique économique de la plantation avalise aussi le droit du maître à disposer physiquement de celles qui le servent. Sans tenir compte de l'argumentaire de la pensée raciste et des préceptes religieux, qui apportent paradoxalement leur caution par leurs représentations bestiales des mœurs africaines, l'appropriation du corps esclave participe des règles de l'habitation. Les relations s'obtiennent sous la menace des coups ou la contrainte du viol, mais sont parfois tolérées et même souhaitées quand elles ouvrent des perspectives de liberté. Cette exploitation sexuelle des Blancs sur les femmes de la grand-case constitue une forme perverse d'oppression mais apporte aussi aux victimes l'opportunité d'échapper à la servitude. Quand l'affranchissement ou le rachat de la liberté représentent un enjeu capital, le métissage reste un moyen de retrouver l'inestimable privilège de redevenir un être humain. Mais, pour sauvegarder leurs intérêts, maintenir des abus légitimes au regard de l'idéologie raciale, bien des planteurs résistent aux dispositions offertes par les lois et ratifient volontiers l'esprit des ordonnances royales qui soulignent les menaces de l'affranchissement pour l'ordre colonial. La chance de redisposer de soi reste soumise au bon vouloir des maîtres qui l'accorde presque exclusivement aux domestiques quand cèdent enfin les réticences personnelles, les freins juridiques et les tabous religieux. Reste à mesurer la réalité des chantages affectifs et les exigences financières que suppose cette accession à la liberté… Cette manière de pactiser avec les maîtres, d'user des ambiguïtés et des compromis offerts par la sexualité pour arracher de manière individuelle le privilège suprême affectera longtemps les rapports entre les hommes et les femmes. Ce fut sans doute pour ces dernières un moyen de se glisser par effraction dans le pays réel, de négocier avec l'institution esclavagiste pour apparaître brusquement sur une scène où personne ne les invitait.

Ainsi, des bénéfices décisifs singularisent la condition des domestiques, mais leur situation est fragile, toujours vulnérable à la disgrâce ou à la lassitude du maître. À la merci de son humeur, les servantes, dans la crainte permanente de retourner aux champs, doivent aussi composer avec l'irritabilité et la jalousie des maîtresses, les nourrices avec les caprices des enfants qui reproduisent les cruautés dont ils sont témoins.

La maison du maître
Honorine

« *Et si pas une femme à ma connaissance ne cherche après
le mystère et la préoccupation,
et si pas une femme ne va pour
mourir à quatre fois, c'est bien parce
que toutes ces femmes-là
ont accompli, depuis le Voyage,
une connaissance que nous n'avons
pas, et elles n'ont pas besoin de
cataloguer les odeurs venues
de partout, la fiente avec l'orchidée
soleil, l'odeur de case avec l'odeur
de chaudière, puisque ce qu'elles
savent s'établit bien avant le temps
du mystère. Et une femme n'a pièce
à faire d'être un quimboiseur ni
un voyant, puisque toutes les
femmes par ici savent ainsi
depuis le premier jour.* »

ÉDOUARD GLISSANT,
Tout-Monde.

Je suis née à la Guadeloupe en 1801. J'ai rien connu des langues d'Afrique. J'ai jamais pleuré l'Afrique comme tant d'autres. J'ai grandi à La Capesterre sur l'habitation de mes maîtres. Et j'ai pas eu à suer dans la canne avec les nègres des champs. Ma mère était cuisinière de la grande maison. J'ai vite appris. Dès que j'ai eu l'âge de tenir un couteau, on m'a mis aux épluchages de légumes. À neuf ans, je savais déjà plumer les volailles, écailler le poisson et rôtir le mouton. Fallait apprendre vite en ce temps. Tout comprendre dans un seul regard et répéter les gestes sans tremblements.

Je peux pas dire que j'ai eu un papa. Je l'ai peut-être vu cinq fois dans toute ma vie. Il était d'une autre habitation. Après l'abolition, il a pas cherché à me trouver. Et moi, j'ai pas fait le moindre geste pour aller au-devant de lui.

Y avait ma mère, ça c'est sûr : la grande Eunice qui terrorisait les négrillonnes de la maison et leur promettait tous les quatre matins de les renvoyer dans les bras des champs de cannes. Là où les nègres et les contremaîtres sont des loups qui attendent que la chair fraîche et la peau douce des servantes de la maison. La peau douce et pas de cals aux mains et pas de corne aux talons. Et pas les dents rongées par le sucre des cannes. Et des cheveux bien domestiqués tenus dans les dents de peignes en écaille. Des rêves de femmes qui, à force de marcher dans l'ombre des maîtresses blanches, finissaient par sentir le même parfum, parler d'un même langage et composer les mêmes gestes.

« Voilà tout ce qu'ils attendent les loups des plantations. Alors, continuez à fainéantiser et faites pas votre travail ! Et vous verrez ce que vous verrez ! J'dirai ça à Monsieur notre Maître ! Et vite fait il vous renvoyera d'où vous venez ! »

Alors quand ma manman Eunice leur promettait la vie de la canne et toute sa déchéance, les négrillonnes de la grande maison savaient plus quoi faire de leurs corps et des larmes se mettaient à couler sur leurs joues. Moi j'étais dans le lot. Elle s'en prenait à tout ce qui était nègre sans faire le tri des bons et des mauvais. Fallait que tout soit parfait pour le service de Monsieur et Madame. Fallait pas faire une seule faute. Parce que c'était elle seule qui prenait les remontrances et les remarques. Elle les avalait sans un mot, la tête baissée. Mais quand elle revenait à la cuisine, elle nous jetait toute sa colère et parfois même nous donnait des coups.

Ma mère, la grande Eunice, est morte dans un jour de colère. Au milieu d'un cri de colère. Pour quoi, je sais plus. Ou si, je me souviens : une petite cuillère de l'argenterie de Madame qui avait terni. Une petite cuillère que Madame avait déposée d'un air dégoûté au bord de la table, sur la nappe en dentelle blanche amidonnée. Et ma manman, la grande Eunice, l'avait juste ramassée, tête baissée. Et, sitôt arrivée à la cuisine, toute sa colère gonflée s'était abattue sur Ménarie, celle qui faisait que ça de ses journées : briller les cuivres et l'argenterie, nettoyer les vitres et les vitraux, lustrer les meubles, frotter et cirer les parquets. Elle est partie comme ça, la grande Eunice : pour une petite cuillère…

J'ai hérité de sa place le lendemain de sa mort. Je me suis trouvée à refaire ses mêmes gestes et commander toutes les négresses de la grande maison, des lavandières aux femmes de chambre en passant par les cuisinières, les repasseuses et les couturières. Ça c'est fait tout naturellement. Et quand je me suis vue en train de donner des ordres à des plus vieilles que moi qui obéissaient sans un murmure, j'ai compris que j'étais à ma place dans la grande maison. Surtout que Monsieur et Madame eux-mêmes m'avaient tout naturellement chargée de tâches que je devais répartir entre toutes les femmes. J'ai pas eu le temps de refuser ni de laisser la place à une autre.

Je sais bien qu'on était des privilégiés, nous tous de la grande maison. On travaillait comme des perdus, jusqu'à vingt heures par jour. Mais on avait des compensations. On était d'un autre monde que ceux des cases à nègres qui connaissaient rien d'autre que les cannes, toujours les cannes. Les cannes sans fin. Et le souffle du fouet dans le dos.

J'ai couché avec Monsieur quand j'ai eu seize ans. C'était pas un secret. Il était pas méchant, Monsieur. Il m'a donné quatre enfants. J'ai pas eu d'autre homme que lui. Monsieur. Quand il rentrait dans ma couche, il me causait toujours de ses difficultés sur la plantation, des nègres qu'étaient de plus en plus chers et rares. Il avait des idées de liberté pour les nègres. Il avait besoin de leurs bras, mais il disait qu'il souhaitait rien d'autre que de les voir libres. Il aimait pas penser au fouet et à tout ce qu'ils devaient subir pour travailler. Moi, je lui faisais comprendre que les nègres, même s'ils lui appartenaient sur le papier, ils étaient libres dans leur tête. Et qu'on peut pas aimer travailler quand on est esclave. Je lui parlais et il m'écoutait. Monsieur, il avait besoin qu'on l'aime pour lui. Alors, en 1837, il a commencé à affranchir quelques esclaves de la grande maison. J'ai été la première avec mes enfants qui ont jamais connu les champs de cannes. Et j'en suis fière. Il a jamais pu affranchir les nègres des champs. Il avait peur de se retrouver sans le moindre nègre. Il avait peur de tomber dans la misère.

Grâce à Dieu, j'ai connu la liberté. C'est quelque chose, la Liberté ! C'est juste un mot, mais qui ouvre le ciel en grand. L'esclavage, ça pèse tout le corps et ça mine dans la tête. On voit rien à bâtir. On voit que des chaînes et le fouet à l'horizon. On sait qu'une chose : c'est qu'on appartient au maître. On est pas mieux que le bétail, pas mieux que les chiens qui ont le droit de vous mordre au jarret et de vous déchirer les oreilles.

Après l'abolition, je suis restée encore trois ans chez Monsieur. Et puis, la mort est partie avec lui, en 1852. Madame m'a dit qu'elle avait plus besoin de mes services et de ramasser mes paquets parce que c'était elle la maîtresse de la grande maison. L'habitation était ruinée. Les ailes des moulins ne tournaient plus. Les champs de cannes étaient livrés aux rats. Et les nègres des cannes comme égarés essayaient de composer leur nouvelle vie tout encombrée de liberté.

J'ai jamais manqué de rien puisque j'avais mes deux mains. J'ai commencé par faire des gâteaux pour les baptêmes et les mariages, un peu de couture et de repassage. Avec l'argent, j'ai loué une vieille case que j'ai transportée à l'entrée de La Capesterre. Et puis, j'ai acheté des denrées et j'ai ouvert ma boutique.

Est-ce que je peux dire que j'ai été esclave ? Je crois que non… C'était un mauvais temps pour les nègres mais les Blancs étaient dans la même baille.

Je suis contente d'une chose : mes enfants ont su lire et écrire.

Je suis morte en 1864.

LA PRISON DE MA MÈRE
Lucile

> «… Une maison minuscule qui abrite en ses entrailles de bois pourri des dizaines de rats et la turbulence de mes six frères et sœurs, une petite maison cruelle dont l'intransigeance affole nos fins de mois et mon père fantasque grignoté d'une seule misère, je n'ai jamais su laquelle, qu'une imprévisible sorcellerie assoupit en mélancolique tendresse ou exalte en hautes flammes de colère ; et ma mère dont les jambes pour notre faim inlassable pédalent, pédalent de jour, de nuit, je suis même réveillé la nuit par ces jambes inlassables qui pédalent la nuit et la morsure âpre dans la chair molle de la nuit d'une Singer que ma mère pédale, pédale pour notre faim et de jour et de nuit. »
>
> AIMÉ CÉSAIRE,
> *Cahier d'un retour au pays natal.*

Je préfère parler de ma mère. Elle a soixante-trois ans aujourd'hui. Quand elle est tombée malade pour la première fois et qu'elle a failli mourir, j'ai vu défiler toute sa vie. Elle avait cinquante ans.

Moi, j'ai trente-six ans. Je suis mariée. J'ai trois enfants. Je travaille comme caissière au supermarché Continent.

Aussi loin que je remonte, ma mère a toujours dû combattre les poussées de tension. Je l'ai toujours vue prendre des comprimés, croquer de l'ail, boire du jus de citron ou manger des cristophines pour lutter contre cette tension qui dépassait parfois les vingt.

Quand elle est tombée malade, et que je me suis trouvée complètement impuissante à ses côtés, pleurant et gesticulant, en attendant les pompiers, je l'ai revue jeune femme mariée portant mon dernier frère dans les bras. Elle souriait en lui donnant à téter. Tu sais, ce genre de demi-sourire qui navigue entre tristesse et joie. Un sourire de négresse fataliste qui subit son destin. Elle avait quoi ? vingt-trois ans.

Je regardais ma mère qui avait perdu connaissance et je pleurais. Je faisais que ça. Et toutes les images de mon enfance remontaient à la surface.

Je revoyais toute ma famille : mon père, mes frères et sœurs et ma mère qui ne sortait jamais de la maison. Pour aller où ? Mon père ne donnait pas ce genre de permission. Selon lui, ma mère n'avait rien à faire en ville. Sa place était à la maison, un point c'est tout. Il se chargeait des courses, du marché, des chaussures et des listes de fournitures scolaires à chaque rentrée des classes. Il

choisissait même pour elle les coupons de tissus des robes qu'elle se cousait. Cela paraît inimaginable aujourd'hui. Et pourtant je ne raconte pas d'histoires. Je n'invente pas. C'étaient les années 60, 70… Nous habitions Sainte-Anne, et ma mère n'avait tout simplement pas le droit d'aller au-delà de Sainte-Anne. Elle ne connaissait pas Pointe-à-Pitre. Son univers c'était la maison et ses enfants. Elle se taisait devant mon père, et nous l'imitions.
Elle ne levait jamais la voix.
Elle ne lui posait pas de questions sur ses allées et venues.
Elle était là pour le servir.
Il décidait de tout et ne demandait jamais son avis à ma mère.
Il était le seul maître.

Quand les pompiers l'ont emmenée aux urgences du CHU de Pointe-à-Pitre, j'ai pensé qu'elle ne retrouverait plus la parole, qu'elle resterait peut-être paralysée. Elle était comme une masse morte déposée sur le brancard, avec les yeux baissés et la bouche de travers. J'ai cru que je l'avais perdue. Et une grande colère m'a envahie.

J'en ai longtemps voulu à mon père de lui avoir imposé cette vie de soumission. J'étais furieuse et révoltée d'imaginer que ma mère aurait pu mourir sans avoir connu autre chose que cette existence-là. Quand je l'ai dit à mon père, il n'a rien compris. Il ne s'est pas reconnu dans ce rôle de tyran que je lui prêtais. Et il est tombé dans un grand silence.
Il n'a jamais compris. Aujourd'hui, à soixante-trois ans, et malgré sa maladie, ma mère essaye de rattraper sa jeunesse perdue. Elle va au moins trois fois par an en France où elle reste des mois chez ma sœur et mes deux frères. En Guadeloupe, elle fait partie d'un club du troisième âge. Elle est aussi membre d'une chorale, d'un groupe de prières et apprend l'art des compositions florales. Mon père est complètement dépassé. Il dit qu'il est malade et abandonné et que ma mère est toujours partie et même qu'elle a dû trouver un autre homme pour la satisfaire.
Moi, je suis peut-être dure avec mon mari, mais je ne lui passe rien. Il sait que je ne suis pas son esclave et je t'assure qu'il choisit bien ses mots avant de me parler. Je ne veux pas craindre mon mari. Je ne veux pas que mes enfants soient terrorisés comme j'ai été terrorisée pendant mon enfance. Il n'y a pas de maître chez moi.
Je ramène ma paye chaque mois. Je n'ai jamais tendu la main, ni demandé dix francs à mon mari qui est policier à Pointe-à-Pitre. On a construit notre maison ensemble.

Parfois, je me reproche de ne pas lui donner assez de tendresse, de ne pas avoir ces gestes qui viennent naturellement à d'autres femmes. Même si je veux bien, je ne m'en sens pas capable. J'aime mon mari, c'est sûr. Mais je suis toujours à l'affût et si je sens pointer le maître dessous ses paroles, je lui saute dessus.

Je sais pas comment ça commence : la domination, la soumission… Comment la peur prend la place de l'amour. Comment les femmes en viennent à craindre tellement les hommes qui partagent leur vie qu'elles se font enfants parmi leurs enfants et se mettent au même rang qu'eux face à leur tyran.

Je ne sais pas comment tout ça peut commencer… Avec la peur de perdre l'homme et qu'il aille voir ailleurs. Il doit y avoir un peu de ça. La peur d'être abandonnée avec un ventre et des enfants illégitimes. La peur des rires du voisinage.

La honte aussi… La honte devant l'échec d'un mariage raté et que tout le monde soit au courant et que sa vie devienne sujet de conversation.

Le poids de la fatalité. On est marié pour la vie. On subit son destin… Est-ce pour toutes ces raisons que les femmes ont accepté d'entrer si longtemps dans la soumission ?

Aujourd'hui, en Guadeloupe, beaucoup de femmes demandent le divorce. Elles ne se laissent plus faire. Elles se tiennent debout devant les hommes. Elles ne passent plus tous leurs caprices. Elles n'acceptent plus toutes les maîtresses. J'en connais des dizaines qui préfèrent vivre seules avec leurs enfants plutôt que de mettre un homme sous leur toit. Elles se débattent pour être papa et manman en même temps. Pour elles, ce n'est pas facile tous les jours. Les Antillaises ont changé. Tout le monde le sait. Elles n'ont plus peur d'aller à la police et porter plainte pour coups et blessures. Et même celles qui mangent leur misère sans un mot, en attendant que les enfants soient devenus grands, finissent un jour ou l'autre par demander le divorce.

Des fois, quand je regarde mon mari, je trouve qu'il est bien brave de me supporter. J'ai envie de me faire toute petite et me blottir dans ses bras, mais j'ai des mauvaises pensées qui me retiennent. Je me dis qu'il paye pour ces hommes d'avant qui considéraient leurs femmes comme des esclaves et se conduisaient mal. Des hommes qui n'acceptaient jamais une parole trop haut, flanquaient des coups. Des hommes qui jouissaient de la vie, couraient les femmes, multipliaient les maîtresses, semaient des bâtards et se posaient chez eux comme des seigneurs incontestés, qu'il fallait servir, satisfaire et à qui la femme devait donner son corps bon gré mal gré.

J'admire beaucoup les femmes de mon pays. Surtout les vieilles. Je ne sais pas comment elles ont pu endurer tant et tant de la part des hommes. Et ce n'était pas de la faiblesse. C'était plutôt une marque de dignité, de supériorité. Elles supportaient parce qu'elles n'avaient pas le choix. Elles renonçaient à leur vie de femme pour donner un avenir à leurs enfants. Elles se sacrifiaient, se mettaient entre parenthèses. C'est ce que ma mère a fait. Elle n'a pensé qu'à ses enfants. Toute sa vie. Maintenant que nous sommes tous grands, nous ne savons pas comment l'en remercier.

Je crois qu'il y a aujourd'hui de moins en moins d'Antillaises qui fonctionnent ainsi. Elles savent qu'elles existent et elles veulent vivre pour elles. Elles veulent s'épanouir dans leur vie de femme et de mère. Elles veulent réussir professionnellement.

Il reste à faire comprendre tout ça aux hommes, à leur faire admettre que si leur sainte mère était l'abnégation personnifiée, ils vivent avec une femme qui ne veut plus être l'éternel poteau-mitan ou sa caricature. Celle qui tombe et se relève toujours et qu'on vénère infiniment. Celle qui sacrifie sa vie à la sacrée jouissance du mâle.

Parfois, avec mes sœurs, nous revenons sur notre enfance, sur notre jeunesse. Nous rions au souvenir des séances de coups qui sont devenues des anecdotes. Mais au fond, il reste une grande amertume. Deux de mes sœurs vivent en France à cause de la tyrannie de mon père. Elles ont épousé des métropolitains tellement la représentation de l'homme antillais est brisée dans leur esprit. Elles l'ont carrément rayé de leur univers. C'est triste à dire…

Je suis la seule fille de ma mère à avoir épousé un Guadeloupéen. Parfois, je me dis que j'aurais dû faire comme mes sœurs qui ont l'air heureuses avec leurs Blancs. Moi, je suis consciente d'être prisonnière d'un paquet d'images négatives et désespérantes. Je ne suis pas la seule à être dans ce combat. Nous les femmes antillaises, on doit toujours lutter pour se faire respecter par un homme, pour gagner la liberté d'agir au grand jour. Sortir de l'impasse de la ruse et de la débrouillardise.

Je sais bien que ce n'est pas bon pour la famille et les enfants. La jeunesse d'aujourd'hui n'a plus de repères. Les papas sont déboussolés parce que les femmes ont changé tellement vite. Et les manmans ne sont plus dévouées corps et âme. Elles veulent vivre aussi pour elles et s'épanouir. Et les enfants comme les maris sont perdus devant cette nouvelle femme.

Moi, j'essaie d'être une bonne mère. Mais je ne veux pas qu'ils se reposent tous sur moi. Je ne veux pas seulement exister à travers les autres.

Je m'appelle Lucile…

LA CAGE À LAPINS
Marie-Agnès

« *Nous pleurons parmi les gratte-ciel*
Ainsi que nos ancêtres
Pleuraient parmi les palmiers d'Afrique
Parce que nous sommes seuls,
C'est la nuit,
Et nous avons peur. »

LANGSTON HUGHES,
Avoir peur.

Voilà ma maison ! Aujourd'hui, je vis dans cette cage à lapins. Ils appellent ça appartement ! D'autres disent qu'on est parqués là comme des poules dans des caloges. On m'a relogée là ! Bon, j'avais pas le choix. Fallait de la salubrité… Ma case en plein cœur de La Croix a été rasée, était plus salubre. Nous les gens de La Croix on était des insalubres. Les bulldozers sont passés et en une journée, y avait plus rien…
Vous pouvez entrer et visiter… Y a tout ce qui faut : eau courante, électricité ! J'ai pas à me plaindre… Sauf que j'ai perdu mes voisins. Ici chacun chez soi derrière sa porte fermée à clé. On voit plus personne. Si on veut parler à quelqu'un on peut plus le faire de sa fenêtre, faut sonner à la porte. Et attendre qu'on vous ouvre.
J'ai pas de travail fixe. Je suis pas fonctionnaire. Moi, je touche pas les quarante pour cent de vie chère. Je vis dans la débrouille. Des fois, je fais des jobs. Je repasse à droite à gauche. Mon mari touche un RMI et moi je compte avec les allocations. J'ai une fille handicapée mentale ; son argent tombe chaque mois. Non, elle est pas méchante. J'ai trois autres enfants qui sont à l'école. Leur bourse sert à payer la cantine et les chaussures. On se démène comme on peut. À présent, je dois payer un loyer chaque mois. Je trouve rien que des factures dans ma boîte aux lettres. Avant, à La Croix, j'avais pas tant de frais. J'avais un arbre à pain planté dans ma cour, un pied-coco, un citronnier, un oranger et même un corossolier. J'avais un petit jardin qui me donnait des cives, du persil et du thym. Je nourrissais des poules et un cochon.
Je sais bien que le terrain m'appartenait pas. Mais ça faisait vingt ans que j'avais posé ma case dessus. Vingt ans… Et, en un petit moment, tout a été à terre. Rasé par les bulldozers… Insalubre !

C'est les temps modernes, qu'on m'a dit. Faut accepter que la Guadeloupe évolue. On défigurait la Guadeloupe!

C'est les temps modernes. Faut tout déclarer. On a plus le droit de poser sa case n'importe où. Faut avoir un numéro sur sa case sinon on existe pas. Faut payer des impôts et des taxes.

C'est les temps modernes!

Y a rien pour les enfants ici, même pas un terrain de foot.

Y a que des cages à lapins en béton. Et chacun chez soi, dans sa cage.

LA NOSTALGIE
DES PERSIENNES
Nicole Réache

O rgandi, dentelle, satin, tarlatane, rubans, les robes volumineuses du cortège de mariage s'étalaient dans la pièce. Mémé l'a promis. D'abord, faufiler, surfiler, défaufiler, coudre les petits ourlets, monter les séries de boutons, attacher les fils, les couper, puis, cet après-midi, nous irons nous promener sur la paisible place de la Victoire, lieu de convergence des amitiés, des ragots, des balancements de hanches, des crachats méprisants, des ziédou prometteurs. Nursery des « Da » aux madras agressifs, la place ouvrait les bras aux blancs paquebots majestueux, avant d'expédier, « Adié foula ! Adié madras ! », ceux qui partaient pou Fwans. Chaque banc abritait un landau, chaque palmier une marelle, chaque sablier un jeu de pichinn.

« Kikiriki ! Roi des coqs ! » braillait le kiosque, après les zim-boum-boum de la Philharmonie.

« Machann-bougo ! »

Je jetai un coup d'œil à travers les persiennes. Les clameurs de la rue se réveillaient.

« Machann-lêt ! »

Une légère brise traversa les lames en bois.

« Le rémouleur qui passe et qui repasse ! »

Je trempai le pain beurré dans le bol de chocolat au lait.

Entre les lames des jalousies, je voyais bouger les fleurs de la robe de Mémé qui, sur le trottoir, écoutait les détails de la naissance du petit-fils d'une voisine, ponctués des « Ah Ah ! » de Pétronille, notre servante, experte en bains démarrés qui serrait sous son bras, un sac de « feuillage » au fond duquel elle cachait toujours quelque délicieuse sapotille ou pomme-cannelle.

J'attrapai l'ouvrage en tissu mousseux. Le mariage était pour samedi. Une fois de plus, le dé roula jusque sous la berceuse. Le jour où il tiendra, enfin, sur mon doigt de fillette, je serai devenue une artiste, comme Mémé. Je m'accroupissais pour attraper la petite timbale argentée quand j'entendis le sifflement. Je collai alors mon visage contre les persiennes. Je vis sa poitrine bardée de médailles hétéroclites. J'aperçus son couvre-chef pointu. Ti-Chapeau ! Les passants se moquaient toujours de son allure digne et proprette. Ti-Chapeau ! Clown des faubourgs, indifférent aux sarcasmes du chapiteau, il avançait, le buste droit, précédé du seul souvenir enregistré par son cervelet d'oiseau, «Marinella», sifflé d'un bout à l'autre des rues ensoleillées de la ville, comme un message aux alizés. J'aimerais tant dessiner sa poésie de doux-dingue! Le soir, la rue se taisait. On s'installait dans la fraîcheur du crépuscule. En rythme, les berceuses se balançaient. Boucoudouba! Boucoudouba! De balcon à balcon, entre deux valses d'éventail, s'échangeaient les nouvelles. Du grand garçon qui poursuit des études «là-bas», du prix du pain, de la chaleur. On recollait les morceaux épars du monde. Ah! Si Sorin était encore là, les jeunes sauraient! Puis les voix devenaient plus feutrées dans l'intimité des bâillements, avant de se glisser sous la moustiquaire doucement agitée par le vent qui s'infiltrait à travers les fenêtres laissées ouvertes, toutes les nuits que Dieu fait et, entre les persiennes béantes sur la rue endormie, pour adoucir les cocktails acides des sueurs exhalées par les étreintes nocturnes.

Plus grande, pendant qu'inlassablement le fer à tuyauter de Mémé transformait des mètres de bandes de tissu en chevelure de comète, je métamorphosais mes devoirs de géométrie en visages de la rue, les cartes de géographie en fleurs extravagantes. À travers les persiennes, s'infiltraient des frissons plus intimes, des restes de main frôlée, des regards appuyés, des soifs de liberté. Quand le souffle chaud remontait toute la rue, avec le goût salé de la mer, il proférait un langage connu de moi seule, une vie que je voulais traduire, en un tableau, dans lequel se cacherait mon âme secrète.

«Cette enfant est une artiste! J'aimerais qu'elle participe à la première exposition d'"Arts et Folklore".»

Mémé s'arc-bouta. Je croisai les doigts. M. Jasor gagna la partie, j'exposai, pour cette fois. Car, j'étais trop jeune! Et puis, «artiste» n'est pas un métier d'avenir!

Ma vie professionnelle me confia, outre des enfants, des pinceaux, des tubes de peinture, des matériaux. Le droit de créer! Vitement mis en berne. La famille d'abord.

La ville me fit un clin d'œil, mes doigts s'agitèrent. Organiser des concours de vitrines, des compétitions culinaires pour la fête de Pointe-à-Pitre. Participer au Carnaval, aux manifestations du syndicat d'initiative. Le dé tenait enfin à mon doigt. Transcrire, enfin, ce bleu patois, murmuré naguère par le large, entre les persiennes de Mémé. Poussée par mes amis, je fis face au chevalet.

J'ai voulu cent fois dessiner les dalots, les golomines, les balcons en dentelle, les toitures ondulées de ma ville. Cent fois, j'ai voulu imprimer la fontaine du marché et la façade de Bolo Pacha, dans la mémoire d'une toile, entre Le Petit Tambour et Les Galeries parisiennes. Des coups de pinceau plus tard, je me demande encore si tout cela exista ailleurs que dans cette soif de bonheur qui m'attache à ces rues.

Expositions de Nicole Réache :

Janvier 1988 : Puerto Rico (Coopération Franco-Caraïbes).

Juin 1993 : Exposition «Mémorielles», centre des Arts de Pointe-à-Pitre (33 toiles, dont 2 œuvres majeures).

Mars 1994 : Exposition «Mémorielles 2» à l'Habitation Clément en Martinique (18 toiles).

Décembre 1994 : Sorecar, «Caraïbes».

Janvier 1995 : Fresque 10 x 3 mètres, salle de délibérations du conseil régional à Basse-Terre.

Août 1996 : Indigo 96.

Septembre 1996 : Palais de Chaillot, Cinquantenaire de la Départementalisation.

LES CHOIX

Thérèse
Marianne Pépin

T u veux que j'écrive un texte à paraître dans cet espace que tu consacres aux femmes... Bien voilà, je suis une intellectuelle noire, plus précisément antillaise car ce qualificatif renvoie à une histoire, à un passé qui n'est pas forcément contenu dans le mot noir... Une scientifique de la vie, fondamentalement chercheur, chercheur dans l'âme, car dès dix ans je gambadais à l'INRA, buvant les paroles d'un éminent chercheur, oreilles et yeux ouverts sur le cerveau. Chercheur, oui car toujours éblouie par une énigme, un coin du voile plongeant dans un abîme de connaissances, à découvrir, à comprendre, à expliquer. Pourtant enseignant chercheur actuellement, porte ouverte à un moment devant moi, dans laquelle je me suis engouffrée toute tête et ambiance familiale dehors. Transition professionnelle car enseigner c'est dépasser sa compréhension pour communiquer dans un langage clair et précis des connaissances toujours plus complexes que la maîtrise a simplifiées.
C'est pourtant une activité professionnelle différente car si le chercheur est en permanence plongé dans un questionnement quasi obsessionnel de façon consciente ou non, l'enseignant chercheur apprend à quitter le champ propre de sa recherche pour se projeter dans une réflexion ayant trait à son activité pédagogique, alimentée dans le meilleur des cas par son activité de recherche et ce va-et-vient permanent à différents niveaux le façonne différemment, mais il est évident qu'éveiller les esprits procure un sentiment d'utilité flattant l'ego, loin des affres du chercheur en proie aux doutes!
Eh bien, madame, vous n'aurez pas fait une œuvre, vous avez fait un choix...
Une autre, dans votre cas, aurait fait un autre choix, vous avez fait le choix de suivre votre époux.
Voilà le mot est lâché, me voilà femme, j'ai fait un choix, ai-je fait le choix, ai-je eu le choix du choix; choix inconscient de femme, choix inconscient de l'éducation de petite fille, de jeune fille, par la société... Non ce ne sont pas mes parents, garçon manqué j'étais, cheveux nattés, short, godillots aux pieds... non, même éducation que mes deux aînés derrière lesquels je m'évertuais à courir, à suivre le ballon, à me balancer sur un siège de fortune, suspendue à une

branche d'arbre destinée bien sûr, à me faire atterrir dans une boue de cochon bien nauséabonde.

Non, ce ne sont pas mes parents et ce ne sont pas mes frères non plus ! Tu vas faire math sup, mais tu es une fille tu devrais faire lettres sup... Une fille qui fait math sup dans une classe où elles ne sont que quatre, six, sur vingt-quatre, est forcément laide, ou laide ou bête...

Je suis devenue chercheur des années durant, chercheur obnubilée par la science, chercheur mais pas chercheur noire, pas chercheur antillaise et les années ont passé dans la construction méthodique de l'être avec ses succès et ses peines, l'assurance d'être dans la bonne voie.

Puis, grignotant le temps, le passé et l'Histoire vous attrapent. On redevient noire, antillaise.

À quoi cela sert-il de savoir si l'interaction actine-myosine du muscle lisse est fondamentalement différente de celle du muscle squelettique ; quel est le rôle précis de la lactoferrine contenue dans le lait de femme ? Est-ce bien mon rôle d'intervenir dans de tels débats, n'y a-t-il pas pour moi, en tant que Noire, que femme, qu'Antillaise, d'autres enjeux à côté desquels je passe, n'est-ce pas l'aboutissement ultime de l'intégration, de l'assimilation de me faire croire que ce sont là mes combats ? Parallèlement, la recherche doit-elle être forcément engagée, orientée ; la science n'est-elle pas universelle ?

Retour en arrière, difficultés désormais de reprendre une communication authentique, à un autre niveau, incompréhension, conflit d'intérêt, conflit intérieur... où est la vérité, où est l'authenticité ?

Mettre ses compétences au service des siens devient suspect, sonne faux, plus personne n'y croit. Pourtant à aucun moment les ponts n'ont été rompus, les choses ont peut-être changé, quelque chose a pu m'échapper mais quoi et quand ?

Pourtant, tous mes engagements, tous mes choix n'ont jamais cessé d'être tournés vers le sens d'un apport à ma culture, à ce qui me concerne au plus fort de mon être, c'est-à-dire le développement des sciences au service de notre cité : implication de stagiaires de haut niveau dans les centres de recherche et les entreprises pour l'étude.

Plus la science m'éloignait de mes racines, et plus elle me rapprochait des préoccupations qui nous sont propres. En effet, l'ouverture internationale qui existe dans les laboratoires de recherche, soit au sein de congrès internationaux, soit par la présence sans cesse renouvelée de chercheurs venus des quatre coins du monde, fait que l'univers dans lequel j'évolue est en foisonnement constant et parcours l'Europe d'est en ouest, Roumanie, Pologne, Russie ; l'Amérique latine, Mexique, Brésil ; Maghreb, Tunisie, Maroc, Algérie ; le Japon ; la Chine et l'Inde. On s'use en frottements enrichissants qui vous confirment encore plus dans ce que vous êtes. Au-delà de la science qui nous réunit, j'apprécie de travailler avec des chercheurs venus d'Iran, du Bahreïn, de Russie, du Japon, de l'île Maurice. Je suis curieuse aussi bien de leur science que de leur culture. On préfère sourire de savoir que là encore être femme n'est pas une sinécure, les diplômes ne donnent pas toujours les mêmes droits et qu'on est plutôt bien loties en France !

J'ai passé deux semaines dans un programme d'échange de chercheurs en Pologne en 1993, seule en plein hiver dans un isolement que je ne pensais pas pouvoir exister, dans une ville loin de la capitale, désemparée, malgré le dévouement de mes hôtes et nos intérêts scientifiques communs. J'ai traversé cette culture, surprise de ce qui j'y voyais, émue par ce que j'y entendais, amusée de l'occidentalisation naissante, respectueuse de la place jadis prédominante des sciences et du combat de mes collègues. Le silence qui régnait le soir renforcé par le bruitage de la télé que je ne comprenais pas, le silence présent dans mes contacts osmotiques avec l'extérieur avec la ville, avec les gens, a nourri en moi une connivence profonde pour ce pays. J'ai pu mesurer ainsi tout ce qui nous séparait de ce peuple mais tout ce qui en nous rapprochait aussi. Lorsque l'avion qui me ramenait à Paris a décollé, j'ai eu l'impression que le souhait profond de solidarité qui m'étreignait le cœur recouvrait la capitale.

À travers ces différentes expériences, j'ai pu me rendre compte combien nous étions, tous, tous ces peuples et moi-même, pétris de complexes, façonnés que nous sommes par l'œuvre d'une tierce et comment ces actions passées restent imprimées pendant longtemps dans notre comportement ; que nous, Antillais, avions eu notre lot mais beaucoup d'autres avaient eu le leur. Ma foi, dans cette construction enchevêtrée qu'est le monde actuel, nous luttions comme les autres pour tirer notre épingle du jeu !

Retour au pays, tout va à une vitesse folle, la famille, les amis, les collègues la vie, tout balance et les enfants, où se situent-ils ? avons-nous tout fait pour qu'ils se situent quelque part ? Il est peut-être temps d'y remédier, et peut-on y remédier et à quoi exactement ?

Difficile de peindre ces émotions, la joie de faire partie d'un groupe, de connaître depuis toujours le médecin, le pharmacien, le boucher, que sais-je, tous les acteurs de sa propre vie, de se retourner, d'avoir ses parents, ses frères et sœurs, ses oncles et tantes, cousins, cousines, belle-famille dans un rayon de moins de dix kilomètres. Il faut pourtant reconnaître quelques difficultés à se positionner par rapport aux autres, et curieusement inversement à se rendre compte qu'on étonne certains, à gérer le quotidien, à assumer la vie au pays.

Jamais je ne m'étais rendu compte que nous étions si proches de notre passé, si proches de l'Afrique par certains côtés. Jamais je n'avais vu ressurgir aussi cruellement les relents de l'esclavage. Peuple en souffrance, peuple au combat, peuple en mutation, et peuple debout bien sûr. Mais aussi, nouvelle donne sociale, positionnement de la femme antillaise coincée entre son besoin d'indépendance et le désir de vivre sa vie de femme, devant l'homme parfois éberlué, quelquefois dépossédé, souvent dépositionné.

Cogitation multiple sur notre avenir, rencontres, dialogue, paroles actions, violences, tous conscients du chemin parcouru, de notre présent écrivant notre futur. Foisonnement culturel, affirmation de la langue, de la peinture, de la sculpture, de la littérature, de la musique et j'en oublie...

Je me gonfle comme une éponge... pour que cette part de vie ne soit pas qu'une parenthèse, qu'une oasis, qu'un exotisme de la vie.

Nouveau départ, on essaie, alors, de se rapprocher de ceux qui nous ressemblent, ceux qui ont eu le même parcours que nous, qui devraient avoir les mêmes aspirations que nous et là, méfiance, que me veut-elle celle là, avons-nous quelque chose à faire ensemble, à voir ensemble, notre intellectualité haut placée, exacerbée, sûrs de notre propre valeur et du fait que nous nous devons d'être méfiants entre nous, font qu'on se rejette, on se méprise parfois et ainsi tout ce qui se ressemble ne s'assemble plus...

Que faire? perdre espoir, laisser tomber, ne plus croire en soi, en les siens? Non, revenir, remettre en cause et se remettre en cause, écouter et s'écouter, regarder et se regarder. Alors on reprend ses esprits tout doucement, sur la pointe des pieds, bien décidée à porter sa contribution dans la construction du millénaire à venir... bien convaincue qu'on a sa place dans ce monde-là.

Et la femme dans tout cela?

On est un tout, et une quête professionnelle reflète forcément une quête personnelle ne facilitant en rien la vie... Eh oui, pendant la période que j'appellerais d'acquisition, trop absorbée par ce stade, l'équation femme, mère épouse, travailleuse se conjuguent à merveille; puis tout se complique en même temps, les conflits se font jour, les différents rôles s'opposent, s'affrontent, coexistent difficilement; alors on se rend compte qu'on est vraiment une femme et, pire, que dix ans ont passé! Ce qui n'est pas fait pour arranger les choses. Femme, à la merci de décisions extérieures, à qui ferez-vous croire que vous êtes capable de déplacer votre famille pour vos propres besoins professionnels? À qui? Rarement à vos pairs masculins...

À qui reconnaît-on de façon complaisante le démon de midi?

Les enfants ont grandi, ils sont devenus adolescents, la communication n'est plus simple, élémentaire, vous ne pensez pas être dépassée. Il faut là aussi se remettre en question pour éviter demain la rupture, le rejet afin de maintenir le dialogue, comprendre l'autre pour accompagner de façon efficace le développement équilibré du futur adulte qui se fait jour avec ses nouveaux besoins, sa personnalité, ses affirmations.

C'est à ce moment précis, à ce tournant de notre vie, que nous regardons nos mères, le cœur débordant d'amour, de tendresse et surtout de fierté, impressionnées par l'œuvre qu'elles ont accomplie en tant que mère, épouse, citoyenne pour que nous soyons là, à notre place, certaines désormais que nous tenons le flambeau que nous devons transmettre.

Thérèse Marianne Pépin, docteur d'État en sciences biologiques, est maître de conférences à l'université des sciences et technologies de Lille (USTL), enseignant vacataire à l'université des Antilles et de la Guyane (UAG). Spécialiste des protéines, elle a publié de nombreux articles dans des revues internationales dans le cadre de ses travaux de recherche à l'Inserm et au CNRS. Elle est, d'autre part, fortement impliquée dans le développement de projets innovants pour les PME-PMI du secteur agro-alimentaire, pour lesquelles elle exerce les fonctions de conseiller technologique.

La loi

CHAQUE FOIS QUE L'ESCLAVE CONTESTE *sa vocation d'outil et porte atteinte à la logique coloniale de l'exploitation, chaque fois qu'il prétend exister comme sujet par l'obstruction au travail ou par la fuite, il encoure des châtiments pour ces délits impardonnables au regard de l'institution esclavagiste. Un arsenal de punitions encadre le monde de la plantation, preuve que malgré leur statut de meubles, les esclaves sont des biens difficiles à gérer... Depuis l'arrivée des premiers bateaux négriers, toutes sortes de résistances entravent le fonctionnement de l'habitation et contredisent, malgré la menace permanente des sévices et du fouet, la légitimité de la domination raciale. Pour pallier le régime disciplinaire instauré par les autorités locales et refréner la violence des planteurs, un dispositif législatif, le Code noir, va normaliser, en mai 1685, la condition servile. En soixante articles, ce document juridique réglemente les rapports maître-esclave et, sous prétexte de réguler l'arbitraire des brutalités, légalise le principe de l'esclavage. Avec une aberrante logique fondée sur le présupposé de la privation de liberté, s'énoncent des droits et des devoirs qui échappent par la nature particulière de leur postulat au cadre des lois françaises. Mais la rationalisation des pratiques esclavagistes n'évite pas les contradictions internes des dispositions légales qui pour des raisons morales et religieuses concèdent une part d'humanité aux Noirs et pour des raisons économiques la renie. Au-delà du bénéfice des sacrements chrétiens et de quelques mesures protectrices, l'esclave n'a vraiment de responsabilité humaine que lorsqu'il désobéit et prend le risque d'apparaître comme une personne pour s'exposer aux sanctions prévues pour ce crime. Dans les autres cas de figure il est au mieux un animal qu'on soigne et nourrit pour préserver sa force de travail et auquel on peut accorder la liberté. Le code prévoit l'affranchissement mais la procédure reste soumise à l'appareil juridique et l'accession à l'existence toujours dépendante de la volonté du maître. Malgré l'ambivalence des énoncés qui hésitent entre le statut d'être inférieur par nature et celui de bien à valeur marchande susceptible d'être vendu, l'idéologie raciale choisit et, en dépit des avatars de l'intérêt et de la pitié, assure avant tout la sécurité et l'efficacité du système esclavagiste. La réglementation des allées et venues, les mutilations encourues pour le délit de fuite disent l'obsession de voir compromis le principe de propriété, tout comme l'interdiction des rassemblements exprime la crainte d'une contestation collective de la servitude.*

Sans contrôle de l'administration coloniale, les clauses qui concernent les conditions de vie matérielle de l'esclave et précisent l'obligation des maîtres sont rarement respectées. L'habillement, la nourriture des adultes et des enfants, les soins des infirmes et des vieillards restent soumis aux règles privées du colon et aux moyens financiers de la plantation. En revanche, les maîtres, pour perpétuer leurs pratiques disciplinaires, prennent acte des articles coercitifs et de l'esprit des lois répressives qui condamnent à l'amputation ou à la mort le fugitif ou le criminel. Mais la tentation d'exercer sa propre juridiction à l'égard notamment du préjudice majeur de la désertion reste toujours vivace et, malgré les limites imposées par le Code et les décrets successifs qui l'amendent, les maîtres s'arrogent souvent le droit de châtier sans tenir compte des ordonnances et sans recourir à l'arbitrage des tribunaux. La justice royale restera toujours complaisante à l'égard des atrocités et des tortures, et le nombre des procédures contre la barbarie des maîtres parfaitement négligeable.

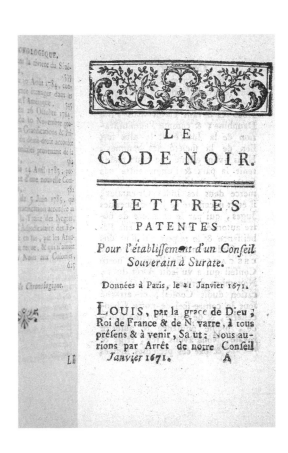

ÉDIT DU ROI SUR LES ESCLAVES
DES ÎLES DE L'AMÉRIQUE*

Le Code noir

ARTICLE 12. – *Les enfants qui naîtront des mariages entre esclaves appartiendront aux maîtres des femmes esclaves et non à ceux de leurs maris, si le mari et la femme ont des maîtres différents.*

ARTICLE 13. – *Voulons que, si le mari esclave a épousé une femme libre, les enfants, tant mâles que filles, suivent la condition de leur mère et soient libres comme elle, nonobstant la servitude de leur père, et que, si le père est libre et la mère esclave, les enfants sont esclaves pareillement.*

ARTICLE 16. – *Défendons pareillement aux esclaves appartenant à différents maîtres de s'attrouper le jour ou la nuit sous prétexte de noces ou autrement, soit chez l'un de leur maître, ou ailleurs, et encore moins dans les grands chemins ou les lieux écartés, à peine de punition corporelle qui ne pourra être moindre que du fouet et de la fleur de lys; et, en cas de fréquentes récidives et autres circonstances aggravantes, pourront être punis de mort, ce que nous laissons à l'arbitrage des juges. Enjoignons à tous nos sujets de courir sus aux contrevenants, et de les arrêter et de les conduire en prison, bien qu'ils ne soient officiers et qu'il n'y ait contre eux encore aucun décret.*

ARTICLE 18. – *Défendons aux esclaves de vendre des cannes à sucre pour quelque cause et occasion que ce soit, même avec la permission de leurs maîtres, à peine du fouet contre les esclaves, de dix livres tournois contre le maître qui l'aura permis et de pareille amende contre l'acheteur.*

ARTICLE 19. – *Leur défendons aussi d'exposer en vente au marché ni de porter dans des maisons particulières pour vendre aucune sorte de denrées, même des fruits, légumes, bois à brûler, herbes pour la nourriture des bestiaux et leurs manufactures, sans permission expresse de leurs maîtres par un billet ou par des marques connues; à peine de revendication des choses aussi vendues, sans restitution de prix, pour les maîtres et de six livres tournois d'amende à leur profit contre les acheteurs.*

---

* Mars 1685, à Versailles (extraits).

ARTICLE 22. – *Seront tenus les maîtres de faire fournir, par chacune semaine, à leurs esclaves âgés de dix ans et au-dessus, pour leur nourriture, deux pots et demi, mesure de Paris, de farine de manioc, ou trois cassaves pesant chacune deux livres et demie au moins, ou choses équivalentes, avec deux livres de bœuf salé, ou trois livres de poisson, ou autres choses à proportion; et aux enfants, depuis qu'ils sont sevrés jusqu'à l'âge de dix ans, la moitié des vivres ci-dessus.*

ARTICLE 25. – *Seront tenus les maîtres de fournir à chaque esclave, par chacun an, deux habits de toile ou quatre aunes de toile, au gré des maîtres.*

ARTICLE 28. – *Déclarons les esclaves ne pouvoir rien avoir qui ne soit à leurs maîtres; et tout ce qui leur vient par industrie, ou par la libéralité d'autres personnes, ou autrement, à quelque titre que ce soit, être acquis en pleine propriété à leurs maîtres, sans que les enfants des esclaves, leurs pères et mères, leurs parents et tous autres y puissent rien prétendre par successions, dispositions entre vifs ou à cause de mort; lesquelles dispositions nous déclarons nulles, ensemble incapables de disposer et contracter de leur chef.*

ARTICLE 36. – *Les vols de moutons, chèvres, cochons, volailles, cannes à sucre, pois, mil, manioc, ou autres légumes, faits par les esclaves, seront punis selon la qualité du vol, par les juges qui pourront, s'il y échet, les condamner d'être battus de verges par l'exécuteur de la haute justice et marqués d'une fleur de lys.*

ARTICLE 38. – *L'esclave qui aura été en fuite pendant un mois à compter du jour que son maître l'aura dénoncé en justice, aura les oreilles coupées et sera marqué d'une fleur de lys sur l'épaule; s'il récidive un autre mois à compter pareillement du jour de la dénonciation, il aura le jarret coupé, et il sera marqué d'une fleur de lys sur l'autre épaule; et, la troisième fois, il sera puni de mort.*

ARTICLE 44. – *Déclarons les esclaves être meubles et comme tels entrer dans la communauté, n'avoir point de suite par hypothèque, se partager également entre les cohéritiers, sans préciput et droit d'aînesse, n'être sujets au douaire coutumier, au retrait féodal et lignager, aux droits féodaux et seigneuriaux, aux formalités des décrets, ni au retranchement des quatre quints, en cas de disposition à cause de mort testamentaire.*

ARTICLE 46. – *Seront dans les saisies des esclaves observées les formes prescrites par nos ordonnances et les coutumes pour les saisies des choses mobiliaires. Voulons que les deniers en provenant soient distribués par ordre de saisies; ou, en cas de déconfiture, au sol la livre, après que les dettes privilégiées auront été payées, et généralement que la condition des esclaves soit réglée en toutes affaires comme celle des autres choses mobiliaires.*

Le fouet
Apolline

J'ai perdu le courage de vivre dans les coups.

Voir rien d'autre que les coups.

Et trembler devant le fouet.

Et toujours être menacée du fouet, parce que c'est la loi.

J'ai pas cru ceux qui juraient que l'Abolition c'était pour bientôt.

J'ai pas eu la patience.

J'ai préféré laisser mon corps à la Lézarde.

Elle coulait dans la furie ce jour-là.

J'ai préféré me laisser emporter par ses eaux furieuses plutôt que livrer encore une fois mon corps à ma maîtresse qu'était trop déchaînée.

Le citron et le piment, je connaissais bien.

Le citron et le piment sur les plaies ouvertes par le fouet.

C'est la loi des esclaves qu'elle disait. Le fouet c'est la nourriture des esclaves. Ils sont toujours à en redemander qu'elle jurait en nous regardant geindre sous le fouet.

J'ai eu qu'à laisser basculer mon corps et les eaux furieuses de la Lézarde m'ont emportée. C'est comme ça que je me suis libérée de ma maîtresse.

J'en voulais plus de sa loi. J'avais déjà tenté de me pendre, d'avaler des racines à poison. Mais j'avais eu trop mal au ventre en voyant les esclaves qu'on dépendait, la langue dehors à faire rire et pleurer. Et les yeux exorbités dans les figures tordues de ceux qui choisissaient le poison comme un dernier recours.

J'ai préféré les eaux furieuses de la Lézarde pour pas laisser mon corps à la risée de ma maîtresse. Pour qu'elle croie que je m'étais envolée comme les oiseaux que les maîtres pouvaient pas mettre aux fers.

La Lézarde, je la voyais chaque jour. Et quand je m'endormais je pensais à elle comme à une amie libre qui se tenait prête à me faire marronner sitôt que je serais disposée.

La Lézarde, elle entendait les cris de tous les nègres et des négresses de l'habitation. Parfois, ses eaux chantaient avec nous les couplets de la misère. D'autres fois, elles causaient la langue révoltée des marrons.

Quand elle m'a emportée, c'est vrai que je me suis sentie légère avant d'être jetée de roche en roche, toute fracassée.

Légère et libre un petit moment.

Tellement beau petit moment que j'ai pas regretté mon geste.

Dans ce petit moment j'ai senti pour la première fois que je m'appartenais. Et j'ai eu des ailes dans ce petit moment.

Des ailes larges plantées dans le dos.

Les ailes de ma liberté…

LA JUSTICE
Jane Morton-Neimar

« *Quand on a réalisé la plénitude, on découvre que rien n'est plus important dans la vie que d'aimer son prochain. Nous devons nous respecter les uns les autres, car nous sommes tous issus du même Dieu, nous devons nous considérer comme divins.* »

SWAMI MUKTANANDA
(extrait).

J e suis née à la Martinique en 1944. Plus précisément au Saint-Esprit, Morne-La-Valeur. Je suis venue au monde dans le lit de ma mère. Mon père était notaire et ma mère, une employée de commerce. Je suis une fille naturelle. Ma mère était la maîtresse officielle de Me Neimar.

J'ai grandi avec mon frère et ma sœur nés du mariage de mon père. C'était comme ça à l'époque. Ma belle-mère n'avait que le droit d'accepter.

Parler de mes parents…

Mon père avait une maman venue de l'Inde. C'était un homme de contrastes, très rigide et respecté dans sa profession. Aussi très séduisant, les femmes ne lui résistaient pas.

Ma mère, née au Panama, avait grandi à la Martinique. Ma grand-mère maternelle était guadeloupéenne. Autrefois, du temps où se creusait le canal de Panama, de nombreux Martiniquais et Guadeloupéens étaient partis pour ajouter leurs bras à ceux des autres venus de toute la Caraïbe. Ma mère, très belle femme, était une câpresse discrète, toute dévouée à mon père. Elle lui est restée fidèle toute sa vie.

J'étais une élève brillante et je faisais la fierté de mon père. J'ai été scolarisée à Fort-de-France, au lycée de jeunes filles. J'habitais avec mon frère et ma sœur dans une maison que mon père louait tout spécialement pour nous. Deux servantes s'occupaient de tenir la maison, de nous préparer à manger et surtout de nous surveiller. Nous étions là pour travailler. Mon père n'aurait toléré aucun écart. Avec ses enfants, il était très strict sur les questions de réputation et de vertu. J'ai décroché mon bac philo en 1962.

L'année suivante, je partais faire mon droit à la faculté de Bordeaux. Là, j'ai tout de suite rencontré mon mari. Et, en 1964, mon fils naissait. On s'est mariés très vite… Ma fille est née en 1965. Cette période de ma vie fut très difficile. Je n'avais aucune expérience. Je me retrouvais d'un coup mère de famille, épouse, étudiante. Je me devais d'être aussi une sacrée militante. Je suivais mon jeune mari dans toutes les réunions de l'Association générale des étudiants guadeloupéens et

martiniquais. Je défilais dans les rues pour toutes les bonnes causes. À cette époque, on était plus ou moins marxistes et castristes convaincus. Évidemment, à ce train, j'ai redoublé ma troisième année de droit. Aussi en 1966, mes enfants sont restés en Martinique avec ma mère. C'était ça ou abandonner mes études. J'ai continué à manifester avec les étudiants de l'AGEG et de l'AGEM. En 1967, pour soutenir les prisonniers politiques du GONG. En 1968, j'étais de ceux qui occupaient la faculté de Bordeaux. J'ai finalement décroché mon CAPA...

Je suis rentrée aux Antilles en 1969. J'ai retrouvé mes enfants. Puis j'ai rejoint la Guadeloupe où je me suis inscrite au barreau. J'ai prêté serment à Basse-Terre. La même année, je plaidais ma première affaire aux assises. En 1970, j'étais déjà réputée. Nous étions cinq ou six avocates sur toute la Guadeloupe. Et la grande figure de Gerty Archimède* nous donnait un entrain formidable. Le bâtonnier Gerty Archimède était notre modèle à toutes et nous ne rêvions que de l'égaler, faire honneur à notre profession.

Vous imaginez bien que ma mère était immensément fière. Je représentais à moi seule la réussite et l'accomplissement de sa vie entière. Si autrefois, elle avait dû supporter le regard des autres, lire un jugement dans les yeux des gens parce qu'elle n'avait été qu'une maîtresse, une femme de l'ombre, elle pouvait enfin relever la tête et dire que sa fille était avocate certifiée, portant jabot et robe noire. Elle aimait assister à mes plaidoiries. Nos regards se croisaient parfois. Je la sentais attentive, concentrée sur mes paroles, toute bouillonnante d'orgueil. Je peux dire, sans fausse modestie, que ma réputation a bien vite grandi. Je crois que j'étais réellement faite pour ce métier. Trente ans après mes premiers pas au tribunal, je regarde le chemin parcouru. Les visages de mes clients défilent devant mes yeux. Hommes et femmes confondus livrés aux articles de lois. Je me vois monter les marches du palais de justice, mes dossiers sous le bras. Combien de fois?... Je me vois plaider. Combien de fois?... Avec dans le dos le regard de mon client qui attend tout de moi, a foi en moi, et espère que je serai à la hauteur, qu'il ne se sera pas trompé en déposant son affaire dans mes mains. Si mon père était notaire, je sais aussi que ma mère était une simple employée de commerce, une maîtresse attitrée certes, mais qui ne pouvait rien revendiquer, tout entière soumise au bon vouloir de mon père. Je n'oublie pas que je fus une enfant illégitime. Peut-être est-ce pour toutes ces raisons que j'ai mis tant d'énergie à défendre les plus opprimés, les faibles et surtout les femmes...

Elles sont venues à moi et ont posé ma réputation de pourfendrice des hommes, que je n'accepte pas tout à fait.

1975 arrive avec l'année de la Femme. Je suis nommée présidente du comité guadeloupéen.

---

* Avocate, parlementaire communiste.

Année inoubliable pour moi, faite de rencontres et de voyages à travers le monde. Les femmes guadeloupéennes se sont comptées cette année-là. Je me souviens de réunions passionnantes dans des salles des fêtes combles. Nous étions comme des fourmis entrant dans tous les coins reculés du pays. Les hommes, très circonspects, venaient d'abord nous écouter avant d'«envoyer» leurs femmes. Les médias nous ont suivies pas à pas. Il faut dire que nous ne pouvions passer inaperçues. La Guadeloupe était drapée de grandes banderoles et d'affiches. Nos revues, plaquettes et fascicules circulaient de mains en mains. Nous étions sans cesse invitées à débattre de la condition féminine sur les plateaux de la télévision ou sur les ondes, et aussi souvent interviewées par les journalistes de la presse écrite.

Les choses sont un peu retombées après l'année de la Femme. Mais ma réputation de redoutable féministe s'était bel et bien enracinée. J'étais devenue, dans l'esprit des Guadeloupéens, l'avocate de référence en matière de divorce. Et beaucoup d'hommes me voyaient comme une terrible ennemie, acharnée à défendre les femmes, fameuse en procédure et campée d'une grande intransigeance, ils se trompent…

Aujourd'hui, mes deux enfants sont avocats. Nous travaillons en famille dans notre cabinet de Pointe-à-Pitre. Près de trente ans après que j'ai prêté serment, je peux dire que les Guadeloupéennes ont réellement évolué, connaissent leurs droits et ne se laissent plus dominer passivement. Mais voilà, si la femme a évolué, l'homme n'a pas vraiment suivi. À bien des égards, il semble dépassé, désarçonné par le nouveau visage qu'offre la Guadeloupéenne. Et je crois que les violences conjugales en forte recrudescence chez les jeunes couples sont bien le fait de ce décalage. Les hommes qui ont continué à recevoir une éducation basée sur le machisme, vivent l'évolution de la femme comme une remise en question de leur pouvoir. Les crimes de sang qui, ces dernières années, ont défrayé la chronique et passionné les foules au tribunal, témoignent bien de l'ampleur du problème. Quand l'homme guadeloupéen comprendra que la femme évolue non pas contre lui, mais pour et avec sa famille, la société guadeloupéenne tout entière prendra un nouvel essor.

Aujourd'hui, je rêve d'un monde où l'homme et la femme seront des bâtisseurs respectueux de la nature.

J'attends la nouvelle ère d'harmonie et de paix.

Je pratique la méditation

Et je chante.

Je chante loin des clameurs du tribunal, loin des atrocités qui emplissent mes dossiers.

Je chante pour un meilleur demain.

LE DROIT
DE PARLER CRÉOLE
Sylviane Telchid

Gawoulé ba kreyol !

L a parole créole dit ceci : « La femme est châtaigne, même si tombée, elle se relève toujours pour renaître et germer, pareille à la châtaigne. » Femme-châtaigne, je suis devenue telle depuis que, par amour de la langue créole, j'ai entrepris sa défense. J'ai été naturellement portée dans ce combat. Très tôt, s'était nichée en moi la conviction que le créole devait être reconnu par mes compatriotes et de ce fait avoir droit aux mêmes égards que le français.

Du plus loin que je puisse remonter dans mon enfance, j'entends ces sons créoles qui me hèlent et m'attirent. Mots créoles que je veux rouler dessous ma langue et sucer et crier. Mais le créole est langue interdite, dénigrée sur la place publique, bannie des écoles, langue scandaleuse qui charroie les jurons et sied aux bouches des nèg-bitasyon, des nèg-madrébol sans éducation ni grande instruction.

Politesse exige le français.

Courtoisie sourit en français.

Élégance s'habille en français.

Intelligence s'épelle en français.

Alors comprenez, autrefois, lorsqu'on avait un tant soit peu de correction et qu'il s'agissait de s'exprimer publiquement, à la radio, dans les églises et les administrations, l'usage du français était la règle incontournable. Hélas, que de fois de pauvres nègres ignorant les pièges et secrets de la langue française ont dû pratiquer de véritables contorsions de langue pour enfin balbutier un français *jèkètèkè*, soulevant l'hilarité des parleurs de français sans faille qui avaient la chance de manier la sainte langue avec habileté.

Ces derniers utilisaient aussi le créole, mais dans des circonstances particulières : pour admonester, rabaisser, babiller, ou raconter une belle blague qui ne valait qu'en créole. Et puis, il y avait les *Grands-Grecs* du français… ceux-là s'évertuaient à montrer au maître blanc que, tout petit-fils d'esclaves qu'ils étaient, il leur était aisé de s'exprimer dans un français supérieur à celui du plus *Grand-Grec* de France. Leur parler n'était qu'effets de langue, bousculade de passés deuxième forme du conditionnel et d'imparfaits du subjonctif. J'ai assisté

à des conférences politiques extraordinaires. Les orateurs discouraient dans un niveau de langue si recherché que l'auditoire, ébloui par la grandeur et la hauteur du français, ne se rendait même pas compte qu'il applaudissait furieusement la seule langue française derrière laquelle se cachaient d'obscures promesses électorales. Ces dinosaures de la parole *grand-grec*, nostalgiques de ce passé glorieux, ont fait quelques émules qui sévissent encore aujourd'hui, pompeux, empêtrés dans une langue française empoussiérée.

Il a existé chez nous un nombre relativement important de bons mots sur les confusions syntaxiques proférées par des personnes ne maîtrisant pas le français. Pendant de longues années la peur de mal dire a engendré des classes silencieuses, des auditeurs muets, passifs, inquiets de piétiner la sacro-sainte langue française.

J'ai fait partie de ces enfants à qui le créole était interdit. J'ai eu droit à des rincées, à des calottes, à des punitions qui me semblaient injustes toutes les fois que j'enfreignais cet interdit. J'ai souvent pleuré de rage, des pourquoi me brûlant les lèvres.

Cependant, et ce malgré les délations entre camarades de classes — délations approuvées par enseignants, parents, et éducateurs religieux — je continuais à parler créole. Non pour défier l'autorité adulte, mais parce que le créole était vivant en moi, coulait vrai, épousait d'une manière unique mes pensées, mes actions. Ce n'est pas un hasard si mes meilleures camarades de classe étaient filles de la campagne, si je me sentais si proche de ma cousine Céline, chez qui le créole n'était pas interdit. Partager cette langue entre nous était comme des parenthèses de liberté. Paroles soufflées en cachette qui portaient une jubilation de « dire » en créole. Paroles déclamées quand l'école ouvrait, une fois l'an, ses portes au créole. Brèves heures où la langue interdite, soudain autorisée, montait sur une estrade et se déployait en saynètes, chants et poésies...

Lorsque je deviens professeur... de français ! le créole subit encore fortement le poids de ces interdictions. Je le parle néanmoins à mes élèves. Eux me répondent en français, par respect, parce qu'un enfant bien éduqué ne parle pas le créole à une grande personne. Ces moments privilégiés tissent les fils d'une invisible complicité ; nous nous reconnaissons d'une même culture. Aujourd'hui, mes anciens élèves ne manquent jamais de me rappeler ces instants volés au français où le créole surgissait soudain, secouant la pesanteur du cours.

Mes propres enfants ont été nourris de contes et comptines, berceuses, jeux, devinettes, légendes en créole. Bien sûr, ils ont appris le français, mais ils ont été mes premiers élèves en créole.

Au début des années 80, je faisais partie d'une petite équipe d'enseignants qui, quatre ans plus tôt, avait introduit le créole sous forme d'ateliers au sein même du collège. L'expérience s'avère positive. Nous obtenons les autorisations administratives permettant que le créole soit enfin enseigné officiellement aux élèves. Cet événement déclenche un tollé et des protestations véhémentes s'élèvent de toutes les couches sociales.

Oser inscrire le créole dans l'ordre très fermé des programmes scolaires ! Oser même penser donner à cette langue à *vyè nèg* un statut égal à celui du français ! Oser intervenir en créole sur les médias ! Oser montrer à la télévision des élèves s'adressant en créole à leur professeur ! Être femme, enseignante de surcroît, et parler créole en public ! Sacrilège ! Toutes les règles établies en sont bouleversées, tous les repères brisés.

Cette affaire fait grand bruit. Pas une fois je n'ai imaginé que la langue créole puisse encore déchaîner tant de passions. Je pensais sincèrement que les mentalités avaient évolué... Je voyais tous les jours les Guadeloupéens pratiquer le créole avec plus de liberté. J'étais persuadée qu'ils s'étaient débarrassés d'une grande partie de leurs a priori. Dans ce grand débat, les femmes faisaient entendre leurs voix avec force. Certaines réagissaient avec violence, provocation, allant même jusqu'à l'insulte. Elles exigeaient le rejet total et immédiat d'une langue créole qui ne ferait qu'enfoncer les Guadeloupéens — les enfants en particulier — dans l'ignorance, voire l'obscurantisme. Le créole était, selon elles, responsable de tous les maux, notamment de l'échec scolaire et des difficultés lors de l'apprentissage de la langue française. Elles refusaient toute discussion, leur stratégie était l'obstruction systématique.

Les autres, celles qui nous soutenaient, pour beaucoup des anciennes élèves, proposèrent d'initier des réunions d'informations, auxquelles étaient invitées des personnes parées pour l'écoute. La sérénité présidait à ces débats où j'expliquais la nécessité pour tout être humain de bien intégrer sa langue et sa culture afin qu'il acquière la fierté de lui-même, le respect de sa culture. Je voulais qu'elles comprennent le sens de mon combat pour le créole, parce que, selon moi, la négation de l'identité culturelle entraîne la négation de l'individu et qu'il était temps de se défaire des complexes d'infériorité qui nous aliénaient, que l'heure était venue d'en finir avec l'auto-dénigrement. J'expliquais que le créole ne se posait pas en adversaire du français mais comme la composante de base de notre culture et que tout Guadeloupéen devrait se sentir libre entre ses deux langues. Et se poser en défenseur du créole signifiait simplement se battre contre une injustice, celle du reniement de tout l'être profond guadeloupéen.

Je le constate chaque jour, le créole est la langue qui me permet d'être moi, dans les tréfonds de mon âme, en ces moments où — l'impression est vive et saisissante — la langue française semble soudain manquer de force pour dire le ressenti. Alors, quelle autre voie? sinon chausser ses éperons naturels…

Mon combat pour le créole englobe un autre combat : celui de la reconnaissance de l'être guadeloupéen dans et avec le reste du monde. Je pense que c'est à nous, femmes, mères et éducatrices, d'en assurer la réalisation.

Notre équipe travailla à l'écriture d'ouvrages en créole destinés à un plus large public. Je me souviens, comme si c'était hier, du jour où nous avons été invités à présenter sur une radio officielle notre premier dictionnaire créole-français. Quatre années s'étaient écoulées depuis nos premières réunions et l'introduction du créole au collège. Le créole n'était plus la langue honteuse et j'étais fébrile et anxieuse, heureuse aussi d'avoir pu contribuer à sa reconnaissance. Nous les auteurs — deux femmes et un homme — attendions dans un petit hall. Des gens allaient et venaient, s'arrêtaient pour faire une réflexion, féliciter, questionner, encourager… Et toutes ces paroles allaient au seul homme. Nous les femmes étions devenues transparentes. Cette attitude, ces comportements, je les ai maintes fois retrouvés, en d'autres lieux et plus tard pour d'autres ouvrages sur lesquels nous avions travaillé ensemble. J'ai souvent éprouvé un grand sentiment de frustration car je ne ménageais ni ma peine ni mon temps pour ce travail passionnant mais souvent ingrat.

J'ai parfois chancelé, titubé, me sentant d'un coup dépossédée de l'enthousiasme et de la confiance qui m'animaient. Pendant dix ans, j'ai résisté aux assauts, puis aux escarmouches des opposants au créole. Ma mère a été l'une de mes plus ferventes supportrices. Malgré son âge avancé, malgré la «bonne éducation» qu'elle m'avait donnée, elle avait compris le sens de mon engagement. C'est elle qui me ramena à la raison lorsque je baissai les bras — «Petite pluie n'est pas déluge. Je te croyais plus combative», me dit-elle un jour.

Pour m'imposer, aller au bout de mes travaux, j'ai dû me détacher du groupe, produire mes propres œuvres, affronter seule les médias.

Aujourd'hui les cours de créole ne sont plus critiqués, les outils pédagogiques se multiplient et l'université propose des études supérieures en créole. D'une manière générale, l'attitude du Guadeloupéen, des jeunes en particulier, n'est plus la même face au créole. C'est, je crois, le résultat de la lutte d'organismes culturels et cultuels, de syndicats, de groupes politiques et d'individualités, véritables pèlerins de la langue. J'ai la conviction qu'une vraie politique des langues parlées en Guadeloupe sera mise en place par la jeunesse qui subit, certes, les séquelles de la colonisation, mais avec beaucoup moins de violence que les générations précédentes, et pour qui le terrain est grandement déblayé. À la fin des années 70, un intellectuel guadeloupéen avait dit : «Le créole est moribond, laissons-le mourir de sa belle mort!» Moi, je dis aux jeunes : «Ne rendez pas vain notre combat pour le créole, langue issue de déracinements, de viols, de déchirements, mais langue quand même! Et quelle langue!... Une originalité syntaxique, une diversité sémantique, une richesse lexicale et métaphorique. Une langue qui vibre, qui vit! Mettez tout en œuvre pour que perdure le créole et qu'enfin nous soyons Nous : ni Européens, ni Africains, ni Asiatiques, ni Proches-Orientaux, mais un peu de tout cela à la fois... c'est-à-dire créoles!»

Sylviane Telchid est professeur de français. Son travail sur la langue créole a produit une bibliographie importante.

1983, *Je Kréyol* (jeux créoles pédagogiques), AKPK Éditions.

1984, *Dictionnaire créole-français* (coauteur), Hatier.

1985, *Ti Chika et... d'autres contes antillais*, Éditions caribéennes.

1986, *1000 proverbes créoles de la Caraïbe francophone*, ACCT/Éditions caribéennes.

1986 *Kosyè* (22 leçons de créole, 6ᵉ) coauteur, CDDP.

1989 *Fables de La Fontaine en créole* (cassettes audio), EDPE.

1990 *Le Créole sans peine* (coauteur), Assimil.

1994 *Écrire la parole de nuit* (collectif), Gallimard.

1996 *Throvia de la Dominique* (roman), L'Harmattan.

1996 *Dictionnaire du français régional des Antilles*, Bonneton.

Pour le théâtre,

De 1984 à 1995 : adaptation créole

Gouverneurs de la Rosée, de Jacques Roumain.

Le Bel Indifférent, de Jean Cocteau.

L'Avare, de Molière.

La Gonfle, de Roger Martin du Gard.

Robinson et Vendredi, de Paul Fournier.

Sévices
et châtiments

« Le fouet, le carcan, les chaînes, le cachot sont les instruments ordinaires de la discipline des ateliers ; ils existent sur toutes les habitations ; les femmes et les enfants y sont sujets comme les hommes les plus robustes. Je viens de voir, aux Trois-Rivières, un enfant de douze ans ayant le corps tout sillonné de coups de fouet qu'il a déjà reçus.

« Lorsque mon ministère m'appelait dans les Grands-Fonds, je passais ordinairement sur les terrains de cette même habitation, appelée Bel-Air, du nom du propriétaire. J'avais remarqué, contre la muraille de la maison, une sorte de cage en bois, de deux pieds au plus de hauteur, et très étroite. Elle est exhaussée de plusieurs pieds au-dessus du sol et posée sur quatre pieux. Je l'avais prise pour une volière à pigeons ou une cage à lapins. Imaginez quelle fut mon indignation quand un jour, entrant dans la maison avec le médecin du bourg, M. Annet, j'aperçus à travers les fentes des planches, blotti, non pas un animal, mais un être de notre espèce !

« Toutefois, cette bière aérienne n'est pas, à beaucoup près, aussi affreuse que ces tombes à l'usage des vivants, bâties en maçonnerie, qu'on trouve sur la plupart des habitations, et dans lesquelles le malheureux qui y est emboîté se trouve tout à la fois privé d'air et de lumière. »

ABBÉ DUGOUJON,
Lettres sur l'esclavage dans les colonies françaises (extrait).

L A DÉSOBÉISSANCE AUX RÈGLES DU TRAVAIL qui *fondent la société coloniale entraîne de lourdes sanctions partagées indifféremment par les hommes et les femmes. La similitude des châtiments traduit cette confusion des sexes induite par la conformité des rôles dans les pièces de cannes. La moindre réticence au maniement de la houe se solde par la menace du fouet. Dissuasif et punitif, il claque du matin au soir pour ponctuer les commandements et se révèle aussi un instrument de violence. À terre, écartelée par quatre pieux ou ligotée à la verticale sur une échelle, l'esclave recevra le nombre de coups mérités pour son indiscipline. Un siècle après la promulgation du Code noir une ordonnance royale les limite à cinquante, une précision quantitative qui s'ajoute à la stricte réglementation des châtiments permis : les chaînes, les verges et les cordes... Mais une panoplie de sévices indifférents au droit organise la répression où le désir de punir et de faire souffrir pour éviter la récidive le dispute à la volonté d'humiliation. En fonction de la gravité des fautes, de leur répétition éventuelle, tout un dispositif sadique pénalise les coupables avec une préférence marquée pour la détention à la barre ou le collier de clous : des pratiques immobilisantes susceptibles de décourager les marronnes ou les malades imaginaires... Sans dispenser des coups infligés avec un nerf de bœuf ou avec des* lianes, tout un dispositif d'entraves comme le carcan ou les fers, revendique sous le regard collectif la domination du corps esclave. L'enfermement véritable à la geôle, l'isolement dans des cachots obscurs imaginés à la fin de la période coloniale sur les grandes sucreries, réaffirment de manière explicite le statut de l'esclave. Son incarcération objective devient l'aveu manifeste d'une condition commune à celle d'une prisonnière... L'arsenal des supplices échappe à l'exhaustivité du catalogue et du plomb en fusion versé sur les blessures, des plaies enduites au piment au clouage d'une oreille, toutes les ressources de la cruauté la plus perverse se mobilisent pour répéter la nécessité de l'obéissance et le prix de la transgression. Des sanctions plus radicales condamnent pour l'exemple les indéfectibles rebelles, les incorrigibles insoumises qui sabotent le système par l'assassinat des Blancs, des incendies volontaires ou des empoisonnements. Mais c'est sur le terrain du châtiment des fugitives que s'exacerbe surtout la barbarie. Comme le suicide ou l'avortement qui attentent directement à la propriété du maître, le marronnage constitue un crime qui lèse les intérêts du colon. Sur ce chapitre du délit de fuite comme sur celui du recel d'esclaves échappées, les prescriptions du Code noir sont explicites. La lecture en créole de l'article 38 martelé dans la rue Case-Nègre après la prière matinale ne laisse pas de répéter les mutilations prévues par la loi. Si elle ne connaît pas toujours son droit à l'habillement et à la nourriture, l'esclave n'ignore pas les risques de la liberté... Pour faire écho à la dureté de la répression des planteurs, le droit pénal colonial prévoit même de renforcer l'infamie du marquage au fer par l'amputation du nez. Sous la pression de l'opinion philanthropique ces pratiques vont se raréfier au début du XVIIIᵉ siècle et les peines se nuancer pour prendre en compte la durée de l'évasion, le nombre de récidives dans une évaluation toujours soumise à l'arbitraire du colon. Mais davantage que les ordonnances réformatrices inspirées par la pensée humaniste, la raréfaction et la hausse du prix des esclaves impose un frein aux brutalités sans que les textes officiels ne changent la mentalité des colons.

Si les femmes ont davantage échappé aux extrémités de la roue, de la pendaison et du bûcher, il n'est pas certain que cette exemption relative de la peine capitale soit le signe d'une meilleure adaptation à la servitude, voire d'une collusion avec l'institution esclavagiste. Beaucoup de planteurs se plaignent dans leur correspondance de la difficulté à gérer les femmes, de leur propension à engager des confrontations verbales ou physiques et à opposer une attitude souvent provocante. Une source d'irritation constante pour les commandeurs qui ne leur ménagent pas les punitions. Loin d'être dispensées de la violence de la plantation, négresses de houe ou esclaves de la grand-case partagent son régime de terreur. Comme femmes, elles subissent de plus des agressions sexuelles qu'aucune sanction ne réprime. Seule la politique nataliste imposée par la nécessité économique viendra améliorer le traitement des mères qui enduraient au premier siècle de l'esclavage le mode général des réglementations du travail et la sévérité des peines. Avec bien des dysfonctionnements et des lenteurs d'application émerge une génération de mesures plus humaines, comme la dispense des champs pendant la grossesse, l'accès aux soins médicaux, l'avantage d'une meilleure alimentation. Dans ses tentatives pour endiguer la dénatalité et la mortalité infantile, l'ordre colonial concède à la maternité un nouveau statut. Grâce à cette fonction de génitrices, les femmes se voient gratifiées d'une meilleure condition en échange de leur participation à la permanence et à la reproduction de l'institution esclavagiste. Au XVIIIe siècle sur les grandes plantations d'autres bénéfices comme l'affranchissement légal après de nombreuses maternités ou les privilèges de la liberté de « savane » témoignent de cette incitation nataliste dont l'efficacité sera toujours en deçà des espérances de la plantocratie.

Mais cette révision de la situation des mères s'intègre au protocole plus général des améliorations inspirées par l'intérêt de mieux gérer le capital humain. Loin d'être étendus à toutes les habitations, ces efforts proportionnés aux moyens des colons souvent endettés ou à court d'argent, manifestent aussi l'influence de la sensibilité abolitionniste. Si, au bénéfice du doute, on peut gratifier certains planteurs d'un éveil de conscience, beaucoup s'appliquent par l'assouplissement de la règle esclavagiste à devancer les protestations et les attaques des Amis des Noirs. La contestation par les procureurs et les géreurs des textes législatifs de 1784 et de 1785 qui formalisent certains changements dans le sort des esclaves marque bien la permanence de l'hostilité aux réformes sociales. Au lendemain de la Révolution française, la régression des pratiques les plus atroces témoigne autant de la peur des représailles et des révoltes d'esclaves que du résultat des propagandes menées en métropole contre la dureté de la condition servile.

L'oreille coupée

Rosette

J'appartenais à mon maître Jaham. Il a tué mon fils. Seigneur, mon maître a tué mon fils ! J'ai couru folle dans les rues de Fort-Royal. Je l'ai crié dans les rues de Fort-Royal !

Je l'ai crié ! Et ma gorge était pas assez large pour donner passage à mes cris qui enflaient dans mon ventre.

Je l'ai crié si fort dans les rues de Fort-Royal, qu'on a mis mon maître et son frère en procès à la cour d'assises de Saint-Pierre.

Mon maître a tué mon enfant !

Audience du 18 décembre 1845

Les faits reprochés à Octave Jaham en particulier sont, notamment 1) d'avoir infligé à Rosette, enceinte, des coups de fouet, la tenant étendue par terre, les mains liées derrière le dos, le corps mis à nu, exposé à l'ardeur du soleil, coups qui ont occasionné des lésions de l'épiderme avec effusion de sang, et d'avoir fait imprégner les blessures saignantes de citron et de piment, et contraint Rosette de retourner en ville, malgré ses souffrances et la distance d'une heure et demie de route ; 2) d'avoir, quelques jours après, renouvelé le même châtiment, parce que Rosette n'était pas remontée assez tôt de la ville, où elle avait été envoyée vendre du charbon ; 3) d'avoir tenu aux fers Gustave malade, dans un parc à veaux, ouvert à tous les vents, lieu humide et destiné aux animaux, d'où il était retiré le jour pour aller au travail avec un carcan de fer ; 4) d'avoir tenu, accouplés à une même chaîne, Gustave et Jean-Baptiste âgé de douze ans, les contraignant par des coups, dont un autre esclave leur faisait menace, à travailler en chantant le mode de travail auquel ils se livraient, pour que les frères Jaham, de leur maison, fussent instruits de ce qu'ils faisaient. Ainsi, on leur faisait chanter dans leur langage : « Nous arrachons les herbes, nous sarclons, etc. » ; 5) d'avoir tenu Gustave aux fers, pendant la nuit, durant plusieurs semaines, et dans une position si gênante, qu'il ne pouvait ni se coucher ni dormir ; 6) d'avoir accablé de chaînes et de fers le petit Jean-Baptiste âgé de douze ans ; 7) d'avoir ainsi occasionné la mort, sans intention de la donner, de Jean-Baptiste et de Gustave ; 8) d'avoir frappé et fait frapper Vincent, âgé de six ans, d'une manière excessive, et de lui avoir causé une maladie de plus de vingt jours.

L'accusation reproche aux deux frères, en commun, d'avoir complètement négligé la nourriture et l'entretien, et d'avoir fait avaler à leurs esclaves des excréments d'hommes et d'animaux mélangés ; elle reproche, en particulier, à Charles Jaham d'avoir, avec une jambette, coupé un morceau de l'oreille du petit nègre Jean-Baptiste et l'avoir contraint à l'avaler avec un morceau d'igname imbibé du sang qui coulait de l'oreille mutilée.

Mon ancien maître M. Desfontaines nous avait vendus aux Jaham avec son habitation. C'était pas un mauvais maître, M. Desfontaines. Donnait pas le fouet à ses esclaves. Leur faisait pas subir tous ces sévices. C'était un bon Blanc, il a été bon pour moi.

Charles Jaham a coupé l'oreille de mon Jean-Baptiste pour une corbeille d'ignames. Des ignames pour faire taire la faim de son ventre. Des ignames qu'il s'en était allé voler chez le voisin de mon maître, M. Monlouis-Lecouvreur.

Charles Jaham a coupé l'oreille de mon petit. Il a pris un morceau d'igname dans la chaudière, l'a passé sur le sang qui coulait de l'oreille coupée. Et il l'a fait manger à mon Jean-Baptiste. Et puis il a fait apporter des excréments de chien, de cochon et d'humain. Et il a tout fait fourrer dans la bouche de mon Jean-Baptiste.

AUDIENCE DU 21 DÉCEMBRE 1845

Solitude, vieille négresse, ancienne esclave des accusés, vendue depuis le procès, prête serment. Elle couchait dans la cuisine, tout près de la maison, elle a vu Gustave, la nuit, à la gêne ; la ligne qui lui liait les mains derrière le dos était retenue dans la chambre de M. Jaham, dont la cloison est adossée à la galerie. Elle a vu le sieur Charles Jaham couper le bout de l'oreille de Jean-Baptiste. Elle confirme tous les autres faits.

Mon enfant est plus sorti des fers après cette nuit-là. Avant qu'il en finisse avec la vie, des vers grouillaient déjà dans sa bouche et son nez.

AUDIENCE DU 22 DÉCEMBRE 1845

Le témoin Angela, esclave des accusés, dépose sans prestation de serment. Elle a vu châtier Rosette par M. Octave Jaham, et lui frotter ensuite du piment et du citron. Elle a vu Gustave malade dans le parc à veaux et enchaîné ensuite avec Jean-Baptiste. On les battait souvent. Ils chantaient par contrainte du matin au soir le dégoûtant refrain imposé par leurs maîtres après la fustigation ; elle les a vus avaler des excréments. Les deux accusés étaient présents et l'aîné riait beaucoup.

Il est mort pour une corbeille d'ignames, mon Jean-Baptiste. Pour trois, quatre têtes d'igname, non! il méritait pas ces châtiments. Mon maître Jaham a rappelé tous les petits Blancs des environs. Fallait voir ça... Ils sont venus raconter comment il nous traitait bien, nous ses esclaves. Mais c'est tout des mensonges. Ici-là, la parole d'un nègre vaut pas celle d'un Blanc. Tout était que mascarade dans ce tribunal. Et je croyais qu'on aurait eu pitié. Mais une corbeille d'ignames vaut plus que la vie d'un négrillon.

AUDIENCE DU 24 DÉCEMBRE 1845
Acquittés!

Quand même! Aller jusqu'à couper l'oreille d'un enfant de douze ans! Et lui faire manger après. Mon pauvre Jean-Baptiste! Enflé qu'il était.
Des vers sortaient par sa bouche et son nez.
J'ai rien d'autre à dire.
J'ai plus de cris dans le corps.
J'ai plus de sentiments.
J'ai donné la vie et j'ai vu la mort tomber sur mes enfants. Les prendre au milieu des rires de mon maître.
J'ai plus rien à dire à ce monde.

IL ME COGNAIT
Emma

« *Cette nuit-là, Élie rentra encore plus tard qu'à l'ordinaire, et me tirant du lit, il commença à me frapper avec acharnement, sans émettre une seule parole. De cet instant date ma fin et désormais honte et dérision furent mes anges et mes gardiens. Élie revenait au milieu de la nuit et prenant des airs supérieurs... je suis une étoile filante, négresse, je fais ce qui me plaît et voilà pourquoi tu vas te lever, faire chauffer mon repas sans me donner le temps de battre mes deux paupières. Je ne criais pas sous ses coups, soucieuse uniquement de mettre mes bras en croix afin de préserver mes yeux et mes tempes. Mais cette attitude décuplait sa furie et il me tannait de toutes ses forces en répétant... pour toi six pieds de terre et pour moi le bagne, ma congresse.* »

Simone Schwarz-Bart,
Pluie et Vent sur Télumée Miracle.

*I*l a toujours aimé me battre, c'est vrai. On n'était même pas mariés qu'il me cognait déjà. Moi, je pensais qu'à la longue, il finirait par s'adoucir et plus se fâcher pour un rien. Et plus donner d'importance aux paroles qu'on collait à chacun de mes pas.

Je me suis mariée en 1976. J'étais une jeune institutrice en ce temps-là. Lui, il avait son petit magasin d'outils. Une sorte de quincaillerie à Fort-de-France. Je me suis mariée par rapport à mon père qui était tellement sévère. Tout le monde tremblait à la maison. Les filles, surtout, devaient marcher droit, surveiller leurs fréquentations, pas faire l'offense de tomber enceintes avant d'être une Madame mariée.

Lucien a toujours été autoritaire et très jaloux. Sa jalousie, je la prenais pour de l'amour. Je devais faire attention à chacun de mes gestes, ne pas croiser le regard d'un autre homme, ne pas sourire, ne pas causer trop longtemps avec le pharmacien, le directeur de mon école, mes collègues de travail.

Lucien faisait irruption à n'importe quelle heure dans ma classe. Il voulait me prendre en faute. Et quand je rentrais à la maison, il cherchait une tête d'épingle pour me rouer de coups.

La première fois que j'ai dû mettre des lunettes noires pour aller à l'école, j'ai éprouvé une très grande honte. J'ai essayé de prendre un congé de maladie, le temps que ma paupière soit moins noire et enflée. Mais Lucien me l'a interdit. Il croyait que je voulais en profiter pour récupérer un certificat médical pour coups et blessures.

J'ai dit à mes collègues qu'en faisant le ménage je m'étais cognée au rebord de la table de la salle à manger.

Lucien m'a demandé pardon plusieurs fois. Il m'a juré aussi de ne plus me toucher, de ne plus jamais me battre. Chaque fois, je lui donnais sa chance.

… Donne-moi encore une fois ma chance, Emma ! Je te jure, je recommence plus ça !

Je crois qu'il prenait plaisir à me frapper… J'ai compris après notre divorce qu'il ne pouvait pas se retenir. Il devenait lion et me tombait dessus sans regarder où portaient les coups. J'ai tenu cinq ans. Et j'ai demandé le divorce.

Aujourd'hui, j'ai un ami. Pour l'instant chacun vit dans sa propre maison. Il veut m'épouser. Je ne suis pas prête à accepter ! Il est très tendre, charmant, amusant… Nous nous entendons bien au lit… Mais je ne veux plus de vie commune. J'ai vraiment peur de le voir changer à partir du moment où il me donnera son nom. Des fois, il me dit : « Je veux que tu portes mon nom ! Je veux que tu sois ma femme ! Je veux que tu sois tout entière à moi ! » À ces moments-là, j'ai vraiment peur. Je tiens aussi à lui, mais je ne veux pas porter son nom, je ne veux pas lui appartenir, je ne veux pas être à lui tout entière… Depuis que je suis divorcée, je me sens libre. Et je ne crains plus de rentrer chez moi. Je ne tremble plus en entendant arriver sa voiture. Je sais que personne ne me battra, ne me bourrera de coups de poing et de coups de pied, ne me traitera de sale garce ! négresse en chaleur !

LE VIOL
Sergine

M on père m'a violée quand j'avais dix ans. Il faut que les gens le sachent. Il l'a fait le jour même où ma mère est partie accoucher d'mon p'tit frère. C'était y a seize ans. Après, il a continué chaque fois qu'i trouvait l'occasion.

Ça m'fait rien d'revenir sur cette histoire. C'est fait, c'est fait, j'veux seulement qu'ça serve à d'autres qui savent pas.

J'le revois plus maintenant.

C'est fait, c'est fait.

Le plus drôle, c'est que jusqu'à maintenant, j'sais pas si ma mère était au courant. On en a jamais parlé.

Avec lui non plus j'en ai jamais parlé.

Tout c'que j'veux dire aujourd'hui, c'est qu'ça doit plus se reproduire avec les filles, avec tous les enfants. Ils doivent plus être obligés d'subir ces choses sales. On doit les défendre, les protéger. Après c'est trop lourd à porter pour une vie.

J'lui ai pardonné maintenant. C'était un pauvre bougre.

Même si dans mon cœur, j'oublie pas, j'lui ai pardonné.

J'prie même pour lui à l'église.

J'ai été enceinte de lui. C'est horrible, hein! d'être enceinte de son père. Tu as le sentiment d'être un démon et de porter l'enfant du diable.

Quand ma mère a compris qu'j'étais enceinte, elle m'a fait boire des tisanes et j'ai revu mes règles. Elle m'a jamais demandé le nom du *boug* qui m'avait fait ça. Elle m'a juste fait boire des tisanes qui m'donnaient mal au ventre et faisaient r'venir mes règles.

J'crois pas que j'sais ce que ça veut dire l'amour comme on voit à la télé. J'crois que c'est des affaires de Blancs. C'est leur monde à eux. Ils ont tout l'temps pour ça. Les hommes d'ici, ils prennent que l'temps d'marcher derrière les femmes qu'i possèdent pas. Si un homme te veut, il te traitera bien tant qu'il n'aura pas fourré son fer dans ton corps. Après, i'te voit plus toi, i'voit qu'un trou.

Mon père, i'me voyait comme un trou où i se vidait.

Les histoires entre hommes et femmes de chez nous sont vraiment pas jolies ici. *A! ou dou, ou sikré!* qu'il disait quand il vidait son truc dans mon corps. J'avais envie d'vomir.

J'suis fière d'une chose, c'est d'mon lolo. Ma boutique. C'est ma marraine qui me l'a laissée en héritage. J'ai eu cette chance. J'suis allée à l'école jusqu'en classe de troisième. Après, j'ai commencé à travailler avec elle. Ma marraine s'appelait Edwige. Je l'ai toujours connue debout derrière son comptoir en train d'peser la morue, les livres de farine, d'lentilles et d'pois. Elle était veuve et n'avait pas eu d'enfant. Elle m'a toujours fait confiance, pour aller dans la caisse, toucher l'argent et rendre la monnaie.

C'est quand je suis allée habiter chez ma marraine, juste au-dessus de sa boutique que mon père a fini d'me violer. J'ai déménagé mes affaires de chez mes parents au fur et à mesure, *kon rat ka chayé!* J'ai plus jamais dormi dans ma chambre. Et j'ai plus parlé à mon père. J'lui disais juste bonjour et puis rien d'autre.

J'me souviens, parfois i'me demandait de lui dire que je l'aimais, que je n'aimerais que lui, toute ma vie, même quand j'aurais connu d'autres hommes. Et i fallait qu'je l'suce. C'est pas des choses qu'un père doit d'mander à sa fille, non, c'est pas des choses dignes d'un père...

Quand il a compris que j'viendrais plus dormir à la maison, il a commencé à m'fuir, à plus pouvoir soutenir mon regard. J'ai su qu'i disait à ma mère que j' préférais la boutique de ma marraine parce qu'il y avait là-bas des hommes qui' me courtisaient.
Oui, p't-être que j'devrais en parler à ma mère. Ça servirait à quoi? Est-ce qu'elle m'croira? J'suis pas sûre. Il sort plus beaucoup maintenant. À cause de son diabète, i'doit pas faire d'excès, pas trop boire, et manger à heures fixes. Ma mère s'occupe bien d'lui. Elle dit qu'il a changé en mieux.

Les hommes qui v'naient à la boutique de ma marraine étaient contents de voir une jeunesse. Ma marraine était du genre négligée. S'occupait pas d'son corps. Traînait les pieds dans des vieilles savates. Se coiffait qu'le soir et ses cheveux étaient mal peignés toute la journée. Elle était grosse et portait des robes larges qui avaient toujours un accroc ou une tache sur le devant.
Moi, j'mettais des robes propres, des jeans, des T-shirts... J'me maquillais et j'avais les cheveux bien arrangés toute la journée. On ouvrait la boutique à cinq

heures et demie pour que les ouvriers de la banane aient le temps d'acheter leurs pains, leurs morceaux de fromage, leur boîtes de pâté et leurs bières.

À la fin de sa vie, ma marraine ne s'levait plus si tôt. J'me trouvais seule debout derrière le comptoir. Et les hommes défilaient, avec leur monnaie et des mots doux à la bouche.

Ma marraine, c'était une brave femme. Un jour, elle s'est habillée comme pour aller à la messe et elle m'a dit : «Aujourd'hui nous allons chez le notaire pour mettre nos p'tites affaires en ordre.»

C'est comme ça que j'ai hérité d'mon *lolo*.

Elle m'a tout appris, ma marraine : passer les commandes aux fournisseurs, fixer les prix d'revente, gérer l'argent, faire les déclarations aux impôts, pas laisser ni les rats, ni les vers entrer dans les marchandises, et surtout pas pleurer avec ceux qui achètent à crédit et s'en font pas quand les dettes montent trop haut sur leurs carnets de crédit.

Ma marraine en morte en 1984.

J'ai rencontré Maurice en 1985. J'avais vingt-trois ans. Lui en avait tout juste vingt-sept. Il s'occupait des terres de son père. Une propriété de cinq hectares plantés en bananes.

On s'est mis ensemble. J'croyais vraiment qu'on aurait pu s'entendre. On a couché ensemble plusieurs fois avant qu'i vienne habiter avec moi, au-dessus de la boutique.

Il est avec moi encore aujourd'hui. Mais j'sais qu'il a une autre femme. Une fois, il a dit qu'i m'rendait service en vivant un peu avec moi. S'il était pas là, je serais seule à m'dessécher. C'est c'que dit Maurice.

Moi, j'm'en fous d'ce qu'i peut dire.

J'm'en fous, j'ai mon *lolo*!

LA POSSESSION
Cinthia

J e suis remariée aujourd'hui. Ce n'est pas parce que je n'ai pas eu de chance avec mon premier mari que j'ai fait une croix sur les hommes. Moi, j'aime bien les hommes. Ils ont plein de défauts comme nous les femmes, mais on peut les aider à s'améliorer si on en prend la peine.

Les hommes antillais ont drôlement changé. Du temps de ma mère, c'était l'esclavage et au garde-à-vous. La discipline, le silence, la loi de l'homme et pas de discussion.

C'est vrai qu'ils ont tous un peu cette tendance à la domination. Si on leur donne le petit doigt ils veulent tout le bras. Et ils sont bien capables de vous dévorer toute crue.

Ici, le mariage, c'est un combat. Faut résister. Marquer ses limites. Délimiter son territoire.

Ce qui se passe souvent vient du manque de respect, du manque de considération. L'homme te fait honte devant des étrangers, te met à l'épreuve devant ses amis et montre à ta famille que tu lui appartiens.

Il y a de ça chez l'homme antillais : le désir de possession ! Cette jalousie démesurée doit naître de ça. Peut-être qu'il y a de la peur aussi à l'origine : peur de perdre son bien, peur de voir salir son nom.

Ce qui m'ennuie aussi, c'est ce détachement feint. Devant les gens, les gestes de tendresse sont rares. On dit que nous sommes des pudiques. Que l'on ne s'étale pas comme les Blancs qui passent leur temps à se lécher en public. J'aime manifester mon amour…

Les jeunes font des efforts. Beaucoup essaient vraiment de comprendre la femme antillaise qui devient plus exigeante quant au respect et à la considération. Elle revendique ses droits. J'ai de nombreuses amies qui arrivent à parler, échanger avec leurs maris. Ils s'occupent des enfants, de la maison, discutent ensemble les décisions relatives à la famille. Ils acceptent les amies de leurs femmes. Les soutiennent dans leurs carrières. Je les vois faire des courses en famille, porter les enfants dans leurs bras, ce qui était déshonorant il y a quelques années de cela. Moi, je veux faire confiance à l'homme antillais. Philippe, mon second mari, est un homme vraiment bien. Il a eu comme moi un premier mariage malheureux.

Il était dégoûté du mariage. Jurait qu'il ne referait pas deux fois la même erreur. Manque de chance, il m'a rencontrée deux ans plus tard. Nous avons vécu trois ans en concubinage et puis nous avons décidé de nous marier. Nous avions très peur tous les deux. Les deux enfants de son premier mariage étaient là. Ma fille Eugénie ne nous quittait pas des yeux.

Cela fait maintenant cinq ans que nous sommes mariés. Je suis toujours amoureuse de Philippe. Et je ne crois pas qu'il soit d'une espèce rare. Il fait partie de ces hommes évolués qui ont abandonné les comportements désastreux des pères et maris d'autrefois.

Les résistances
et les révoltes

AU COURS DE SES VOYAGES *dans l'Amérique des plantations, Victor Schoelcher s'étonne qu'un gérer et quelques commandeurs puissent faire régner l'ordre et la terreur sur des centaines d'esclaves sans qu'ils se révoltent. Mais, au-delà de cette observation objective du déséquilibre des forces, le regard de l'abolitionniste interprète aussi le véritable sens des résistances individuelles et des actes collectifs d'insoumission. Longtemps perçus comme des dysfonctionnements regrettables constitutifs de la personnalité négative des nègres, l'hostilité passive comme le grand marronnage, se voient enfin crédités de leur signification réelle : le refus de l'esclavage et l'aspiration à la liberté...*

Les menaces de révoltes, les soupçons de conspirations et les rébellions se lisent surtout dans les archives du XVIIIe siècle mais, depuis les premiers convois d'Africains, les reproductions d'instruments de torture et les récits des sévices infligés aux marrons capturés racontent l'irrépressible désir de recouvrer la dignité. Dans cette revendication unanime, les femmes choisissent souvent des formes d'insurrection larvées à l'image de leur invisibilité dans la hiérarchie des esclaves. Au quotidien des refus, elles participent à la contestation de l'autorité coloniale, mais elles sauront aussi apparaître dans les luttes de libération... Dans le champ de cannes, l'inertie volontaire ou l'exécution défectueuse des tâches est souvent au cœur de leurs relations conflictuelles avec les commandeurs. Sur ce terrain de l'obstruction, un éventail de conduites hostiles oppose à l'accomplissement mécanique des tâches espéré par le planteur, les désordres de la mauvaise volonté. Malgré la menace de la détention à la barre, la simulation de la maladie comme l'automutilation figurent aussi parmi les recours des esclaves pour contrecarrer l'enrôlement forcé dans les ateliers. Avec l'avortement intentionnel ou spontané, des réponses plus dramatiques à la servitude attentent à l'intégrité du corps féminin. Si la thèse des manœuvres abortives comme forme de protestation ou de revanche à l'égard des maîtres est fondée, d'autres raisons objectives plaident en faveur des fausses couches provoquées par le régime des plantations. Les conditions de vie et l'épuisement du travail favorisèrent sans doute les nombreux avortements naturels dont se plaignent les colons au XVIIIe siècle. Mais, les Africaines savaient aussi utiliser les simples de la pharmacopée créole pour refuser les naissances.

La peur des représailles qui sanctionnaient le décès des nourrissons imputé à la malveillance des mères alors que sévissait, faute de mesures prophylactiques, le tétanos infantile conduira beaucoup de Noires à interrompre la grossesse. Dans sa hantise de voir proliférer des bâtards issus des relations avec les Blancs, l'autorité coloniale, qui condamne les maîtres à de fortes amendes en cas de naissances illégitimes, encourage aussi les femmes à se débarrasser des embryons... Entre l'influence de l'institution esclavagiste et la volonté délibérée, un faisceau de mobiles pousse les femmes à rejeter la maternité malgré les humiliations et les sévices qui répriment les gestes criminels. Toute femme dont l'enfant meurt s'en prend au bien potentiel du colon et dans cette logique mercantile mérite un châtiment dissuasif pour décourager la récidive. Mais la sanction du collier ou du billot sur le dos, qui simule avec cynisme le portage d'un nouveau-né, ne retient pas les mères infanticides. Des douleurs irrémédiables les conduisent à supprimer leurs nourrissons avec une épingle plongée dans la fontanelle. Loin d'envisager leurs responsabilités dans ces actes désespérés, les planteurs accusèrent longtemps l'incurie de leurs négresses et la dégénérescence du sentiment maternel avant d'avoir recours aux matrones et aux hôpitaux pour limiter la mortalité des négrillons. Dans la complexité du débat sur les causes de l'infertilité des femmes, l'avortement volontaire apporte des éléments de réponses. D'autres facteurs les corrigent ou les nuancent selon l'évolution, pendant les deux siècles d'esclavage, de l'attitude des planteurs à l'égard des naissances sur la plantation. Mais, parade consciente ou inconsciente à la programmation de la servitude, refus manifeste ou masqué de l'appropriation du corps esclave, la dénatalité s'intègre aux conduites de désobéissance et de résistance... Figure radicale de cette volonté destructrice, le suicide constitue une manière encore plus explicite de retourner la violence contre soi pour refuser un ordre inacceptable. Au lieu d'extérioriser sa colère par l'insoumission, l'esclave recourt à la pendaison, à l'absorption de terre ou de salpêtre pour s'abstraire d'un monde sans issue. Des signes absolus de défaite qui expriment surtout l'inconsolable désespoir des bossales dans leurs premières confrontations avec la plantation.

*Mais, dans les nombreux modes d'expression de la contestation, le recours au poison participe aussi de la diversité des gestes attentatoires aux intérêts du planteur. L'empoisonnement du bétail, et plus rarement celui des maîtres, indique toujours cette volonté de nuire, voire de détruire les acteurs et les symboles du malheur. Mythe ou réalité, la permanence de cette menace, relayée par la défiance générale à l'égard des pratiques magico-religieuses des Africains, contamine sans cesse la pensée du colon. Dès le début du XVIII*e *siècle, les arrêts coloniaux et les ordonnances royales qui condamnent les coupables à être brûlés vifs ou pendus formalisent cette obsession majeure de* *l'habitation. De véritables psychoses transforment de simples présomptions en procès de sorcellerie avec le bûcher comme métaphore. À une époque ou des épidémies inconnues ravagent les troupeaux, l'empoisonnement devient le coupable idéal des épizooties meurtrières et l'irrationnel la solution des morts inexplicables. Dans leurs terreurs sorcières, les maîtres soupçonnent les «docteurs-feuilles» qui connaissent les simples de posséder aussi des pouvoirs occultes. Entre l'accusation de l'usage des drogues et celle d'une manipulation des forces démoniaques, l'institution coloniale hésite mais intente des procédures d'inculpation sans appel lors des disparitions suspectes. À défaut de preuves, les planteurs savent aussi se passer de l'arbitrage des tribunaux. Sur ses terres désertes et brûlées de la Grande-Terre, le propriétaire de La Mahaudière retiendra en toute impunité Lucille, présumée coupable de l'empoisonnement de sa maîtresse. Deux années au secret d'un cachot perpétuellement obscur avant que, sur dénonciation, la justice n'instruise un procès qui se soldera par l'acquittement du maître. Huit ans avant l'abolition de l'esclavage, l'indulgence de la juridiction royale manifeste autant l'archaïsme des institutions que la prise en compte des fantasmes de persécution de la plantocratie. La société créole restera marquée de cette vision magique du monde où le réel et l'imaginaire se solidarisent pour excuser les défaites de la vie par l'intervention du surnaturel et de la conspiration. Mais la paranoïa du poison comme la psychose du complot révèlent aussi la fragilité du système colonial et l'impasse d'une dictature attaquée à l'extérieur par l'idéologie abolitionniste et minée de l'intérieur par des agressions permanentes. Et, dans cette entreprise de déstabilisation, le marronnage creuse des failles incontestables…*

Compagnon d'infortune de l'esclavage depuis la colonisation, le marronnage sévit autant sur les plantations de Guyane que sur celles de Cuba ou des Antilles françaises avec de grandes variations dans la composition numérique des bandes, dans l'acharnement des traques et la répression du délit. De l'absence momentanée à la désertion radicale, en réaction ponctuelle à une injustice insupportable ou dans l'intention d'une sédition généralisée, ces actes d'insoumission créent et entretiennent chez les esclaves l'aspiration à la liberté. De véritables groupes armés, pilleurs de vivres et de bétail, ont terrorisé les colons mais les escapades individuelles ont aussi entretenu la colère des maîtres… Le risque de l'amputation de l'oreille ne retient pas la détermination des marronnes à fuir l'excès de travail, les mauvais traitements et toute la dureté du régime de l'habitation. Les esclaves de houe comme les femmes de la grand-case bravent aussi les menaces des masques de fer, des colliers ou des chaînes, pour esquiver de manière durable ou provisoire le fouet du commandeur ou les caprices de la maîtresse. Loin d'annihiler le désir d'évasion, les bénéfices de la condition domestique amplifient la conscience de l'injustice et la volonté de départ quand le marronnage s'impose aux esclaves d'ateliers comme seule réponse à l'épuisement des champs. Mais dans cette reconquête d'une liberté volée, les femmes sont pénalisées par l'infériorité de leur situation sur la plantation. Plus surveillées dans leurs déplacements et moins qualifiées que les nègres à talent pour trouver à se louer chez les affranchis, la responsabilité des enfants constitue aussi une entrave même si certaines n'hésitent pas à partir enceintes ou chargées de nourrissons. Inférieures en nombre mais tout aussi décidées que leurs compagnons, elles affrontent aussi plus difficilement les embûches d'une vie rebelle dans les mornes et les bois où elles peuvent payer le prix de l'indépendance par des viols et des agressions. Si les marronnes cherchent parfois la protection d'un compagnon au premier siècle de l'esclavage, elles affirment au XVIIIᵉ une volonté plus autonome pour chercher à s'employer dans les bourgs ou dans les jardins des libres de savane avec les risques d'exploitation afférents à l'irrégularité de leur statut. Malgré les dangers et les conditions de précarité de la grande dissidence, qui se renforce en Guadeloupe au lendemain de la défaite des insurgés de 1802, les femmes figurent aussi parmi les « marrons de la liberté » qui vivent en communauté dans les grands fonds. Parfois forcées par des razzias à rejoindre les insoumis qui se constituent en bandes, elles improvisent de nouvelles conduites de survie et conforment leurs aptitudes féminines au mode d'existence des parias. Otages des chefs rebelles ou partenaires consentantes du grand marronnage, elles partagent les dangers et les risques des expéditions punitives qui traquent les déserteurs. Les Noirs de la plantation conduisent les chiens dans ces poursuites aléatoires où les captures se soldent par des tortures. Mais, quand l'espoir de l'affranchissement est le seul capital de l'esclave, la collaboration à la reprise des fugitifs peut l'exaucer comme d'autres pratiques de soumission qui favorisent l'accès à l'émancipation. De la coopération à la désertion, toutes les stratégies de subversion ou de résistance sont légitimes pour obtenir ou arracher la liberté.

Bien avant l'avènement des principes révolutionnaires, l'idée de liberté a investi l'univers de la plantation et irrigué les sourdes révoltes comme les insurrections explosives jusqu'à ce que, lassés d'attendre l'arrivée du décret d'abolition, les esclaves de Saint-Pierre-de-la-Martinique l'imposent. Mais avant la libération officielle, bien des soulèvements auront été nécessaires pour revendiquer, avec le soutien déterminant de l'opinion abolitionniste, le droit d'exister. Les femmes ne sont pas absentes des combats et, malgré leur moindre représentation dans l'Histoire, se montrent prêtes à relayer l'affirmation du désir d'identification.

Les articles du Code noir qui interdisent l'armement des esclaves et défendent les réunions transpirent les craintes des maîtres… De multiples désordres contredisent sans cesse la négation théorique de la capacité des Noirs à juger de leur condition pour la contester. À l'épreuve constante du refus de la servitude sur les bateaux négriers ou sur les habitations, le postulat racial qui chosifie les nègres ne peut s'affirmer qu'à l'aide de mesures policières. Sous l'apparente sérénité de leurs convictions, les Blancs vivent dans la peur et se défient des rencontres où s'élaborent les plans de sédition pour échapper à la brutalité d'un monde encadré par le fer et le fouet. Alors que les grands planteurs de la Louisiane concèdent parfois des faveurs compassionnelles aux acteurs «obligés» de la prospérité de leurs cotonneraies, aux Antilles la gestion des procureurs, à défaut de la présence des propriétaires, s'exerce par la force et suscite des réactions violentes. Dès le début de la traite négrière, l'expérience antillaise est marquée par les émeutes et les révoltes avec une première tentative de soulèvement d'esclaves en Basse-Terre l'année 1656. Le phénomène ne cessera de s'amplifier avec la multiplication des plantations et l'intensification de la déportation africaine. Des troubles éclatent en Martinique et en Guadeloupe au lendemain de la Révolution quand l'injustice et la discrimination exaspèrent la colère des ateliers. Mais tous les signaux dispersés du refus de la condition servile convergent dans l'insurrection militaire conduite par Delgrès en 1802. Avec le retour annoncé à la Guadeloupe du spectre de l'esclavage aboli par la Convention, une partie des officiers de couleur riposte avec la rage du désespoir pour défendre jusqu'à la mort l'idée de la liberté. D'autres saisons sanglantes vont encore, malgré de brutales répressions, marquer le calendrier colonial jusqu'à la libération définitive des esclaves en 1848.

Largement occupé par Saint-Domingue, le théâtre insurrectionnel écrit aussi à la Guadeloupe et à la Martinique des actes fondateurs où s'expriment les volontés libertaires dans la violence des tensions raciales qui précèdent la Révolution. Mais la révolte haïtienne fomentée lors de la cérémonie vaudou du Bois-Caïman obsède la plantocratie et influencera la promulgation du premier décret d'abolition. La terrible sédition menée par Boukman qui réalise les prophéties de Makandal, le rebelle marron aux pouvoirs sorciers, annonce en août 1791 le déclin de l'ordre esclavagiste. Après bien des combats mémorables et des stratégies d'alliance coordonnées par Toussaint Louverture, la proclamation de l'indépendance politique de Haïti en 1804 viendra parachever les aspirations des esclaves à la liberté dans une île affranchie de la domination des anciens maîtres blancs. Cette pratique immédiate de l'idéologie révolutionnaire et l'application imprévue des articles de la Déclaration des droits de l'homme à Saint-Domingue hantent les autorités coloniales qui craignent la contamination des luttes de libération à la Guadeloupe et à la Martinique et imposent une attention urgente à la situation des Noirs. Pourtant, l'injustice représentée par la servitude n'avait pas échappé aux remises en cause de 89. Mais, si l'esclavage est en question pendant la révolution, les convictions de la Société des Amis des Noirs fondée en 1788 par Brissot rencontrent l'hostilité du Comité colonial et du club de l'hôtel de Massiac qui défendent les intérêts des négriers et des planteurs. Les revendications égalitaires des libres perturbent le débat juridique alors que les nouvelles institutions devraient garantir les droits d'une liberté acquise mais encore déniée malgré les dispositions du Code noir : « Octroyons aux affranchis les mêmes droits, privilèges et immunités dont jouissent les personnes nées libres… » Malgré le triomphe des idées libérales et l'acquisition pour tous de la citoyenneté, les Antilles restent à l'extérieur du nouveau modèle politique français et conservent l'ancien régime de la ségrégation raciale. Sans être d'emblée contestés par la Constituante et la Législative, les fondements du système colonial devront attendre le décret de la Convention en 1794 pour se voir enfin récusés par l'abolition de l'esclavage dans toutes les colonies françaises.

L'INSURRECTION DE 1802 À LA GUADELOUPE

À cause de l'occupation anglaise la Martinique ignorera cette première expérience de l'émancipation mise en œuvre sous la politique de terreur de Victor Hugues quand, à l'issue des opérations militaires, la Guadeloupe sera reprise à la couronne britannique. Une nouvelle bourgeoisie et une armée de couleur fidèles aux principes révolutionnaires émergent dans le vide laissé par la disparition des grands planteurs et des notables blancs. Dans l'assagissement qui suit la chute de Robespierre elles conservent leur confiance dans les idéaux de liberté et d'égalité. Mais avec l'arrivée de Lacrosse, l'envoyé du consul à l'autoritarisme inquiétant, des officiers noirs s'arment pour lutter contre la menace du rétablissement de l'esclavage. Si une partie de l'armée coloniale composée pour l'essentiel de gens de couleur se soumet aux troupes du général Richepance dépêchées par Bonaparte, l'autre encadrée par Delgrès et Ignace entre en résistance. Les engagements seront violents, la riposte sanglante contre les deux officiers, leurs hommes et leurs femmes qui refusent d'abdiquer leur récente existence. Dans la furie des affrontements la Mulâtresse Solitude et Marthe-Rose incarnent la rage des compagnes des insurgés à défendre la liberté. Des témoignages unanimes reconnaissent le courage fanatique des femmes qui partagent la violence des combats et bravent le feu de la mitraille pour indiquer les positions et transmettre les ordres. À une indéniable collaboration à la logistique de défense s'ajoute l'infaillibilité des convictions toujours relayées par les encouragements et les cris qui galvanisent le moral des hommes. Dans les batailles de mai 1802, la Mulâtresse Solitude armée d'une révolte héritée de sa mère et de son sang nègre s'illustre par l'héroïsme de sa conduite dans l'ultime assaut contre les combattants de Delgrès à l'habitation d'Anglemont. Sur la trame défaillante d'un passé et d'une histoire méconnus, les versions différentes de sa capture s'accordent à souligner la fièvre d'une héroïne véritablement possédée par une détermination extrémiste contre la servitude. Le caractère cruel de son exécution au lendemain de son accouchement a consacré Solitude au mémorial des défenseurs de la liberté comme l'une des figures symboliques de la résistance féminine. Le destin de Marthe-Rose, compagne de Delgrès, apporte aussi son éclairage exemplaire à toutes les femmes martyres anonymes de l'insurrection. Elle tentera de suivre l'officier rebelle dans son dernier bastion après son évacuation du fort Saint-Charles sans parvenir à rejoindre le Matouba où les insurgés choisissent le suicide plutôt que la reddition. La jambe brisée par une chute au cours de sa fuite, c'est sur un brancard qu'elle affronte son supplice avec une vaillance intacte pour requérir la sentence de Dieu contre les criminels dans son ultime exhortation. Comme les autres victimes de la répression, les femmes subissent la vengeance féroce qui suit la défaite de Delgrès et orchestre le rétablissement de l'esclavage à la Guadeloupe... La restauration de l'ordre s'accompagne d'un retour au passé, à la discrimination juridique et raciale quand les planteurs retrouvent leurs habitations et leur population servile toujours reconstituée dans la clandestinité de la traite, malgré les fuites et les marronnages. Il faudra attendre la monarchie de Juillet pour voir s'amorcer des réformes civiques favorables aux libres, s'assouplir la condition des esclaves et s'affirmer l'idéologie abolitionniste. Mais l'émancipation définitive ne s'imposera qu'au terme d'un long processus, d'une lente évolution des opinions libérales qui se cristallisent sous l'impulsion d'une autre révolution, en avril 1848.

Vivre libre ou mourir
Solitude, la mulâtresse

J'ai vu Delgrès mettre le feu au tonneau de poudre. Il avait allumé une dernière fois sa pipe et ses paroles de liberté m'avaient empli la tête... Vivre libre ou mourir !

J'aurais pu les dire ces mêmes mots depuis le jour où ma mère m'avait abandonnée pour prendre le chemin des bois. Vivre libre en ce temps où tout n'était que confusion sur la terre de Guadeloupe.

Vivre libre en marronnage et courir et se cacher et combattre pour cette liberté. Du camp de la Goyave où j'ai vu mourir tant de compagnons de misère — bossales à la peau noire qui savaient bien que mon teint jaune de mulâtresse voulait rien dire d'autre que le viol de ma mère —, aux derniers jours de lutte et de peur et de dignité sur les hauteurs de la Basse-Terre à l'habitation d'Anglemont, où j'ai pas pu compter les cadavres, j'ai toujours eu en tête ces mots-là : vivre libre ou mourir...
Vivre libre et donner une vie libre à l'enfant que j'ai porté pendant tous mes combats.

Je m'appelle Solitude.
Solitude, la mulâtresse.
Et pas pour vous servir !

Je m'appelle Solitude.
Solitude, la mulâtresse.
Et pas pour vous bénir !

Solitude, la mulâtresse marronne !
Et j'avais pas vingt-cinq ans que je commandais déjà toute une bande de nègres marrons. Sans cesse pourchassés par les troupes françaises et les milices noires.

Pourtant, on voulait rien d'autre que la liberté!
Mais elle était que blanche en ce temps, la liberté!
Elle collait pas avec le nègre, la liberté!

J'ai poussé mon ventre dans tous les combats… Dolé, Trou-au-chat, Bananier,
La Capesterre, jusqu'à me retrancher avec les troupes de Delgrès au Matouba.

Vivre libre ou mourir!
J'ai bien cru que l'habitation d'Anglemont serait mon tombeau. On était trois cents
à attendre la mort comme une délivrance.
Pas un ne tremblait devant la mort. On était bien trois cents.
Pas un ne tremblait, je peux le jurer.
Je me souviens, j'ai dit à l'enfant qui remuait dans mon ventre : «Tout sera bientôt
fini. On a gagné la liberté!»
La liberté de plus souffrir de l'esclavage.

J'ai vu Delgrès mettre le feu au tonneau de poudre.
J'ai vu luire les yeux de trois cents nègres dans les flammes de notre liberté.

Mais je suis pas morte avec eux.
On m'a relevée d'entre les cadavres, du sang sur tout le corps, d'entre la chair
éclatée, les bras en morceaux, les cervelles déchiquetées.
On m'a relevée vivante.
Et c'était pas juste que je sois vivante…
Pas juste que je sois vivante ce 28 mai 1802.
Les autres survivants ont fini sur la potence du morne Constantin, leurs cadavres
laissés en spectacle à ceux qui rêvaient encore de liberté.
Moi, à cause de mon ventre, ils m'ont donné un crédit de vie. J'avais tout juste
trente ans. On a reporté ma mort au lendemain de mon accouchement parce que mon
petit jusque dans mon ventre était la propriété de celui qui se nommait mon maître.
Je suis restée à la geôle de Basse-Terre, jusqu'à la veille de mon accouchement, le
28 novembre 1802.
Six mois enfermée dans cette geôle. Six mois de sursis à attendre la mort. Six mois
à attendre de rejoindre mes compagnons de liberté…

J'ai eu le temps de réfléchir à ma vie sur la terre.
Six longs mois enfermée dans cette geôle, à porter un petit qui allait naître de ma
chair mais qui était déjà plus à moi.
Six mois à revoir la figure jaune de Delgrès.
À entendre ses paroles de liberté.

J'aurais pu mourir en couches ce 28 novembre 1802. Mais le destin a voulu que je vive pour qu'ils me voient mourir et me punissent bien à leur goût d'avoir lutté avec mes rêves de liberté.

Des rêves de liberté qui auraient jamais dû me traverser l'esprit…

Ils savaient pas qu'on peut pas tuer les rêves, qu'il suffit pas de leur passer une corde autour du cou ou les égorger ou leur couper la tête, aux rêves, pour les faire disparaître.

Les rêves de liberté, ils sont comme les chansons qui touchent le cœur. Les rêves, ils voyagent de bouche en bouche jusqu'à ce que les mots, à force de les marteler, prennent de la consistance et deviennent durs comme la pierre.

Ils ont vu une vieille femme aux cheveux tout blancs sortir de la geôle de Basse-Terre. Une vieille femme d'à peine trente ans qui venait de leur donner un nouveau corps pour leurs champs de cannes. Une vieille mère maigre et laide. Ils m'ont vue entravée, mais ils ont pas vu la colonie de rêves qui marchaient après moi.

Avant qu'ils ne me l'enlèvent, j'ai dit à mon petit : « Prends force et courage. Ta maman part pour un petit temps. Prends force et courage et continue à rêver de liberté jusqu'à que tu la voies devant toi debout, solide et vivante. »

CLANDESTIN
Gloria

« *Le soleil pendu par un fil*
Au fond de la calebasse teinte à l'indigo
Fait bouillir la marmite du jour. »

BIRAGO DIOP,
Incantation (extrait).

J'ai fait un enfant à un nègre de Guadeloupe pour gagner le droit de marcher libre en pays français. On s'est même mariés devant le maire. On n'est plus ensemble maintenant. Je vis avec un bougre des Gonaïves... Mais je marche libre en pays-Guadeloupe grâce à mon mariage avec un Français... C'est pas bien vu la femme-Haïti ici-là en pays Guadeloupe.

Moi, je sais pas bien parler français. J'ai fui Haïti en 1980. Quand j'ai compris mon sort là-bas dans la misère de Haïti, j'ai demandé à mon frère qui reste au Canada de m'envoyer quelques sous pour gagner un billet d'avion pour la destination Guadeloupe.

Je voulais faire la pacotilleuse, acheter linge, parfum et maquillage à Miami et revenir vendre tout ça en Guadeloupe. Mais c'était question de visa qui prenait fin trop vite. Trois mois!

J'ai fait clandestin et au lieu d'acheter et revendre des linges, je suis entrée sous la banane pour un planteur-Guadeloupe qui payait une journée cent cinquante francs à moun-Haïti et trois cents francs aux nègres-Guadeloupe.

J'ai retrouvé mes gens d'Haïti en Guadeloupe. Des gens des Gonaïves, de Jacmel, Port-au-Prince... On aime toujours être entre nous pour parler de Haïti, entendre les dernières nouvelles de ceux qui sont montés fraîchement à Haïti.

J'ai attrapé un mal à l'estomac à force de vivre clandestin. Ulcère qui mange les boyaux de mon ventre. Clandestin, c'est sursauter à chaque bruit, à chaque pas, à chaque cogner de porte. Longviller devant les gens-Guadeloupe qui te louent une case sans l'eau courante et sans les cabinets. Et rondir le dos. Et calculer les maigres sous, les faire durer tant que tu peux. Clandestin, c'est pas dormir même même même! c'est guetter! Et puis, être toujours paré au départ... Tu sais jamais quel jour la loi-France va te pogner...

Vivre clandestin, j'ai plus voulu. Et toujours mal à l'estomac avec la peur...
Alors, j'ai demandé à mes sœurs haïtiennes comment elles pouvaient attraper des papiers français. Et s'il fallait payer même un million à quelqu'un bien placé de la préfecture, je ferais ça en économisant... Elles m'ont dit comment elles avaient eu des enfants avec des nègres-Guadeloupe. Des nègres-Français.
C'est comme ça que je marche libre en pays français...
Aujourd'hui, je vends de l'ail, des oignons et de la morue sur le marché. Mais un jour, j'irai à Miami, j'achèterai des linges américains et je deviendrai une pacotilleuse.

LE DIVORCE
Lydie

J e travaille aux Télécom. Je me suis mariée en 1977 à la mairie du XXᵉ arrondissement de Paris. J'avais vingt-trois ans. Jean-Claude travaillait aux Télécom aussi. Nous nous sommes rencontrés à une fête du comité d'entreprise. Il avait vingt-neuf ans.

Dès qu'on s'est mariés, on s'est inscrits sur les listes de mutation. On rêvait d'une seule chose : rentrer au pays.

On a été mutés en 1992. On a fêté ça avec nos amis. On a bu du champagne toute la nuit. On a dansé sur les disques de Kassav' jusqu'au petit matin.

On ne pensait pas que le retour au pays serait si dur. Ça a été un choc. En France, on vivait tranquillement dans notre petit appartement. Jean-Claude était un mari attentionné. On faisait tout ensemble. Il passait l'aspirateur, changeait les bébés, lavait la vaisselle, préparait à manger.

Quand on est arrivés en Guadeloupe, Jean-Claude a complètement changé. Il s'est fait des amis qui aimaient un peu trop le rhum. Des machos qui n'avaient aucune considération pour leurs femmes. Au bout d'un an, Jean-Claude et moi, on ne trouvait plus rien à se dire. Si on essayait de se parler, ça tournait tout de suite au vinaigre. Il rentrait tard tous les soirs. Et il me battait.

J'ai su par son neveu qu'une fille était enceinte pour lui. Je l'ai su par hasard, en mettant des soupçons bout à bout.

J'ai demandé le divorce en 1995. J'étais en pleine dépression. Mon mariage était raté. Mon fils aîné tournait mal et fréquentait des bandes de voyous. Je croulais sous les dettes à cause de la construction de notre maison.

Jean-Claude est venu me supplier de lui donner une autre chance. Oui, il est venu au guichet des Télécom. Il pleurait comme un enfant. Moi, je prenais des antidépresseurs. Je travaillais au radar.

Mon avocat m'a dit de bien réfléchir avant d'abandonner la procédure. Mais j'aimais encore mon mari. Je lui ai tout pardonné. Il m'a juré qu'il laisserait tomber la fille et sa bande de camarades, qu'il s'occuperait de notre fils. Qu'il redeviendrait comme avant, comme quand on vivait en France. Ça n'a pas duré. Je suis allée voir un autre avocat tellement j'avais honte de retourner m'asseoir chez le premier qui m'avait mise en garde.

Aujourd'hui, je vis seule. J'habite la maison qui n'est pas encore terminée. Jean-Claude me verse 3 500 francs de pension alimentaire. Je sais qu'il ne vit même pas avec l'autre qui lui a donné un fils.

Je suis amère quand je pense à notre vie en France. Je suis triste parce que j'étais plus heureuse en France qu'ici chez moi en Guadeloupe.

Je n'envisage pas de retourner en France. Je me dis que je finirai par rencontrer un homme bien. À présent, grâce à Dieu, je ne prends plus de médicaments, ni pour me tenir debout ni pour dormir. Mon fils travaille dans un atelier de mécanicien. Il porte des locks mais il se tient tranquille. Mes deux filles sont étudiantes.

LES MAS' DU CLAVIER
Michelle Gargar
de Fortfalaise

« **M**ichelle ! »

La chaleur damasquinait le tissu sur les reliefs osseux de mon dos.

J'attrapai mon « poalécondensé* ». Hum ! La fraîcheur du baril métallique surfa dans ma gorge.

« Michelle ! O ti moun-la pasé ?!... Michelle ! »

— ... oui !!...

— Ka-ou té ka fê ?

— Je busais de l'eau.

Le revers s'abattit sur ma joue droite, ma mère est gauchère.

Déjà deux ans d'école primaire. Mon cerveau révisa l'alphabet !

— Je... je... boyais ?... de l'eau...

Les consonnes se succédèrent, poursuivies par le levier de la main gauche : « boitais... buyais... boisais... boivais... buvais ! »

La rossée s'étala sur mon dos, mes épaules, ma tête, mes reins, tandis que mes lèvres chantaient, pour toujours :

« Je buvais, buvais, buvais, buvais ! »

Continua, sanitaire : on ne doit pas boire l'eau du baril. Cette main gauche qui exigeait un concerto, elle, en créole, moi, en un français sans faille, m'a, très tôt, expliqué mon statut social : les filles, source d'ennuis épouvantables, ne sont qu'une malédiction. Comme mes trois frères, j'excellais aux triangles, cachais des gros badach'. A la saison des cerfs-volants, je collais les touch à coco sur le papier journal.

L'école, antidote de l'exiguïté des cases pointoises, recélait tant de merveilleuses nouveautés et... mes copines (pour la main gauche, banélos, malélevés et matadôs). Je les rencontrais le jeudi, à l'externat Saint-Joseph-de-Cluny, aux grandes vacances, à Néron, entre les vareuses noires de mère Albert, mère Philippe, mère Henriette, une brigade de « dirigeantes » qui me désignèrent l'ennemi : les garçons, et me confirmèrent ma damnation, à cause d'Ève et

---

* Pot à lait condensé.

Marie-Madeleine. Restait l'arme absolue : Marie. Jusqu'à un âge avancé de l'adolescence, j'assimilai, vaguement, le mot « vierge », au féminin de « Dieu ».

Dès le premier jour de colo, on me pointait du doigt :

« Michelle, tu seras responsable de... »

À seize ans, je découvris le lycée Carnot, d'autres garçons que mes frères et, la coopérative des potaches : La Flamme. Vie associative. Avec les garçons, je travaillais à autre chose : organiser excursions, spectacles, bals. Je poussais, ignorant les lendemains d'adulte, la jalousie, la méchanceté, la future cellule familiale, ma taille fine, le regard des hommes. On me l'avait assez répété : laid'kon mas', je n'avais aucune chance. Ainsi alla mon éducation. Je ne pensais qu'au bac...

À vingt ans, coquille de noix « spécifique » voguant dans un désert de cinquante millions d'indifférences, je cherchai la main gauche mais jamais ne l'avouai. Mon univers n'était qu'une juxtaposition d'alvéoles, grouillant autour du « rab », au resto U : une « réfugiée » d'Algérie, deux Tunisiens, un Marocain, un Mauritanien... Les « compatriotes antillais » passaient, dans le train d'en face, une blonde accrochée au bras.

Et cette vie que l'enfant que j'étais encore dissimulait dans le tiroir convexe d'un secret de Polichinelle !

Je ramai doucement, évitant les clapotis, la main gauche pourrait entendre.

Pas de place pour deux, sur un radeau aussi aléatoire qu'infantile, j'ai déposé l'enfant sur une île déserte. Son père a fait le mort, tout comme le mien, m'assura-t-il. Enseignante, coquette, danseuse émérite, je me suis découverte femme. Moins mas'. Mais il était trop long, ce quai désert et glacé sur lequel je patinais, avant de reprendre mes pagaies pour nulle part. Je m'accrochai à une liane. Cent vingt-sept feuilles manuscrites plus tard, je vomis ma rancœur contre les barbelés de races et de classe qui l'expédièrent dans un lointain pays. Loin de moi. Loin de choisir. Puis les déchirai. Qui s'intéresse à cette endémie de l'espèce inhumaine ?

Un jour, l'écho me ramena un autre espoir. La main en cornet derrière l'oreille, je soupirai : « Oui », au maire.

Après le fiasco du mariage, je débarquai, avec l'enfant, « au pays », dans ma foule, sans ma spécificité.

Au pays, une femme seule est forcément disponible. Délurée et communicative, elle cherche « quelque chose ». Je redressai la barre et... perdis de vieux copains.

J'émergeai de l'anonymat, au syndicat d'initiative de la Guadeloupe. Puis :

« Viens avec nous, nous essayons de faire redémarrer le Carnaval », me proposa le célèbre afro de Freddy Marshall.

Le Carnaval ! Un bitin à vié nèg comme ça !

Durant mon enfance, toutes les cases du quartier s'exclamaient un beau dimanche :

« Mi masasinjan ! »

Unijambiste, Saint-Jean avait prêté son âme à des dizaines de corps. En rangs serrés derrière le sifflet de la moto au drapeau tricolore, ils déboulaient, comme la pluie, les saisons, s'arrêtaient devant Chez Vainqueur, avant de plonger au cœur de la rue Vatable. La population se précipitait ; à son retour, je tendais l'oreille. Rimé reins, gwo siwo ! C'était, d'après ma grand-mère, des « mas'sal », des créatures du diable. Je ne les ai jamais vus.

Bien plus tard, nous fouillâmes les souvenirs des survivants, sous les mémoires ondulées des cases des faubourgs de Pointe-à-Pitre.

Quelquefois, les « Indiens » tanguaient devant chez nous. Ma grand-mère trouvait « propres » leurs costumes multicolores constellés de miroirs. Le Mokoguyombi évitait la pente douce de la rue Raphaël. Je le voyais de près, lui. L'enfant que j'étais n'a jamais su ce que cachait la boîte qu'entrouvrait un mystérieux masque, à ceux qui voulaient bien payer. Dommage, car les adultes riaient, riaient. Avec frayeur, je tentais d'apercevoir les deux appendices des masakon', avant l'arrivée, parfumée par les saveurs des beignets de Mardi gras, des masalanmô qui terrorisaient tous les adultes. Le régulier tissage méthodique et rythmé des masariban aux loups noirs me fascinait autant que le caractère policé et structuré de leurs évolutions, dans la stricte uniformité de leur costume.

Mais j'espérais la moto au sifflet.

Carnaval ! Carnaval !

Madame Adeline, Mamie, nous encadrait, comme ses élèves, conseillant, houspillant, encourageant.

« A pa kon sa !... Pa kouté moun !.. Yo ké toujou kritiké zot !... » Freddy, Jean-Claude, Dany, Jean-Jacques, Michel, Loulou, Paul, Roland, Pierrot, Gérard, Jean, les autres et... moi, seule femme.

GDCF ! GDCF ! Dans les coins les plus retirés de l'île, on me lançait : « Madanm'a tress-la ! Mas'La Pwent' ! Man kanaval ! » Ce furent mes seules médailles.

Carnaval ! Convaincre.

Des individus aux groupes. Des groupes aux costumes. Des costumes au thème. Sur une musique à pieds. Sur un itinéraire. Légitimer.

Récompenser. Convaincre le Carnaval d'être. Un journaliste, de chez nous, me répond : « Vu ce qui se passe au Liban, ton carnaval, tu sais !... » « Mon » carnaval ?! J'insiste. Un responsable de presse, pas un Guadeloupéen, celui-là, se palpa le menton : « OK ! Je vous suis ! »

Réunions. École. Télé. Entrevues. Radio. École. Presse écrite. Pas le temps de courir le vidé. À Antigua, nous gagnons. Je prêche, dans le désert, que le Carnaval peut recoiffer nos mornes. Me lasse.

« Deux choses que l'on ne pardonne pas ici : l'échec et... la réussite ! » m'assène un autre journaliste.

« On aura votre peau ! » menace un syndicaliste.

Je n'ai toujours pas vraiment « couru » le carnaval. Trop occupée à écrire. J'aimerais me retourner comme un gant, pour corriger tout ce que je voudrais écrire, histoire de repérer la bonne consonne, à travers le miroir. Alors, je fréquente une foultitude de personnages qui cadencent sur le clavier de mon ordinateur. Aucun d'entre eux ne me ressemble. Normal, ce sont mes enfants, mes mas', engendrés lors de bacchanales fugitives avec cet idéal qui se cache entre les arcanes des touches.

Michelle Gargar de Fortfalaise a publié

• Un roman, *Le Flamboyant aux yeux bleus*, La Pensée universelle.

• Un ouvrage de vulgarisation historique : *Quelques dates de l'histoire de la Guadeloupe et ses environs*.

Activités associatives :

• Vice-présidente du syndicat d'initiative de la Guadeloupe de 1977 à 1982.

• Tête de file du Carnaval, sous le sigle du GDCF (Groupement de développement du Carnaval et des fêtes en Guadeloupe) de 1976 à 1983 (sous le nom de Michelle Beylier-Réchal).

• Créatrice du CERCOM (Cercle d'échanges et de relation entre les enseignants de la CEE et des DOM).

• Membre de l'Union professionnelle féminine, avec Mme Marie-Antoinette Simet-Lutin.

L'abolition

A VEC L'INTENSIFICATION DE LA TRAITE *qui rend visible le sort des esclaves aux colonies, s'amorce une pensée compatissante à l'égard des Noirs, en contrepoint du discours théorique sur leur infériorité « naturelle ». Malgré le chœur à multiples voix des esclavagistes, de charitables apôtres viennent contrarier par une généreuse philanthropie et de bons sentiments les présupposés raciaux qui justifient l'exploitation des fils de Cham. Mais les nécessités de l'économie coloniale et du commerce métropolitain amènent davantage les premiers négrophiles de la fin du XVIIᵉ siècle sur le versant d'un humanisme trop affectif pour mettre en cause les fondements du complexe de l'habitation sucrerie. Une morale abstraite ou un paternalisme ambigu diffère encore, à la veille de la Révolution, le procès de la condition servile. À défaut d'envisager la question sous l'angle du droit à la dignité humaine, la dénonciation pathétique des abus et la condamnation des violences tiennent souvent lieu d'engagement aux côtés des Noirs. Avant l'émergence d'une idéologie radicalement contestataire, la bonne conscience négocie bien des arrangements et des conciliations avec le pragmatisme colonial... Mais avec la chute de l'Ancien Régime pointent enfin dans les tribunes tumultueuses des assemblées révolutionnaires un véritable questionnement sur la légitimité de l'esclavage au regard des nouveaux acquis citoyens. Dans le sillage des événements de 1789, des courants contradictoires s'affrontent et des tergiversations éthiques et économiques retardent sans cesse la résolution de l'épineux problème de l'émancipation. Le champ magnétique de la pensée des Lumières ne peut occulter, au lendemain de l'avènement des principes d'égalité et de liberté, la résistance et la frilosité des positions dans un débat où domine l'esthétique du compromis et de la prudence dans les réformes juridiques aux colonies. Mais l'alternative du discours abolitionniste fédéré au travers de la société fondée par Brissot de Warville mine la complaisance des délibérations. Depuis 1788, des aristocrates et des grands bourgeois ont imité, par la création de la Société des Amis des Noirs, le modèle britannique inspiré par l'anti-esclavagiste Wilberforce. Sur cette question de l'abolition de l'esclavage comme sur celle de l'interdiction de la traite négrière, la législation de l'Angleterre précède toujours la France, même si les Britanniques demeurent très laxistes vis-à-vis de la survivance illégale du trafic. Dans cette assemblée élitiste qui compte des marquis comme La Fayette et Condorcet, figurent aussi des femmes éclairées. Sous l'impulsion des réformateurs comme l'abbé Grégoire, les premières revendications à l'égalité des droits entre les gens de couleur libres et les Blancs se dilatent jusqu'à des positions plus nettement anti-esclavagistes. Mais, loin d'être unanimes, les convictions abolitionnistes se heurtent aux réticences et l'adhésion conjoncturelle à l'émancipation, en réponse à la flambée de violences à Saint-Domingue, cache la fragilité des certitudes. Malgré l'enthousiasme d'un vote acclamé sous les vibrantes déclarations de Danton, des freins idéologiques résistent à l'extension de la notion d'égalité au peuple noir. Si le maintien des nouveaux affranchis sur les propriétés sans liberté de circulation souligne les ambiguïtés du décret, il annonce aussi sa vulnérabilité à la réaction de 1802... Il faudra un demi-siècle après la Révolution pour mettre enfin en acte le premier article de la Déclaration des droits de l'homme : « libres et égaux en droits ».*

En dépit du ralliement de la France en 1815 à l'abolition générale de la traite négrière, qui dénote une évolution des mentalités à l'égard des populations noires, le conservatisme et l'immobilisme resteront au début du XIXe siècle les maîtres incontestés de la politique coloniale. Mais la croisade de l'Angleterre pour la libération des esclaves et la sensibilisation progressive de l'intelligentsia européenne authentifiée par l'engagement infatigable de Victor Schoelcher annonce l'agonie de l'ordre esclavagiste. La vitalité des associations, des clubs de réflexion et la dynamique contestataire des revues animées en métropole par les libres de couleur relayent le discours théorique. Sur place, en Martinique notamment, la colère des ateliers explose en révolte spectaculaire en 1822 et la revendication des libres, toujours en augmentation numérique, ne cesse d'entretenir un débat qui encombre le législateur. Avec le tarissement de la main-d'œuvre africaine et la concurrence de la betterave, l'économie sucrière se fragilise et l'inversion inéluctable des rapports de force entre la population servile et les maîtres fissure les bases de la société coloniale contrainte d'adopter de nouvelles dispositions. Pressée par un système moribond, la monarchie de Juillet amorce le train de mesures qui préfigurent l'émancipation définitive. Les désordres et les bouleversements qui suivent la chute des Bourbons offrent enfin à Victor Schoelcher l'opportunité de rallier à ses convictions le nouveau gouvernement. Depuis bien des années ce bourgeois instruit conforte son hostilité de principe à l'esclavage pour revendiquer, au terme de l'expérience des écrits et de l'épreuve des faits constatés lors de ses voyages aux colonies, l'abolition radicale sans transition ni délai. Au lendemain des journées révolutionnaires de 1848, le gouvernement provisoire donne à cette grande conscience républicaine engagée sur tous les fronts de la défense des droits de l'homme, sur le terrain de la suppression de la peine de mort comme sur celui de la protection des enfants abandonnés, l'occasion de faire triompher les principes défendus par la commission d'abolition de l'esclavage qu'il préside. Dans le silence tabou qui scelle la mémoire collective sur le passé servile, le nom de Schoelcher résiste à l'occultation et à l'oubli. Ce lumineux souvenir de l'abolitionniste fait aussi de l'ombre au féministe ardent en relation avec les comités d'Anglaises et d'Américaines qui combattent pour l'émancipation. Fidèle partisan des luttes pour les droits féminins, il remettra au Sénat une pétition de la section de morale de la Société française pour l'amélioration du sort des femmes. Mais c'est l'image du sous-secrétaire d'État aux Colonies qui obtient du ministre de la Marine Arago la signature du décret d'abolition qui reste dans l'Histoire et consacre la figure du héros fondateur des valeurs de la République.

Quand le texte officiel traverse l'Atlantique, la liberté l'a déjà devancé... Sous la contrainte de l'insurrection générale de Saint-Pierre qui risque d'embraser la Guadeloupe, le gouverneur entérine enfin l'inlassable revendication à la liberté. Mais l'expérience sera éphémère puisque dès 1852 le Second Empire installe un régime répressif et réactionnaire. Les nouveaux libres devront attendre la Troisième République pour faire l'apprentissage de la citoyenneté et de la démocratie. Car, si le décret d'abolition ouvre un nouveau chapitre dans l'histoire antillaise, le paysage économique reste immuable. Il se fonde toujours sur le complexe de l'habitation sucrerie, sur cette distinction implicite des couleurs et des peaux qui verrouillera la société créole entre Blancs, mulâtres et Noirs jusqu'à ce que les crises sucrières des premières années du siècle compromettent les ségrégations issues du monde de la plantation. Dans l'intervalle, une nouvelle immigration viendra complexifier la donne sociale et replâtrer un système en crise depuis que les anciens esclaves ont déserté les habitations. Arrachés d'un Orient séculaire et lointain, des Indiens et des Indiennes engagés par contrat débarquent de la Stella ou de L'Amélie pour servir les intérêts des planteurs. Avant de conquérir sa place dans la société antillaise, cette nouvelle population de parias vivra longtemps dans l'obscurité d'un monde parallèle, en marge des idéaux républicains qui commencent à prendre sens avec l'application des lois constitutionnelles votées en 1875. C'est en fait sous la Troisième République que l'on verra éclater les structures et les clivages traditionnels, et se mettre en place les composantes parfois explosives et conflictuelles de la Guadeloupe moderne. Dans les nouveaux combats qui attendent les Antillais pour l'application des principes libéraux et démocratiques avant que la colonie devienne département, les femmes seront aux côtés des hommes pour accompagner les grèves ouvrières, soutenir les grandes figures de la politique, et éduquer leur conscience de la justice par l'expérience de l'engagement dans les revendications des droits civiques et sociaux. En chemin elles accomplissent aussi des promotions individuelles en marge des tentations de l'innocence, de la culture de la plainte et du malheur qui s'offre aux anciennes victimes venues d'Afrique par les routes de l'esclavage.

Habitation Le Maud'huy,
janvier 1998.

Thomassine

« L'abolition de l'esclavage est résolue; ce serait vous faire injure que de revenir sur sa nécessité. Le gouvernement a proclamé que les nègres doivent cesser d'être des choses, des instruments de labourage, des manches de bêche, comme on les appelle aux colonies, qu'ils doivent rentrer, enfin, par l'indépendance, dans le sein de la grande famille humaine. »

VICTOR SCHOELCHER,
le 8 septembre 1844.

L E 12 JANVIER 1842 *comparaissait devant le tribunal de Saint-Pierre, Martinique, le sieur Laurent Chatenay, habitant du Gros-Morne, âgé de soixante-quatorze ans.*

Le vieux colon était, entre autres choses, accusé d'avoir fait attacher, par les pieds et les mains, à quatre piquets fixés en terre, l'esclave Thomassine, âgée de neuf ans et deux mois, et de lui avoir, dans cette position, infligé un châtiment excessif. Le procès-verbal du médecin au rapport dit textuellement : « L'esclave Thomassine, soumise à notre examen, nous a fait reconnaître environ vingt-cinq cicatrices longitudinales situées à la partie postérieure et inférieure du dos, ayant diverses directions, lesquelles paraissent être le résultat de coups de fouet qu'elle aurait reçus à des époques différentes, et dont le dernier châtiment lui aurait été infligé depuis plus d'un mois. Parmi ces cicatrices, il en existe une à la partie externe droite, couverte d'une escarre rougeâtre de la grandeur d'une pièce d'un franc, qui, probablement, a été déterminée par le frottement de la robe ou par toute autre cause étrangère. Toutes ces lésions peuvent faire supposer que le châtiment reçu par l'esclave Thomassine a été assez sévère en raison de son âge, mais que, néanmoins, il n'a pas été excessif. »

« Vous voyez, Messieurs, ce que sont les colonies; vous voyez s'il n'est pas de la dernière urgence de fermer la plaie qui les souille. Il existe un vieillard qui fait attacher sur le sol, par les pieds et par les mains, une pauvre petite créature de neuf ans, et qui la bat jusqu'à lui laisser vingt-cinq cicatrices sur le corps; on y trouve ensuite un médecin pour déclarer qu'une punition de cette nature ne constitue pas le châtiment excessif déterminé par le code!... Puis enfin, quand l'évidence est acquise à une pareille cruauté, la loi frappe le coupable d'une amende de 200 francs!

« Le crime, le rapport du médecin, le jugement rendu, on est embarrassé de savoir ce qu'il y a ici de plus monstrueux ; mais cette désolante perplexité même, ne dit-elle pas que l'on ne peut transiger plus longtemps avec la servitude ? Car pour un acte qui arrive à l'éclat de la justice, combien d'autres doivent se commettre impunément au milieu d'une société dans laquelle un tel code engendre de tels vieillards et de tels médecins!

« C'est une chose, en effet, digne de fixer l'attention de la France, que l'incapacité de distinguer le bien du mal, où le régime servile jette quelques propriétaires d'esclaves et leurs familiers*. »

---

* Victor Schoelcher, *Histoire de l'esclavage pendant les deux dernières années.*

Marquée au fer

Émeline

« De corps calcinés
de l'orteil au dos calcinés
de chair morte
de tisons
de fer rouge
de bras brisés
sous le fouet qui se déchaîne
sous le fouet qui fait marcher
   la plantation
et s'abreuver de sang de mon sang
   la sucrerie
et la bouffarde du commandeur
   crâner au ciel. »

LÉON GONTRAN DAMAS,
La Complainte du nègre.

Madame a fait fourrer du piment dans mon corps.
Dans tous les trous de mon corps.
Pas le piment doux.

Madame a toujours fait subir des atrocités aux esclaves qui travaillaient dans la maison. Elle s'est jamais attachée à aucune esclave comme cela arrivait à d'autres maîtresses sur d'autres plantations. Des maîtresses qui donnaient robes, jupons et chapeaux dont elles voulaient plus ou qu'elles trouvaient trop vieux, démodés. Des maîtresses blanches qui parlaient d'elles-mêmes à leurs esclaves et riaient parfois et prenaient leurs enfants dans les bras. Des maîtresses qui voyaient bien que les négresses étaient des femmes aussi.

J'ai été esclave mais j'ai connu l'abolition.
Je suis martiniquaise. Mulâtresse née en 1795, sur l'habitation M.
Chrétienne baptisée. Et croyante.
J'étais déjà une vieille femme usée quand on m'a déclarée libre.

Madame a fait fourrer du piment dans mon corps quand j'avais juste vingt ans.
Dans tous les trous de mon corps.
C'est pas beau à dire mais c'est la vérité.

Madame n'était pas une bonne personne. Je sais même que d'autres maîtresses disaient qu'elle n'était pas chrétienne avec ses esclaves. Nous, de l'habitation, on n'avait pas droit de vivre notre vie en dehors d'elle et de son confort, de ses caprices et de toutes ses envies.
Monsieur n'était pas un méchant. Il aimait seulement trop entrer dans les chambres

de ses esclaves, la nuit, quand Madame dormait. Il n'a jamais pris une esclave de force. Mais on lui disait jamais non. Il entrait doucement dans nos couches et il se frottait à nous en poussant des petits cris, jusqu'à ce qu'on lui donne ce qu'il était venu chercher. On en riait entre nous.

Il n'y avait pas une seule négresse dans la grande maison. Que des mulâtresses. Madame ne voulait pas que les négresses marchent sur son parquet ciré, touchent son linge fin, son cristal et son argenterie avec leurs mains noires. Quand Madame traversait la plantation, si elle devait croiser un nègre ou une négresse, elle tournait la tête.

Madame avait toujours une petite trique à portée de main. Et si elle trouvait un linge pas repassé à son goût, une drôle d'odeur à la soupe, de la poussière ou des cheveux sur sa coiffeuse, elle faisait crier le coupable et frappait à coups de trique. Elle nous touchait pas avec ses mains.

Moi, j'étais lessiveuse et repasseuse de Madame. Je jure devant Dieu que j'ai toujours fait de mon mieux pour satisfaire Madame. Avant qu'elle fasse fourrer du piment dans mon corps et qu'elle ne me renvoie avec les négresses des champs, je n'avais reçu que trois fois des coups de trique. Elle m'avait quelquefois pilé les pieds avec ses souliers à talons, donné un coup de pied ou jeté des serviettes au visage, quand elle trouvait un faux pli ou l'ombre d'une tache. Mais j'étais habituée, comme toutes les autres…

Une nuit, Monsieur est entré dans mon lit. Et le lendemain matin, en me voyant au grand jour, il a eu un petit sursaut. Et j'étais tellement étonnée de son comportement que j'ai souri malgré moi. Alors, j'ai juste vu les yeux de Madame coulisser de Monsieur à moi.

L'après-midi, Madame me faisait appeler pour des cheveux de négresse qu'elle avait soi-disant trouvés dans un mouchoir de son armoire. J'ai dit que c'était pas moi qui les avais mis là. J'ai dit que je comprenais rien à tout ça, parce que les négresses entraient pas dans la maison des maîtres. Elle n'a rien écouté et m'a flanqué des coups de trique sur la figure.

Madame est restée enragée pendant des jours et des jours à cause de ce mystère. Et elle m'a frappée plusieurs fois en inventant des bêtises. Quand elle me faisait chercher, je savais qu'elle allait me battre. C'était devenu son plaisir.

Les autres esclaves disaient que Madame m'avait trouvée comme une aubaine pour se décharger de sa haine de nous autres.

Le soir, quand Monsieur venait me visiter, se frotter à mon corps, je restais de roche. Je songeais à Madame et ça me faisait tout drôle de savoir qu'il entrait aussi quelquefois dans la chair de Madame. Qu'il se frottait à elle. Monsieur embrassait toutes les parties de mon corps. Il passait ses mains dans mes cheveux et il me tenait dans ses bras. Mais moi, je restais de roche.

C'est trois mois plus tard que Madame a fait fourrer du piment dans mon corps. Dans tous les trous de mon corps.

Elle avait trouvé une de ses chemises à dentelles brûlée au fer sur le devant. Elle a dit aux autres que j'allais servir d'exemple pour toutes les rosses qui lui voulaient du mal. Pour toutes les négresses qui croyaient à tous les contes de la liberté et à l'invention de l'abolition.

C'est comme ça qu'elle a fait fourrer du piment dans mon corps. C'était son droit et personne devait lui dire que c'était pas chrétien d'agir ainsi parce que les nègres étaient des maudits. Personne pouvait lui dire que la faute supposée était trop mince pour la punition. Personne…

Après, elle m'a envoyée avec les négresses des champs.

J'ai logé avec elles dans les cases à nègres. J'ai appris à entrer dans les champs de cannes avec elles. Et j'ai dû oublier les parquets bien cirés, l'argenterie, le cristal et le lin amidonné. J'ai dû remiser ma fierté de mulâtresse. Ma peau claire, mes longs cheveux et mon nez droit comme celui de Madame.

Je suis restée trois ans avec les nègres, sans jamais approcher la grande maison. Et puis, un jour, ils ont eu besoin d'une repasseuse de secours. Ils m'ont fait chercher. C'était après cyclone. L'eau et la boue étaient entrées partout, jusque dans les armoires. Il avait fallu relaver tout le linge.

J'ai répondu que je savais plus rien faire d'autre qu'amarrer les cannes. Ils m'ont fait fouetter. Ils m'ont même traînée par les bras et les cheveux jusqu'à la maison. Je suis restée assise par terre, sans bouger. Ils m'ont dit qu'ils allaient me couper les deux mains si j'en retrouvais pas l'usage. Mais j'ai pas fait le moindre geste, même pas semblant. Ils m'ont donné le fouet. J'ai pas crié. Trente coups de fouet. Alors ils ont pris un fer chaud et l'ont déposé sur la peau de mon dos. Je ne pensais pas à la mort, j'étais entrée dans un autre monde. J'étais repartie trois années plus tôt et le feu du piment sortait par tous les trous de mon corps. Le feu, les flammes, et la haine des Blancs dans le cœur.

J'ai entendu la peau de mon dos crier sous le fer chaud. Moi, je n'ai pas crié.

J'ai entendu ma cuisse crier.

J'ai entendu souffler les derniers vents du cyclone.

J'ai reconnu la voix de la maîtresse et celle du maître aussi.

J'ai entendu des voix d'hommes et de femmes mêlées.

J'ai entendu les gémissements des esclaves et leurs cris de révolte.

Lorsque j'ai ouvert les yeux, j'étais dans ma case. J'avais les marques du fer sur tout le corps, mais j'avais mes deux mains. Des femmes passaient de l'huile de coco sur mes plaies en disant que j'étais une sacrée négresse raide. Et de pas m'en faire, l'esclavage vivait ses derniers jours. Partout, on annonçait la nouvelle et les maîtres tremblaient.

Quelque temps plus tard, il y a eu des révoltes sur l'habitation. Des nègres marron passaient d'habitation en habitation et mettaient le feu partout. J'ai vu courir Madame devant des nègres qui voulaient lui faire goûter le fouet.

J'ai vu des négresses des champs boire dans la porcelaine de Madame.

J'ai vu la peur dans les yeux de Madame, quand les nègres m'ont dit que je pouvais lui fourrer du piment dans le corps et la brûler au fer.

J'ai rien fait de tout ça. J'ai laissé à d'autres mains le plaisir de l'égorger.

En 1848, quand l'abolition est arrivée, on m'a dit que j'étais libre. On a inscrit mon nom sur un registre de l'état civil. Libre de plus prendre des coups d'un maître. J'ai voulu y croire de toutes mes forces, mais personne pouvait effacer les marques du fer sur mon corps. Personne pouvait m'ôter de l'esprit le jour où Madame avait fait fourrer du piment dans mon corps.

LES CHAÎNES DU PASSÉ
Nelly

J e n'aime pas le mot béké. Je n'aime pas qu'on me traite de béké, qu'on me définisse comme telle. Cela charrie trop de choses du passé. Et moi je suis pas responsable de tout ça. C'était un autre temps. Je ne veux pas porter ça comme une charge.

Je suis une créole.

Mes parents ont toujours eu de la considération pour leurs employés… noirs. Moi-même, j'ai traité toutes mes servantes comme des personnes, même si je n'ai jamais pu les comprendre vraiment. Ces filles avaient leur fierté, ce qui est bien. Mais elles avaient la tête dure souvent, même si elles disaient toujours oui. J'en ai vu défiler quelques-unes. Elles venaient du Robert, du Diamant ou des Trois-Ilets… des communes très différentes de la Martinique. Mais elles agissaient presque toutes de la même manière. Avec une sorte de raideur et de détachement. Elles finissaient toutes par montrer qu'elles étaient là par obligation. Qu'elles détestaient faire mon ménage, laver mon linge et récurer la vaisselle. Sur leurs visages, je voyais parfois une sorte de haine et le jugement. Je voyais qu'elles ne m'aimaient pas. Ne m'aimeraient jamais, moi, mon mari, mes enfants et tous les Blancs békés.

J'ai toujours eu du mal à supporter cela. Toujours…

Ça me rend vraiment malheureuse. Peut-être que les gens riront en lisant ces phrases. Mais c'est bien le juste mot. Je suis malheureuse de vivre dans un pays comme la Martinique auprès de gens qui refusent de communiquer réellement. Ces filles, j'aurais voulu leur parler, les connaître davantage. Mais elles dressaient un mur. Toutes, elles dressaient un mur… Je me souviens, lorsque j'étais au pensionnat Saint-Joseph-de-Cluny, Noires et Blanches, on était assez proches. On riait des mêmes blagues dans la salle de classe. C'est vrai qu'à la récréation, les filles békés se retrouvaient entre elles… Les métropolitaines, filles de gendarmes, elles se mélangeaient davantges aux autres.

À la Martinique, en vérité, c'est par accident que les Noirs et les Blancs se mélangent. À cause des hommes qui sont voraces du corps des femmes noires.

Nous, les femmes békés, on ne se marie qu'avec les hommes békés. Il y a des exceptions bien sûr, très rares exceptions. Les hommes, eux, ils font leurs affaires à gauche. On ne se mêle pas non plus beaucoup avec les Blancs métropolitains. Ça commence doucement…

Sincèrement, je ne crois pas que j'aurais pu me marier avec un homme noir. Ce n'est pas du racisme, c'est juste que je ne suis pas attirée.
Les Noirs sont racistes aussi entre eux. Ils font plein de différences entre eux. Beaucoup de Martiniquaises cherchent à éclaircir leur descendance. Moi je n'ai rien contre les Noirs. Mon mari traite des affaires avec des Noirs diplômés qui tiennent des entreprises. On peut déjeuner ensemble au restaurant… Mais c'est vrai qu'ils ne rentrent pas beaucoup chez moi.

Les Noirs, je ne les comprends pas toujours. J'aimerais. Je jure que j'aimerais bien savoir ce qu'il y a tout au fond de leur cœur. Je crois quand même qu'ils sont trop marqués par l'Histoire. Ils pensent tout le temps à ça : que leurs ancêtres ont été esclaves ! qu'ils ont porté des chaînes et que les békés les ont fouettés ! Ils n'arrivent pas à oublier.

On a bâti une manière de vivre qui parfois m'effraie. On ne dit pas les choses ici. Tout est dans l'affectif et tout peut basculer d'un moment à un autre. Cela dure depuis cent cinquante ans sans trop de dérapage. On ne dit pas : « Voilà, nous avons cette histoire en commun. Nos ancêtres ont été des maîtres et les vôtres des esclaves ! Nous le savons tous. Maintenant, pensons à vivre ensemble. Pensons à nos enfants ! » Mais personne n'ose crever l'abcès. On fait comme s'il n'y avait pas de douleur tout en portant en soi ce poids. On fait comme si tout allait bien.

INDIGO
Marie-Lise Lami-Dahomay

M on père jouait de la clarinette et de la guitare.

Ma mère avait des mains d'artiste.

J'ai toujours considéré l'art comme nourriture essentielle à toute créature.

En 1991, je suis sollicitée pour adhérer au GRAG, le Groupement de réflexion des artistes guadeloupéens. J'avais suivi des cours d'histoire de l'art caribéen à l'université de La Havane, pris des cours de chant avec Pierra Zamia, Teresa Paz et Caleb Sejor à Cuba. J'avais vécu les premières heures de la troupe du théâtre Cyclone…

Tout a commencé dans la rue, le samedi matin, près du grand marché de Pointe-à-Pitre, aux heures chaudes où la ville est envahie de monde, de cris et d'autos. Poètes, comédiens, plasticiens, musiciens et chanteurs prenaient place pour rencontrer et surprendre un public non averti, pressé, stupéfait et ravi de ce cadeau que leur offrait la rue.

En 1992, les rendez-vous du samedi matin à Pointe-à-Pitre étaient devenus très populaires, véritables lieux d'échange. Et des soirées poésie-musique commençaient à rassembler de plus en plus de gens.

Avec Christian, mon mari, nous sommes un soir en visite chez Rolf Sambale. Il nous raconte la solitude et l'isolement des peintres haïtiens réfugiés en Guadeloupe qui souhaitent rencontrer les peintres d'ici. Ces paroles nous touchent profondément et l'idée de provoquer la rencontre entre plasticiens s'impose tout naturellement.

Trouver un lieu… Le fort Fleur-d'Epée perché sur un morne qui domine la mer. Vieilles pierres chargées d'Histoire où le bruit du canon résonnait autrefois. Poésie-musique… Et pourquoi pas poésie-peinture?… La petite place du centre Saint-John-Perse accueillait la soirée poésie-musique. Nous imaginons que la rencontre plasticienne pourrait aussi s'allier à la poésie. Trouve un nom. Rolf nous propose « Indigo »…

L'indigo, la racine du mot « indigène », du mot « indien », dénommant les Amérindiens, les premiers habitants de nos îles.

L'indigo, la matière colorante extraite de l'indigotier.
L'indigo, tiré de la plante cultivée et travaillée par les hommes et les femmes du temps de l'esclavage.
L'indigo, le bleu de la mer qui relie toutes les poussières d'îles de la Caraïbe.
L'indigo, le bleu du ciel des Antilles.
Indigo, la couleur…

J'ai vécu cinq Indigo, de 1992 à 1996. Cinq années où la magie se trouvait chaque fois au rendez-vous. Les plasticiens se sont rencontrés sous le bleu d'Indigo. Ils ont aussi rencontré le public qui semblait toujours avoir attendu Indigo, ses toiles, ses couleurs, sa poésie et ces pans entiers des îles caraïbes si proches et si lointaines à la fois.
Indigo, une fenêtre ouverte sur soi, une porte ouverte sur la Caraïbe.

DE QUELLE COULEUR ?
Françoise Eynaud

J e me demande parfois si les races ne seraient pas la seule concession que le Créateur ait bien voulu faire au diable !

Un moyen de plus pour jauger la hauteur d'âme humaine !

Car que représente réellement le concept de races ? Rien d'autre qu'un suprême trompe-l'œil, qu'une pure illusion de la différence, quoi d'autre que dédales et impasses de l'Être ?

Il fut un temps où je me suis pourtant laissé fourvoyer par les apparences, perdant ainsi de vue l'essence même de la nature humaine.

J'ai en effet cru que la race était un élément des plus distinctifs de l'homme.

Pour moi, il y avait les Blancs, les Noirs et les Jaunes… Mais il y avait surtout les Blancs et les Noirs.

Les Blancs étaient ainsi… Les Noirs étaient comme ça…! Et, de ce fait même, ils étaient différents.

Le Blanc était autre, mais pas un autre moi car trop loin d'être comme moi…

Nous ne pouvions être qu'antagonisme, chacun de nous n'étant que stigmate de nos origines. Mais le fil de mes expériences de vie a, fort heureusement, bien vite ébranlé cette certitude. Il a cependant fallu que je quitte la Guadeloupe et de ce fait même, son carcan de représentations sociales issues de la colonisation pour que ma pensée soit modifiée. Il m'a fallu une mise à distance avec cette terre de conflits et de violence pour avoir une autre vision du monde. Il m'a fallu, dans un tout autre contexte, rencontrer des gens d'autres couleurs et cultures pour admettre que les races ne sont pas l'essentiel. Comprendre que l'important est l'individu et son histoire. Pas celle de sa race ou de son peuple, mais la sienne propre, son éducation, ses références culturelles, ses croyances, ses rêves, ses combats, ses plaisirs et ses joies, mais aussi son lot de craintes, de peines et de blessures.

Je crois maintenant que c'est bien en cela que les êtres se ressemblent ou diffèrent. C'est à cause de cela qu'ils arrivent ou non à transcender leurs différences pour ensemble construire ou détruire. C'est pour cela qu'en l'absence de toute tolérance, en plein fanatisme, ils vivent en paix ou se font la guerre.

Comment en arriver à changer notre regard ?

Peut-être par l'éducation, dans la famille, à l'école…

Comment devenir avant tout des citoyens du monde, et non plus des êtres prisonniers de leurs origines, race, peuple, nation, classe sociale, religion? Comment rendre vivante la poétique de la relation?

Le fort développement des mouvements humains, le processus de créolisation, le métissage des races, le brassage culturel devraient faciliter l'avènement de ce monde.

En dépit de mes dires, j'ai moi-même encore beaucoup de chemin à parcourir. C'est ainsi que, dernièrement, il m'est arrivé de demander à mon fils Ianis, âgé de dix ans, quelle était la couleur d'une personne dont il me parlait. À cette question, il m'a regardée avec de grands yeux, ne comprenant visiblement pas ce que je lui demandais. Et puis, après réflexion, il m'a répondu qu'il ne savait pas.

Voici maintenant sept ans que je vis auprès d'un homme blanc. Je ne me suis jamais sentie aussi proche d'un être humain. Je n'ai jamais autant partagé avec un autre moi. Et nous espérons que notre fille pousse un peu plus loin cette liberté qui se rit des couleurs.

Assistante sociale au Centre hospitalier de Montéran, Françoise Eynaud a suivi une formation en thérapie familiale et en santé publique et communautaire. Secrétaire général adjoint de l'Union des travailleurs de la santé et membre du conseil syndical de l'Union générale des travailleurs de la Guadeloupe, elle est aussi conseillère économique et sociale auprès de la Région Guadeloupe. Et… membre fondateur du groupe carnavalesque Voukoum.

CHANTER LA PAIX
Jocelyne Béroard

*C*hanter…
Chanter non seulement pour donner de la voix mais créer la magie,
l'espace d'une chanson.
Cela m'est arrivé plusieurs fois sur scène. C'est peut-être ce que l'on appelle
entrer en communion avec son public. Derrière mon micro, portée par ma voix,
j'ai soudain eu l'impression de flotter, de n'être plus que cette voix. C'était un
moment de pure extase, dans une sorte de délire phénoménal. Des milliers de
voix avaient rejoint la mienne et cette rencontre était magique, unique,
magnifique… Le Bonheur !

Chanter…
Chanter pour exister, se sentir vivante et le crier et le murmurer et le mettre en
couplets et refrains dans ma langue créole.
Chanter les peines, les joies et les misères. Mais ne jamais prêter ma voix à des
concerts de haine. Toujours aller vers l'autre, le cœur grand ouvert et la voix en
offrande.

La musique m'a portée sur tous les continents… J'ai rencontré des gens de
toutes couleurs et tous sentiments. Je ne peux être raciste. Il n'y a pas une fibre
de mon corps qui respire le racisme. J'ai chanté en Asie, en Afrique, en Europe,
en Amérique. Et partout, ces gens si différents d'apparence reprenaient les
refrains des chansons de Kassav'. Ils n'avaient pas besoin de comprendre les
paroles créoles. Ils laissaient simplement la musique les emporter. Ils aimaient,
un point c'est tout ! Leurs cœurs et leurs corps aimaient tout simplement… La
magie, toujours !

Ma voix aurait pu rester sage dans ma gorge, moi qui me destinais à être
pharmacienne, sage dans mon officine.

Comment devient-on chanteuse ?
Tout commence toujours de façon anodine. Une journée comme une autre. Je
retrouve mon frère pianiste à Paris. Il me présente Roland Louis. Je fais des

chœurs. Et puis tout s'enchaîne. Adieu la pharmacie! Bonjour les boîtes de jazz, les piano-bars et les soirées dansantes antillaises.

C'est le temps où j'interprète tous les standards du jazz, les grands classiques de la bossa nova et de la musique antillaise. Je travaille ma voix et je deviens bientôt choriste professionnelle.

J'ai tout de suite aimé la scène. Je me sens forte derrière un micro. Forte avec ma voix. Comme si cette part de moi-même m'élevait, me donnait ma vraie dimension.

Ma voix comme un fil entre les autres et moi. Un fil de paix et d'amour. J'en ai besoin. Terriblement…

J'ai rencontré les membres fondateurs du groupe Kassav' en 1980. Ils cherchaient une choriste. Ils cherchaient surtout des sons et des rythmes nouveaux. Le Zouk est né de cette recherche. Aujourd'hui, après douze albums Kassav' et près de vingt albums solos enregistrés par les membres du groupe, le Zouk est toujours magique. Il exprime une culture entre les tambours et les violons. Avec Kassav', j'ai sans cesse envie de créer, d'innover, de faire évoluer cette musique. D'ailleurs, nous sommes condamnés à cela. En première ligne et le public attend beaucoup de nous. Il faut l'étonner, l'émouvoir, lui donner le bonheur et la magie qu'il est venu chercher. Nous sommes un peu sur un fil. Après de très gros succès, l'angoisse arrive vite. On se demande comment faire mieux, toujours mieux pour satisfaire et rester en phase avec soi-même. Trouver le son juste, au bon moment, pour que s'opère l'alchimie.

Chanter pour essayer de changer les choses, changer les esprits et ouvrir les cœurs.

Chanter pour rassembler les gens.

Chanter et écouter le public qui d'une seule voix reprend les paroles d'une chanson écrite un jour de solitude.

Chanter pour rapprocher les peuples.

Il y a tellement de barrières encore.

Tellement de ponts à traverser.

Tellement de murs dressés.

Mais la musique passe toutes les frontières.

Il y a aussi l'histoire qu'il faut connaître…

Savoir d'où nous venons…

Ouvrir les yeux sur ces traversées, cet holocauste.

Je n'ai pas honte du passé. J'aimerais seulement que les Français connaissent cette histoire pour avoir une vision vraie des Antilles, des hommes et des femmes de la Caraïbe, les descendants des hommes réduits en esclavage.

L'Afrique est venue à ma rencontre à la Martinique. J'avais quinze ans. Les ballets de Guinée m'ont bouleversée. Je découvrais d'un coup cette part d'Afrique qui avait été bannie de mon éducation très française. Le son vrai des tambours.

La chanson « Gorée » créée en 1986 par Georges Décimus et Jacob Desvarieux a été inspirée par la tournée du groupe au Sénégal. Une chanson née d'une très forte émotion. Le retour sur la terre blessée des origines.

Je sais aujourd'hui ce que signifie être une femme noire en ce monde. Être une artiste noire dans le milieu du show-biz français. J'ai senti déjà le regard qu'on porte sur moi en tant que femme noire...

Chanter pour le respect et la dignité.
Chanter pour partager et échanger.

Le Noël « Kwanzaa » que j'ai organisé deux fois déjà, pour offrir des cadeaux aux enfants noirs déshérités — Antillais et Africains —, va dans ce sens. Donner un concert, rassembler des artistes et chanter tous ensemble, pour un peu de lumière dans les yeux des enfants.

Être marraine d'Enfance et Partage, participer d'une manière ou d'une autre à des actions en faveur des enfants victimes de maltraitance, prêter mon image et sensibiliser les gens, me donne la force de continuer.

Chanter pour la paix de ce monde...
Chanter des mots simples pour dire les beautés de la nature.
Chanter la vie.

Enregistrements de Jocelyne Béroard : Marius Cultier : « Concerto », 1983, MGC Prod. ; Kassav' : « Ayé », 1984, GD Prod. Kassav' : « Maladaw », 1985, GD Prod. ; Jacob Desvarieux et Georges Décimus : « Gorée », 1986, GD Prod. ; Album solo « Siwo », 1986, GD Prod. ; Kassav' : « Siyé bwa », 1987, Epic CBS ; Kassav' : « Majestik Zouk », 1990, Columbia Sony Music ; Album solo : « Milans », 1991, Columbia Sony Music ; Malavoi : « Matebis », 1992, BMG ; Kassav' : « Tékit izi », 1992, Columbia Sony Music ; Kassav' : « Di fé », 1995, Columbia Sony Music ; L'Exil de Béhanzin : « Ahidjéré », 1995, Déclic.

CONCLUSION

« *Qu'importe le succès momentané. Soyez tranquille, rien de ce que vous écrivez n'est perdu. L'histoire est là qui recueille.* »

VICTOR HUGO À VICTOR SCHOELCHER. Jersey, avril 1853.

« *J'entends les paroles, les éclats de rire de Man Cia là-bas au milieu de ses bois,*
et je pense à ce qu'il en est de l'injustice sur la terre, et de nous autres en train de souffrir, de mourir silencieusement de l'esclavage après qu'il est fini, oublié. J'essaie, j'essaie toutes les nuits, et je n'arrive pas à comprendre comment tout cela a pu commencer, comment tout cela a pu continuer, comment cela a pu durer encore, dans notre âme tourmentée, indécise, en lambeaux et qui sera notre dernière prison. Parfois mon cœur se fêle et je me demande si nous sommes des hommes, parce que si nous étions des hommes, on ne nous aurait pas traités ainsi, peut-être. Alors, je me lève, j'allume ma lanterne de clair de lune et je regarde à travers les ténèbres du passé, le marché, le marché où ils se tiennent, et je soulève la lanterne pour chercher
le visage de mon ancêtre, et tous les visages sont les mêmes et ils sont tous miens,
et je continue à chercher et je tourne autour d'eux jusqu'à ce qu'ils soient tous achetés, saignants, écartelés, seuls. Je promène ma lanterne dans chaque coin d'ombre, je fais
le tour de ce singulier marché, et je vois que nous avons reçu comme un don du Ciel d'avoir eu la tête plongée, maintenue dans l'eau trouble du mépris, de la cruauté,
et de la mesquinerie et de la délation. Mais je vois aussi, je vois que nous ne nous sommes pas noyés... nous avons lutté pour naître, et nous avons lutté pour renaître...
et nous avons appelé "Résolu" le plus bel arbre de nos forêts, le plus solide, le plus recherché et celui qu'on abat le plus... »

SIMONE SCHWARZ-BART,
Pluie et Vent sur Télumée Miracle.

S I J'AI CHOISI DE REFERMER CE LIVRE avec les mots durs et forts de Télumée, la tragique et magnifique héroïne de Simone Schwarz-Bart, c'est qu'il y a souvent une Télumée nichée au cœur des femmes créoles.

Les pluies et vents qui se sont abattus sur les femmes avec qui j'ai causé sont de même famille que ceux qu'a rencontrés en chemin Télumée, venus d'une même contrée, enragés, sortis des derniers fonds de notre passé d'esclavage. Et si parfois d'aucunes d'entre nous deviennent femmes-tombées ou femmes-folles, femmes-assassines, femmes-putaines, femmes-marâtres, un coin de notre cœur supporte toujours avec elles leurs âmes tourmentées et déchirées.

Comme Télumée, elles ont aimé et aiment des hommes, homme-doux-sirop-miel, homme-fiel et féroce, homme-paille et bois flot, homme tombé en boisson, homme-patience-cou cassé, homme-promesses infinies, homme-concubin, homme-ombrage en voyage, homme-coups de pied, hommes grands phrasés et petite activité, homme inconsolé, homme-étalon, homme vaincu, homme-enfant, homme égaré...

Comme Télumée, elles ont donné leur force et leurs ventres à ces hommes et leur ardeur et leur gloire. Elles se sont relevées après les jours de grands cyclones. Elles ont amarré leurs reins dans les temps de raide sécheresse. Elles ont pardonné et consolé encore et encore, parce que, comme Télumée, elles font place belle à la vie et croient toujours en un meilleur demain...

« Je regardais longuement Amboise [dit-elle], songeant que si les hommes ont inventé l'amour, ils finiront bien un jour par inventer la vie ; et voici que j'allais prendre ma place, que j'allais aider ce nègre à la haler des hauts fonds, la vie, pour la faire remonter sur terre. Cependant, je lui répondis avec une froideur extrême, la voix lente et retenue : "Amboise, je suis un simple bout de bois qui a déjà souffert du vent. J'ai vu les cocos secs rester accrochés à l'arbre, pendant que tous les cocos verts tombaient. La vie est un quartier de mouton suspendu à une branche, et tout le monde compte avoir un morceau de viande ou de foie : mais la plupart ne trouvent que des os." »

Cent cinquante ans après l'abolition de l'esclavage, les femmes se débattent encore pour chercher et créer la vie sur ces terres des Antilles.

Parfois amère au commencement, la parole livrée au fur et à mesure que la confiance déroulait ses trésors finit toujours dans l'espérance, la paix et le désir de rassembler les hommes.

Il manque de nombreuses voix que je regrette. Mais la porte restera grande ouverte... De tous milieux et de toutes conditions, elles savent qu'elles ont été invitées ici dans la seule volonté d'éclairer d'un regard neuf la femme antillaise qu'on a trop longtemps considérée comme une éternelle danseuse, doudou créole de la France, ou cette femme poteau-mitan sur laquelle chacun s'adosse en toute bonne conscience depuis les temps de l'esclavage.

BIBLIOGRAPHIE

Thorkild Hansen, *Les Bateaux négriers,* Actes Sud.

Louis Sala-Molins, *Le Code noir*, PUF.

Frantz Tardo-Dino, *Le Collier de servitude*, Éditions Caribéennes.

Arlette Gauthier, *Les Sœurs de solitude*, Éditions Caribéennes.

François Renault et Serge Daget, *Les Traites négrières en Afrique*, Karthala.

Jean-Michel Deveau, *La Traite Rochelaise*, Karthala.

Antoine Gisler, *L'Esclavage aux Antilles françaises*, Karthala.

Gabriel Debien, *Les Esclaves aux Antilles française*, Société d'Histoire de la Guadeloupe, Société d'Histoire de la Martinique.

Catalogue de l'exposition : *Les Anneaux de la mémoire*, Corderie royale.

CRÉDITS PHOTOGRAPHIQUES

Page 8 :   Artephot / Oronoz, Madrid. Coll. particulière.

Page 16 :   AKG Photo, Paris / Fabre. Coll. particulière.

Page 26 :   G. Dagli Orti / *Manière dont les Maures prennent les esclaves.* Gravure
de Labrousse et Grasset de Saint-Sauveur. Musée des Arts Africains
et Océaniens, Paris.

Page 29 :   Josse / *Carte de la Guinée de Luis Texeira (1602-1650) : Danse
des indigènes* (détail), Amsterdam.

Page 36 :   Photo Thomas Dorn : Françoise Eynaud.

Page 40 :   Photo Thomas Dorn.

Page 46 :   Josse / *Marche des esclaves d'après les récits de Livingstone* (détail).
Anonyme, XIXᵉ siècle. Musée des Arts Africains et Océaniens, Paris.

Page 56 :   Photo Thomas Dorn : Marijosé Alie.

Page 60 :   Photo Thomas Dorn : Allée Dumanoir.

Page 62 :   G. Dagli Orti / *Marchand d'esclaves de Gorée.* Gravure de Grasset
de Saint-Sauveur et Labrousse, *Encyclopédie des Voyages,* 1796.
Bibliothèque des Arts décoratifs, Paris.

Page 65 :   G. Dagli Orti / *La Maison des esclaves, île de Gorée.*

Page 70 :   Photo Thomas Dorn.

Page 78 :   Photo Thomas Dorn.

Pages 82-86 :   Josse / *Transport de nègres à fond de cale* (détail), Coll. Bouge. Musée des
Beaux-Arts de Chartres.

Page 89 :   Josse / *Transport de nègres dans les colonies.* Coll. Bouge. Musée des Beaux-
Arts de Chartres.

Pages 96-97 :   Photo Thomas Dorn.

Pages 104-106 : Josse / *Vue d'une plantation avec un carbet de nègres aux Antilles* (détail),.
Coll. Bouge. Musée des Beaux-Arts de Chartres.

Page 110 :   Photo Thomas Dorn.

Page 120 :   Photo Thomas Dorn : Firmine Richard.

Pages 124-127 : G. Dagli Orti / *La Traite des nègres* (détail). Gravure d'après un dessin
de Morland. Musée des Arts Africains et Océaniens, Paris.

Page 132 :   Photo Thomas Dorn.

TABLE DES MATIÈRES

Achevé d'imprimer
sur les presses
de l'Imprimerie Moderne de l'Est,
25.110 Baume-les-Dames,
pour le compte des Éditions Stock, Paris.

Maquette de RAYMONDE BRANGER.

Iconographie de MARIE-CHRISTINE PETIt.

Dépôt légal : Avril 1998.
Numéro d'édition : 54-07-4956-01/6.
ISBN : 2-234-04956-3.